本輯出版得到西南大學出土文獻綜合研究中心資助
本輯屬西南大學創新團隊項目（SWU1509395）成果

簡帛語言文字研究

第九輯

張顯成　胡　波　主編

四川出版集團
巴蜀書社

《簡帛語言文字研究》編委會

學術顧問	饒宗頤　李學勤
主　　編	張顯成　胡　波
編　　委	王化平　王志平　王貴元
	李明曉　李家浩　沈　培
	孟蓬生　胡　波　陳松長
	陳榮傑　高大倫　郭麗華
	趙平安　張顯成　劉　釗
	劉樂賢　魏德勝

（以上以姓氏筆畫爲序）

饒宗頤先生題詞：

勾沈探賾

辛巳 選堂

李學勤先生題詞：

揆之文義而安，求之古訓而合，采漢唐宋增儒之所長，而化其鑿空之病與拘牽之習，蓋非冑前人之說而不之用，乃師前人之說而善用之者也。

在截錄王念孫經傳釋詞序語，藉賀《簡帛語言文字研究》創刊

李學勤
二〇〇一年八月

目 錄

張　峰	讀楚簡散札 ……………………………………	（1）
石小力	據清華簡（柒）補證舊說四則 ………………	（12）
付　强	據清華簡訓釋金文三則 ………………………	（25）
邱　亮	秦人不以賤名為嫌——以嶽麓秦簡"亡尸"訓釋為例	
	………………………………………………………	（31）
劉國慶	秦漢簡牘中的"刺"字 …………………………	（43）
謝　坤	讀秦漢簡札記五則 ……………………………	（58）
吳文文	北大漢簡《老子》中的"建言" ………………	（70）
王挺斌	北大簡《妄稽》與《反淫》研讀札記 ………	（80）
鄭邦宏	讀北大漢簡《妄稽》散記 ……………………	（108）
何余華	讀北大漢簡《倉頡篇》零札 …………………	（114）
祝永新	漢簡《蒼頡篇》"景桓昭穆"解 ………………	（125）
李建平	定州漢簡《論語》中的"桉"與"子羔" …	（136）

聶　丹	西北屯戍漢簡中的"緹行縢" ················ （141）
李明曉	漢魏六朝簡牘中所見鎮墓材料集釋及其相關問題研究 ··· （154）
趙　岩	里耶秦簡更名方所見字詞關係演變補考 ········ （178）
路方鴿	從"冥"的俗字看漢簡的幾個文字問題 ········ （190）
黃甜甜	聞一多《周易義證類纂》新證平議——以出土文獻為參照的考察 ···································· （203）
趙　培	先秦兩漢典籍異文與共時和歷時文本之間關係析論——以《老子》諸本異文的層次性為例 ········ （215）
岳曉峰	據清華簡校讀《史記》一則 ················ （252）
程文文	"皆"的語法功能研究——以出土醫書和傳世醫書為中心的考察 ···································· （257）
高罕鈺　陶　浩	《清華大學藏戰國竹簡（壹—陸）》文字研究綜述 ································ （275）
周海鋒	秦法之啟示 ···························· （299）
張文玥	帛書故事《荊莊王欲伐陳》與傳世文獻相關記載比較 ································ （319）
周序林　張顯成	Analysis and English translation of volume chapters in Suànshùshū 筭數書 The Book of Mathematics from Zhangjiashan Han Dynasty tomb 247 ································ （325）

《簡帛語言文字研究》徵稿啟事 ·················· （351）

讀楚簡散札

張　峰[*]

摘　要：包山 231"▨"釋為"取"可從，所從"又"下部的一筆楚簡文字常見。上博《季庚子問於孔子》22 的"邦將喪毀"可能讀為"邦將危毀"。上博《君人者何必安哉》甲 8 的"▨"釋為"室（望）"可從，同字楚簡多次出現，均可以確釋。

關鍵詞：楚簡；包山；上博

包231：使攻祝歸佩▨（下用 A 代替）冠帶於南方。

A 何琳儀先生釋為"取"，讀為"緅"。《說文新附》："緅，帛青赤色也。从糸取聲。"[②] 李家浩先生從之，讀為"諏"，《玉

---

[*] 张峰，重慶大學新聞學院講師　重慶400043。此為重慶大學人文社科原創基礎理論重點項目"楚文字分化研究"（2017CDJSK07YJ09）階段性成果。
② 何琳儀《包山竹簡選釋》，《江漢考古》1993 年第 4 期，頁 62。

篇·玉部》："瑈，玉名。"① 劉信芳先生認為從耳從寸，所從之"寸"與《郭·唐》12"守"（㊣）所從相同，隸定為"聇"，疑與"瑱"相類②。朱曉雪先生認為從"耳"從"肘"，新蔡簡的祭品中常見"珥"，A 或與"珥"類似③。李守奎先生編著的《楚文字編》隸為"取"，認為是"取"字異體④。後來主編的《包山楚墓文字全編》，則從何琳儀、李家浩先生釋取讀瑈⑤。

楚簡"守"字作：

㊣（上一·緇19）㊣（上三·彭8）㊣（郭·老甲13）

㊣（郭·唐12）

宀下所從非寸，乃"肘"的表意字，在"守"中作聲符⑥，豎筆下面的點為指示符號。A 下面的豎筆沒有指示符號，所從不是肘，也不是寸。何琳儀、李家浩先生釋為"取"是正確的。

---

① 李家浩《包山祭禱簡研究》，《簡帛研究2001》，廣西教育出版社，2001年，頁32、36 注45。
② 劉信芳《包山楚簡解詁》，藝文印書館，2003年，頁243。以上三說也可參看陳偉等《楚地出土戰國簡冊［十四種］》，經濟科學出版社，2009年，頁114 注105。
③ 朱曉雪《包山楚墓文書簡、卜筮祭禱簡集釋及相關問題研究》，吉林大學博士學位論文，2011年，頁567。
④ 李守奎編著《楚文字編》，華東師範大學出版社，2003年，頁183。
⑤ 李守奎、賈連翔、馬楠編著《包山楚墓文字全編》，上海古籍出版社，2012年，頁123。
⑥ 李守奎、曲冰、孫偉龍編著《上海博物館藏戰國楚竹書（1-5）文字編》，作家出版社，2007年，頁370。

A 下部所從的 ✦ 是"又"字，這種在文字下增加一撇筆的現象楚文字常見。如：

反：✦（上一·孔 12）　✦（清伍·湯丘 3）

周：✦（包 91）　✦（上一·緇 21）

今：✦（上五·鬼 1）　✦（清伍·湯丘 4）

夕：✦（上五·姑 1）　✦（清伍·厚父 3）

夜：✦（上二·民 8）　✦（清伍·盇門 20）

小：✦（上四·昭 2）　✦（清伍·厚 2）

令（命）：✦（侯馬 92：5）　✦（清伍·厚 6）

故釋 A 為"取"當無疑問①。

《上二·容》14+8：舜於是乎始孚（免）藪（笠），✦ 耨

---

① 仔細查看 A 字圖版最上一橫筆 ✦，是否兩筆寫成？若是，A 有沒有疑從耳從反〔楚簡"反"字作 ✦（上六·用 9）、✦（清壹·金 13）、✦（新乙四 100、零 532、678）等，耳和反共用筆畫，這樣的例子楚簡多見，如 ✦（包 137 背），人和臣共用筆畫。✦（郭·尊 1），己和兀共用筆畫。✦（郭·性 42），甚和戈共用筆畫。"取"從反音，疑讀為"璠"（反，幫母元部，璠，並母元部），反、番相通文獻有其例（參高亨纂著，董治安整理《古字通假會典》，齊魯書社，1989 年，頁 224）。《說文·玉部》："璠，璵璠，魯之寶玉。"《左傳·定公五年》："陽虎將以璵璠斂。"杜預注："璵璠，美玉。"以上推測是建立在"✦"為兩筆寫成的基礎上，是否因為圖版墨迹才造成如此，不得而知，故僅是推測，無把握。

(耨）萁（鍤），价而坐之子①。堯南面，舜北面，舜14於是乎始語堯天地人民之道。

關於此句前半段的釋讀，說法很多②。林素清先生指出，文獻中相似文句如"君將戴笠衣褐，執銚耨，以蹲行畎畝之中"（《晏子春秋·內篇諫上》）③，亦與"博徒見農夫戴笠持耨，以芸蓼荼"（崔駰《博徒論》，見《太平御覽》卷三八二人事部二三引）相似。相較而言，陳劍先生讀"靬"爲"笠"④是沒問題的。⿱有釋"茊"、"开"二說⑤，參照楚文字從开的字，如⿱（包120）、⿱（郭·語四18），可見釋爲"开"無問題。何琳儀先生讀爲"肩"⑥，似與文義相悖。漢代文獻常見"耨"與"釋"連用，如"今農事棄捐而采銅者日蕃，釋其耒耨，冶熔炊炭"（《漢書·食貨志下》）、"敢問今使舉世之人，釋耨耒而程

---

① 裘錫圭先生認爲這個"子"可能涉上文"乃及邦子，堯聞之"（簡13）之"子"而衍。參見郭永秉《帝繫新研》，北京大學出版社，2008年，頁89。
② 可參看孫飛燕《〈容成氏〉文本整理與研究》，清華大學博士學位論文，2010年，頁43-45。單育成《新出楚簡〈容成氏〉研究》，中華書局，2016年，頁106-115。
③ 林素清：《〈容成氏〉簡十四"免笠植耨萁藉而坐"試解》，2007中國簡帛學國際論壇，臺灣大學中國文學系、武漢大學簡帛研究中心、芝加哥大學顧立雅古文字學研究中心，2007年，頁2。
④ 陳劍《上博楚簡〈容成氏〉與古史傳說》，《戰國竹書論集》，上海古籍出版社，2013年，頁63注1。
⑤ 參孫飛燕《〈容成氏〉文本整理與研究》，清華大學博士學位論文，2010年，頁44。
⑥ 何琳儀《第二批滬簡選釋》，《上博館藏戰國楚竹書研究續編》，上海書店出版社，2004年，頁452。

相群於學，何如？"（《潛夫論·釋難》）簡文"开"似應作"釋"、"置"、"錯"、"舍"一類的詞，方與簡文協，具體待考。

"莑"當從整理者讀為"銚"①。前引《晏子春秋》"執銚耨"吳則虞先生《晏子春秋集釋》云："楊本（楊慎評本——引者注）'銚'作'錘'。"②"錘"應是"錯"，"銚耨"又作意義相類的"錯耨"，當然也可以說"耨錯"。簡文不一定實實在在是指舜放下了兩種農具，也許就是古書的一種表達方式而已。

"价"字從介聲，疑讀為"延"或相當之字。介，見母月部，延，余母元部。聲母見、余關係密切，如"君"（見母）以"尹"（余母）為聲。韻母元、月對轉。《史記·酈生陸賈列傳》："（沛公）乃延而坐之，問所以取天下者。"延，請。簡文"之"代指堯③。"价而坐之"意思大概是舜請堯坐在上位，後文的"堯南面，舜北面"也證明堯處尊位④。

《上二·容》23：舜聽政三年，山陵不處，水潦不 B （下用 B 代替），乃立禹以爲司空。

---

① 馬承源主編：《上海博物館藏戰國楚竹書（二）》，上海古籍出版社，2002年，頁261。
② 吳則虞《晏子春秋集釋》，中華書局，1982年，頁68注10。
③ 陳偉《竹書〈容成氏〉零識》，張光裕主編《第四屆國際中國古文字學研討會論文集》，香港中文大學中國語言及文學系，2003年，頁296。
④ 根據我們對文義的理解，"价"整理者讀為"謁"，訓為拜見（參馬承源主編《上海博物館藏戰國楚竹書（二）》，上海古籍出版社，2002年，頁261）似乎也說得通。

B 整理者釋為"㵲"①。同篇簡 24 有"㵲"字,作 ![figure], 與之不類。單育辰先生改釋為"浴",讀為"谷","水潦不谷"指水潦不能遵山谷而行。孫飛燕先生認為其說可從②。陳劍先生釋為"洞",讀為"通",認為"水潦不通"正承上"山陵不處"(崩解)而言③。後來單育辰先生又重申釋"浴"說,他說:"細審此字,其實是從'水、谷'的'浴',若與同篇出現的三處'浴'對比(簡 31 的 ![figure]、簡 27 的 ![figure]、簡 28 的 ![figure]),其為'浴'字瞭然。"④按,"浴"所從的所謂"谷"的右上一筆實為"水"旁一筆(從水之字可參考同篇簡 24 的"波"、"澤"、"決"、"河"等字),釋"浴"實不可從。初稿曾將 B 字釋為從水、㕣,即"沿",《說文・水部》沿,"緣水而下也",即順流而下。"水潦不沿"指的是水潦不能向下流淌。但再次審看圖版,B 所從右上部向右下的撇筆,中間靠左還殘有一點,正是"同"所從的最上一橫筆的末端,故陳劍先生說可從。文獻中禹的事迹有與"水潦不通"相關的語句,如《吕氏春

---

① 馬承源主編《上海博物館藏戰國楚竹書(二)》,上海古籍出版社,2002年,頁 268。
② 單說參單育辰《新出楚簡〈容成氏〉與中國早期國家形成的研究》,連同孫說均參看孫飛燕《〈容成氏〉文本整理與研究》,清華大學博士學位論文,2010年,頁 48。
③ 陳劍《上博楚簡〈容成氏〉與古史傳說》,復旦網,http://www.gwz.fudan.edu.cn/old/SrcShow.asp?Src_ID=479,2008-07-31。又載《戰國竹書論集》,上海古籍出版社,2013 年,頁 65 注 1。
④ 單育辰《新出楚簡〈容成氏〉研究》,中華書局,2016 年,頁 126。

秋·行論》:"禹不敢怨而反事之,官為司空,以通水潦。"《吕氏春秋·慎人》:"禹周於天下,以求賢者,事利黔首,水潦川澤之湛滯壅塞可通者,禹盡為之,人也。"雖然《容成氏》全篇有七個"逿(通)"字,均從辵作"逿",但此處從水作"洞"也是可能的。

《上五·季》22:後之世比亂,邦相(下用C代替)毀,眾必惡善。賢人……

C整理者釋為"懷"①,學者多從之。李守奎等先生進一步指出為"褱"之省②。楚文字"褱"字作,C與"褱"完全不類。季旭昇先生指出從宀、鬼、心,即"威"或"畏"之異體,"相威毀"謂互相威脅毀滅③。實際上此字除去宀旁就是楚文字常見的"畏",可對比同篇簡21的。林清源先生讀為"虧","虧毀"即"損毀"④。C可能讀為"危","相"可能讀為"將"。《漢書·五行志》:"天戒若曰,

---

① 馬承源主編《上海博物館藏戰國楚竹書(五)》,上海古籍出版社,2005年,頁233頁。
② 李守奎、曲冰、孫偉龍編著《上海博物館藏戰國楚竹書(1-5)文字編》,作家出版社,2007年,頁485。
③ 季旭昇《上博五芻議(上)》,簡帛網,http://www.bsm.org.cn/show_article.php?id=195,2006-02-18。
④ 林清源《上博五〈季庚子問於孔子〉通釋》,《漢學研究》2016年第34卷第1期,頁298。

國將危亡，不用戒矣。""邦將危毀"與"國將危亡"意思相似，與"眾必惡善"正從兩方面說明對邦國與民眾帶來的惡果。

《上七·君》甲8：君王雖不✦（下用D代替）年，可也。

D字乙本簡7作✦，有釋長、荒、望之說①，釋"長"學者最多，但看到了楚文字"長"作✦（上三·彭1）、✦（上一·緇6）②，D與之確有距離，故認為D屬於訛寫③。高佑仁先生在總結各家學說基礎上，指出釋"望"正確，認為與✦（郭·語一1"望"）字形最接近④。實際上，D多次在楚簡中出現，只是大家並未注意，導致釋字出現分歧。

養心於子✦，忠信日益而不自知也。（郭·尊21）

---

① 參看高佑仁《也談〈君人者何必安哉〉的"望"字》，復旦網，http://www.gwz.fudan.edu.cn/Web/Show/659，2009-01-15。韓義剛《〈上海博物館藏戰國楚竹書（七）〉研究概況及文字編》，吉林大學碩士學位論文，2011年，頁195。

② 楚文字的"長"可參看李守奎、曲冰、孫偉龍編著《上海博物館藏戰國楚竹書（1-5）文字編》，作家出版社，2007年，頁445-446。滕壬生《楚系簡帛文字編（增訂本）》，湖北教育出版社，2008年，頁824-826。

③ 單育辰《佔畢隨錄之七》，復旦網，http://www.gwz.fudan.edu.cn/Web/Show/590，2009-01-01。

④ 高佑仁《也談〈君人者何必安哉〉的"望"字》，復旦網，http://www.gwz.fudan.edu.cn/Web/Show/659，2009-01-15。

〇甫子之駽為右驂。(曾 170)

〇甫之騮為左驂。(曾 171)

〇國為左飛，嬛駓為左驂。(曾 174)

《尊》21〇，整理者隸定為"佷"，裘先生按語認為讀諒①。《十四種》從之②。曾 170 和 171 同字，整理者並未隸定③。張光裕、滕壬生、黃錫全先生釋作"杗"④，李零先生認為右側所從為"望"。⑤《十四種》認為與《上一·緇》2 讀為"望"的〇相近⑥。曾 174 的字整理者隸定為"浧"⑦，何琳儀

---

① 荊門市博物館編《郭店楚墓竹簡》，文物出版社，1998 年，頁 174、175 注 7。
② 陳偉等《楚地出土戰國簡冊 [十四種]》，經濟科學出版社，2009 年，頁 213。
③ 裘錫圭、李家浩《曾侯乙墓竹簡釋文與考釋》，湖北省博物館編《曾侯乙墓》，文物出版社，1989 年，頁 499。
④ 張光裕、滕壬生、黃錫全主編《曾侯乙墓竹簡文字編》，藝文印書館，1997 年，頁 342。
⑤ 李零《讀〈楚系簡帛文字編〉》，《出土文獻研究》第五集，1999 年，頁 148。
⑥ 陳偉等《楚地出土戰國簡冊 [十四種]》，經濟科學出版社，2009 年，頁 369 注 56。
⑦ 裘錫圭、李家浩《曾侯乙墓竹簡釋文與考釋》，湖北省博物館編《曾侯乙墓》，文物出版社，1989 年，頁 499。

先生摹寫為【圖】，疑"茫"之異體，簡文用為姓氏①。張光裕等先生則摹為【圖】，隸作"浘"②。顯然，上舉的幾個字所從為一字無疑，《上一·緇》2"為上可【圖】而知也"之"【圖】"對應郭店《緇衣》簡3（【圖】）、今本《禮記·緇衣》均作"望"，也應與D等一字，下部所從的 ）為飾筆③，下部中間所從 ？李零先生認為"或是立人之變"④，實際就是人形，跟同篇簡21【圖】（匹）所從的 ヽ、《清壹·保》3 的【圖】，以及曾侯乙墓等的"人"形似⑤。這些字均可釋為"室（望）"。《尊》21 的【圖】，嚴格來說隸定為"侭"不準確，應直接隸定為"良"。只是下部的聲符"亡"替換為"室"。曾170 和171 的字隸定為"䋹"，曾174 的字隸定為"【圖】"，即"浘"。根據曾侯乙車馬簡的辭例，【圖】是姓

---

① 何琳儀《戰國古文字典——戰國文字聲系》，中華書局，1998 年，頁728。
② 張光裕、滕壬生、黃錫全主編《曾侯乙墓竹簡文字編》，藝文印書館，1997年，頁344。
③ 趙平安《上博藏〈緇衣〉簡字詁四篇》，《上博館藏戰國楚竹書研究》，上海書店出版社，2002 年，頁440。
④ 李零《上博楚簡三篇校讀記》，中國人民大學出版社，2007 年，頁39。
⑤ 曾侯乙簡的"人"及從人之字可參張光裕、滕壬生、黃錫全《曾侯乙墓竹簡文字編》，藝文印書館，1997 年，頁20–22。

氏、職官名、國名似乎都有可能，若是姓氏，似可讀爲望。《通志·氏族略四》："望氏，姜姓。《風俗通》：'齊太公望之後。'""▨國"之"▨"可能是姓氏，具體讀法不好確定。

《清貳·繫》131+132：楚師圍之於鄭，盡降鄭師與其四將軍，以歸於郢，鄭大宰欣亦起禍於131鄭，鄭子陽用滅，亡後於鄭。

整理者指出："《六國年表》：楚悼王四年'敗鄭師，圍鄭，鄭人殺子陽。'"① "用"整理者未破讀，疑讀爲"庸"，相當於"乃"，《尚書·益稷》："帝庸作歌。"

---

① 李學勤主編《清華大學藏戰國竹簡（貳）》，中西書局，2011年，頁199注17。

據清華簡（柒）補證舊說四則

石小力[*]

摘　要：根據《清華大學藏戰國竹簡（柒）》所公佈的新內容和一些古文字的新字形、新用法，論證清華簡《尹至》簡5"▢"字應釋為"科（播）"，清華簡《良臣》簡7"大同"即見於古書的"舌庸"，包山楚簡140兩個"岀"字可讀為"枚"，曾侯乙墓竹簡中屢見的▢字，應從陳劍先生釋為"疌"。

關鍵詞：《越公其事》；播；舌庸；大同；枚；疌

《清華大學藏戰國竹簡（柒）》[①]是清華簡整理工作的又一重要成果，包括《子犯子餘》、《晉文公入於晉》、《趙簡子》和

---

[*] 石小力，清華大學出土文獻研究與保護中心　博士後　北京100084。本文的寫作得到國家社科項目資助，項目編號：16CYY032。

① 清華大學出土文獻研究與保護中心編，李學勤主編《清華大學藏戰國竹簡（柒）》，中西書局，2017年。

《越公其事》四篇傳世未見的佚籍,內容十分重要,在春秋史、文獻學、古文字學等方面都具有重要的價值。本文根據本輯整理報告所公佈的新內容和一些古文字的新字形、新用法來補正以往古文字研究當中存在爭議的幾個問題,藉由清華第七輯所提供的新材料,這些疑難問題都可以得到最終的解決。

一、清華簡《尹至》"播"字補釋

清華簡(壹)《尹至》簡5:夏料〈科(播)〉民內(入)于水曰罟(戰)。帝曰:"一勿遺。"

"科"字原形作, 整理者依形隸定作, 認為與"番"字的《說文》古文""為一字,文曰"夏䍑民",即"夏播民",與"殷遹播臣"同類,即夏之逃散之民①。整理者之說從字形和文意兩方面看都很合適,但自復旦大學出土文獻與古文字研究中心研究生讀書會釋作"料"後,學者的意見分化,一派堅持整理者釋"播"的意見,如黃人二、趙思木、黃懷信、劉雲、陳民鎮等諸位先生,另一派則信從讀書會的意見,如蘇建洲、鄔可晶等先生②。讀書會釋作"料"主要是從字形來考慮

---

① 清華大學出土文獻研究與保護中心編,李學勤主編《清華大學藏戰國竹簡(壹)》,中西書局,2010年,下冊頁130。
② 各家說法參看陳民鎮《清華簡〈尹至〉集釋》,復旦大學出土文獻與古文字研究中心網站 http://www.gwz.fudan.edu.cn/Web/Show/1647,2011-9-12。

的，該字形體所從釆旁已經訛作米形，而把"米"寫在"斗"中之形，恰好與《說文》"料"字字形"从斗、米在其中"相合，故讀書會的意見從字形看有一定的道理，但是古文字中"釆"與"米"形體相近，"釆"字常見訛作"米"形之例，如《上博一·緇衣》的 ▯（簡15）字，今本作"播"，所從釆形已經訛變，與"米"形很相似，信陽簡"播"字作 ▯（簡1-24），釆形已訛作米，傳抄古文"播"字所從的"釆"形，也多訛作"米"形①，故《尹至》之字從字形看釋作"翻"亦甚合理。現在"料"字在清華簡第七輯《越公其事》篇中二見，分別作 ▯（簡4）、▯（簡23），從斗，釆聲，文例分別為"寡人不忍君之武勵兵甲之威，料（播）弃（棄）宗廟，趕在會稽"（簡4），"余其與吳料（播）弃（棄）怨惡於海濫江湖"（簡23），皆為"料棄"連文，整理者讀為"播"，可信。二形所從"釆"形不誤，可見《尹至》之字從字形看仍以釋"料"為當，讀書會釋"料"之說不可信。

二、清華簡《良臣》"大同"即"舌庸"補釋

清華簡（叁）《良臣》簡7："越王句踐有大同，有范蠡。"簡文的"大同"，過去學界曾有不同的意見，如整理者認為

---

① 參徐在國《傳抄古文字編》，線裝書局，2006年11月，頁1216。

"大"字下脫合文符號,"大=同"即大夫種①。在古書中,常見范蠡和文種(即大夫種)作爲越王勾踐的良臣,且二人屢以並舉的形式出現,故整理者的説法得到了不少學者的肯定,雖然也有一些學者不同意誤脱合文符號,如陳偉先生在清華簡(叁)發佈會上的講話指出"大"可能是"文"字的誤寫②,王挺斌先生後作專文證成陳説③,但也是將"大同"與"文種"聯繫起來的。此外羅小華先生提出"大"是"夫"之訛,"大同"其實是"夫同"或"扶同",古書或誤作"逢同"④。以上各家説法皆是在《良臣》篇存在訛誤的基礎上展開的,但訛誤必須有可靠的根據,否則難以令人信服。廣瀨薰雄先生則認爲"大同"即古書的"舌庸",並從古音和古書記載兩個方面做了論證⑤。

在新公佈的《越公其事》篇中,有這樣的記載:"乃屬邦政

---

① 清華大學出土文獻研究與保護中心編,李學勤主編《清華大學藏戰國竹簡(叁)》,中西書局,2012年。釋文見頁157,注釋見頁161。
② 陳偉《〈清華大學藏戰國竹簡·良臣〉初讀——在〈清華大學藏戰國竹簡(三)〉成果發佈會上的講話》,武漢大學簡帛網http://www.bsm.org.cn/show_article.php?id=1769,2013-1-4。
③ 王挺斌《再論清華簡〈良臣〉篇的"大同"》,"第五屆出土文獻研究與比較文字學全國博士生學術論壇",西南大學,2015年10月。
④ 羅小華《試論清華簡〈良臣〉的"大同"》,《管子學刊》2015年第2期,頁114-115。
⑤ 廣瀨薰雄《釋清華大學藏楚簡(叁)〈良臣〉的"大同"——兼論姑馮句鑃所見的"昏同"》,復旦大學出土文獻與古文字研究中心網站http://www.gwz.fudan.edu.cn/Web/Show/2038,2013-4-24,又載《古文字研究》第30輯,中華書局,2014年9月,頁415。

於夫=（大夫）住（種），乃命范蠡、太甬（同）大禹（歷）越民，必卒劢兵，乃由王卒君子六千。"（簡61）太甬，整理者指出即清華簡《良臣》篇的"大同"（第146頁），在《良臣》篇中，"大同"與"范蠡"並舉，而在《越公其事》篇中，"太甬"也是與"范蠡"連言，古文字中，"大"和"太"一字分化，"甬"屢用為"用"，很顯然整理者的意見是正確的。今據《越公其事》"大同"作"太甬"，且一句之中既出現"太甬"，又出現"大夫種"，人名"種"不用"同"字來表示，而是用"住"字來表示，由此可以確定《良臣》篇"大同"並非"大夫種"，故上引各家中以訛誤為說者皆不可信。《越公其事》所載"太甬"事跡與古書所載"舌庸"之事相近，可知廣瀨薰雄先生認為"大同"即"舌庸"說可信，《越公其事》的"太甬"也應當是"舌庸"。先看古書中有關"舌庸"的記載：

（1）吳王夫差既殺申胥，不稔於歲，乃起師北征。闕為深溝，通於商、魯之閒，北屬之沂，西屬之濟，以會晉公午於黃池。於是越王句踐乃命<u>范蠡、舌庸</u>，率師沿海泝淮以絕吳路。敗王子友於姑熊夷。越王句踐乃率中軍泝江以襲吳，入其郛，焚其姑蘇，徙其大舟。（《國語·吳語》）

（2）越王句踐乃召五大夫，曰："吳為不道，求殘吾社稷宗廟，以為平原，不使血食。吾欲與之徼天之衷，唯是車馬、兵甲、卒伍既具，無以行之。吾問於王孫包胥，既命孤矣；敢訪諸大夫，問戰奚以而可？句踐願諸大夫言之，皆以情告，無阿孤，孤將以舉大事。"<u>大夫舌庸</u>乃進對曰：

"審賞則可以戰乎?"王曰:"聖。"大夫苦成進對曰:"審罰則可以戰乎?"王曰:"猛。"大夫種進對曰:"審物則可以戰乎?"王曰:"辯。"大夫蠡進對曰:"審備則可以戰乎?"王曰:"巧。"大夫皋如進對曰:"審聲則可以戰乎?"王曰:"可矣。"(《國語·吳語》)

(3) 夏五月,叔孫舒帥師會越皋如、舌庸①。宋樂茷納衛侯。(《左傳》襄公二十六年)

(4) 春,越子使舌庸来聘。(《左傳》襄公二十六年)

(1) 中的舌庸和范蠡並舉,(2) 中舌庸和范蠡同為句踐之五大夫,廣瀨薰雄先生據此指出"舌庸和范蠡同樣在越王勾踐滅吳中扮演了極爲重要的角色。從舌庸在勾踐臣下中的地位看,釋《良臣》的"大同"爲"舌庸"也是很合適的。現在從《越公其事》的記載來看,大夫種幫助句踐治理邦政,范蠡和太甬一起統帥越國的軍隊,而在《國語·吳語》中,范蠡和舌庸共同率師伐吳,《越公其事》之"太甬"和《吳語》之"舌庸"在越國的地位和職能是相同的,都是和范蠡一起率領越國的軍隊,可見二者確為一人。

過去,不少學者認為姑虞句鑃(《殷周金文集成》424)中

---

① 今本誤作后庸,此據石經及宋本注疏。

的器主"姑虞①昏同之子"之"昏同"即"舌庸"②，所謂的"昏"字原銘作▨，與古文字中刮、括等所从的"舌（即昏）"作▨、▨等形有別③，故廣瀨薰雄先生指出該字並非"昏"字，銘文的人名待考，與"舌庸"可能並非一人，但同時也不完全否定"昏同"爲"舌庸"的可能性，態度十分審慎。現在根據楚簡中，"舌庸"作大同，太甬，"舌"字皆作"大"聲系之字，這進一步降低了姑虞句鑃的人名"昏同"為"舌庸"的可能性。

三、包山簡"𣏟"讀為"枚"補釋

包山楚簡140："鄧人所漸（斬）木：四百𣏟（枚）於(正)鄋（蔡）君之地襄溪之中；其百又八十𣏟（枚）於畢地郏（卷）中。(反)"

---

① "虞"字釋讀從何琳儀先生（《戰國古文字典》，中華書局，1998年，頁907）、李家浩先生（《關於姑馮句鑃的作者是誰的問題》（《傳統中國研究集刊》第七輯，上海人民出版社，2010年）說。

② 楊樹達先生最早提出此說，見《姑鵬句鑃再跋》（《積微居金文說》，上海古籍出版社2007年，頁225-226），學者多讚同之，如李家浩先生《關於姑馮句鑃的作者是誰的問題》（《傳統中國研究集刊》第七輯，上海人民出版社，2010年）。

③ 參趙平安《續釋甲骨文中的"乇"、"舌"、"祏"——兼釋舌（昏）的結構、流變以及其他古文字資料中從舌諸字》，《華學》第四輯，紫禁城出版社，2000年；後收入氏著《新出簡帛與古文字古文獻研究》，商務印書館，2009年。

簡文中的"㳾"字原作[字形]、[字形]，過去整理者釋"先"、白於藍先生釋"長"①、李家浩先生釋"㞷"②，陳劍先生釋"㳾"③。對比《上博四·采風曲目》2"將㳾（美）人"之"㳾"作[字形]，《上博五·三德》8"衣服過制，失於娩（美）"之"娩"作[字形]，可知陳劍先生釋"㳾"甚確。從文例看，原文為所字結構，陳先生指出，包山簡中"所"字結構甚多，如"王所舍新大廄以畜苴之田：南與䣙君執（邋）疆，東與䔖君執（邋）疆……"（簡154）等等。"所"字結構末尾應斷開，其後的簡文是對"所"字結構的具體說明。"四百㳾（枚）……"、"其百又八十㳾（枚）"均是對"䣙人所斬木"所自出的具體說明。故該字釋"㳾"，讀"枚"從文意來看也是最為允當的。但陳先生的說法並未獲得學術界的公認，如陳偉等著《楚地出土戰國簡冊［十四種］》讀為"微"④，李守奎、賈連翔、馬楠三位先生編著之《包山楚墓文字全編》仍從李家浩先生說釋為

---

① 白於藍《包山楚簡補釋》，《中國文字》新廿七期，藝文印書館，2001年，頁155-156。
② 李家浩《談包山楚簡"歸䣙人之金"一案及其相關問題》，《出土文獻與古文字研究》第一輯，復旦大學出版社，2006年，頁16-23。
③ 陳劍《〈上博（三）·仲弓〉膡義》，《簡帛》第3輯，上海古籍出版社，2008年，收入氏著《戰國竹書論集》，上海古籍出版社，2013年。
④ 陳偉等《楚地出土戰國簡冊［十四種］》，經濟科學出版社，2009年，頁69。

"歂（徵）"①，一個重要的原因應該就是楚簡中"屵"未見用為量詞"枚"之例。

在《越公其事》篇中，恰好有從"屵"之"檓"用為"枚"之例："若明日，將舟戰於江。及昏，乃命左軍監（銜）檓（枚）鯀（溯）江五₆₄里以須，亦命右軍監（銜）檓（枚）踰江五里以須。"（簡64-65）"檓"字，整理者疑即"枚"之形聲異體，微與枚皆爲明母微部。簡文之語見於《國語·吳語》："明日將舟戰於江，及昏，乃令左軍銜枚泝江五里以須，亦令右軍銜枚踰江五里以須。"與"檓"字對應之字正作"枚"，可證整理者將"檓"視作"枚"之異體甚確。

現在由《越公其事》篇中兩例從"屵"之"檓"字皆明確用為"枚"，可證陳劍先生之釋讀正確無疑，"屵"及從"屵"之字用為"枚"，也豐富了我們對楚簡字詞關係的新認識。

四、古文字"聿"字補釋

曾侯乙墓竹簡中屢見 ![]字，或作 ![]，或加意符"因"作 ![]、![]、加"糸"作 ![]、加"竹"作 ![]，在簡文中用作車器名。原整理者裘錫圭、李家浩二位先生指出，該字與西周金文

---

① 李守奎、賈連翔、馬楠《包山楚墓文字全編》，上海古籍出版社，2012年，頁350。

中舊釋爲"溓"的❏、❏、❏等字所從的偏旁爲一字①。但❏字究竟應該釋爲何字，難以考訂，其所表示的物品，亦衆說紛紜。如何琳儀先生疑爲"簟"②，蕭聖中先生釋爲"兼"，讀爲"縑"③，李天虹先生釋"❏"爲"捷"字的初文、讀爲"薦"④，禤健聰先生釋爲"弗"及從"弗"之字讀爲"茀"⑤。

陳劍先生釋爲"夷"，認爲"❏"形省去其中一個"倒矢"形偏旁，下方本代表矢鏃的"屮"形再演變爲"止"形，就變成後代的"❏（夷）"形了。該字由殷墟甲骨文之❏和殷代族名金文之❏、❏演變而來，其本象人手"兼挾二矢"之形，是"挾矢"之"挾"的表意初文。曾侯乙簡諸字應讀爲車蓋之"蓋"，金文从"夷"諸字，從李學勤、李零等先生之說讀爲

---

① 裘錫圭、李家浩《曾侯乙墓竹簡釋文與考釋》，湖北省博物館編：《曾侯乙墓》，文物出版社，1989年，上冊頁508注46。
② 何琳儀《隨縣竹簡選釋》，《華學》第七輯，中山大學出版社，2004年，頁120。
③ 蕭聖中《曾侯乙墓竹簡釋文補正暨車馬制度研究》，武漢大學博士學位論文（指導教師：陳偉教授），2005年，頁92。蕭聖中先生後來亦改從李天虹先生說，見其《曾侯乙墓竹簡釋文補正暨車馬制度研究》（科學出版社，2011年）一書，頁7、54-55、197-198。
④ 李天虹《釋曾侯乙墓竹簡中的"❏"》，《古文字研究》第二十六輯，中華書局，2006年，頁303-307。
⑤ 禤健聰《楚簡文字補釋五則》，《古文字研究》第二十六輯，中華書局，2006年，頁365-366。

"祭公"、"祭氏"之"祭"①。

陳劍先生釋"辵"之說，從字形來看，十分合適。在古文字中，"屮"形演變為"止"形，重複的偏旁，如對表意沒有影響，多可加以刪減，這都是古文字形體演變當中很常見的變化。從辭例上看，曾侯乙簡讀"蓋"和金文讀"祭"也很恰當。釋"辵"之說的不足之處就是受材料的限制，在古文字當中未見本用的用法。故該說提出以後，並未取得學術界的一致認可，比如孫啟燦先生的《曾文字編》就依形隸定作"韢"，從李天虹先生說讀為"薦"②，並未採用陳劍先生釋"辵"之說。

在《越公其事》篇中，出現了"辵"及從"辵"之字，其中"辵"字正是用為本字"挾"，而且可以跟古書對得上，故陳劍先生釋"辵"之說是確切無疑的。《越公其事》篇中字形和文例如下：

🅐：吾君天王，以身被甲冑，敦力鈘鎗，辵（挾）弳（莖）秉橐（枹），振鳴……（簡3）

🅑：凡越庶民交逮（接）、言語、貨資、市賈乃無敢反背欺詒。（簡42）

整理者指出，"辵弳秉橐"，即《國語·吳語》"十行一嬖大夫，建旌提鼓，挾經秉枹。十旌一將軍，載常建鼓，挾經秉枹"

---

① 陳劍《釋"辵"及相關諸字》，《出土文獻與古文字研究》第五輯，上海古籍出版社，2013年，頁258-279。

② 孫啟燦《曾文字編》，吉林大學碩士學位論文（指導教師：周忠兵教授），2016年，頁62。

句中兩見的"挾經秉枹","圭"字對應《國語》"挾"字。簡文"圭"與"秉"對舉，當與"秉"意思相近，再加上與《國語》記載相合，"圭"用為本字"挾"確切無疑，這則材料強有力的證明了陳劍先生釋"圭"之說。簡42的"交諓"，整理者讀為"交接"，訓為交往，十分允恰。諓從圭聲，接從妾聲，圭聲字與妾聲字古書屢見通用①，故"諓"與"接"讀音十分相近，可以通用，"交接"一詞亦見於本篇簡23-24，作"交綾"。這也證明了陳劍先生釋"圭"之說可信。

以上舉了四例藉由新公佈清華簡第七輯所解決的疑難問題，此外，還有一些疑難問題也可以由本輯清華簡公佈的新材料所解決，比如侯馬盟書中被誅討的人名"趙尼"，學術界多釋作"趙弧"，"尼"字原作 ▲ 形，根據《越公其事》篇中"泥"字作 ▲（簡35）、▲（簡44），所從"尼"旁與之相同，可以肯定侯馬盟書的人名當釋作"趙尼"，"趙尼"人物的確定，對於判定侯馬盟書的時代意義重大②。再比如根據《越公其事》篇中"茲"用為"使"的用字現象，可以確定傳世古書和出土文獻中舊時難以解釋的"茲"字也應該是用為"使"的，這是利用新

---

① 參高亨纂著、董治安整理《古字通假會典》，齊魯書社，1989年，頁701【唼與捷】、【唼與啑】、【接與捷】，第702頁【接與踥】、【篓與箑】、【篡與箑】、【踥與踥】等條。

② 參拙文《據清華簡考證侯馬盟書的"趙尼"——兼說侯馬盟書的時代》，《中山大學學報》（待刊）。

出楚簡揭示的用字方法，來解讀先秦古籍和其他出土文獻疑難問題的一個典型例子①。

---

① 參拙文《上古漢語"兹"用為"使"說》,《語言研究》2017年第6期。

據清華簡訓釋金文三則

付 强[*]

摘要：本文主要由利用《清華大學藏戰國竹簡》（五）釋讀金文的三則劄記組成，我們認為史牆盤銘文中的"淵哲康王，▨尹億疆"，應該釋讀為"淵哲康王，允尹億疆"。大盂鼎銘文中"敏酉（酒）無敢▨"的"▨"字應該如王國維先生認為是"酖"字的異體，讀為"酖"，訓為沉溺、迷戀，典籍亦作"湛"。家父盤的自名應該為"監"。

關鍵詞：清華簡；金文；允尹；酖；監

一

西周共王時期的史牆盤銘文中有"淵哲康王，▨尹億疆"

---

[*] 付强，上海三唐美術館 館員 上海 200120。

一句，對於銘文中的"![]"字以前學者或釋為"分"或釋為"兮"或釋為"豖"讀為"遂"，李學勤先生隸定為"分"讀為賓，訓為賓服，陳世輝先生隸定為"旬"讀為緬，訓為綿長，麻愛民先生讀為遍，吳鎮烽先生讀為劼。最近陳斯鵬先生又考釋為"萬"字，認為"萬尹"言各類職務長官之多，"億疆"言國土疆域之廣，"萬尹"和"億疆"都是由偏正式名詞構成的並列短語，萬和億近義對舉①。我們認為以上的看法都是不正確的，"![]尹"當為"允尹"，![]字為允字的訛變，"允尹"一詞是西周時期的習語，證據如下，在最近公佈的清華簡《封許之命》簡二中有"![]尹四方"一句，![]从日从允可以隸寫為"昀"，整理者已經指出"昀尹四方"一句見於金文②，但是對於此字的訓釋是欠妥當的，為了說明問題我們先把金文中與此字相關的辭例搜集如下：

（1）匍有四方，昀正厥民　大盂鼎
（2）昀臣天子　追簋
（3）達殷昀民　史牆盤
（4）昀保四國　猷鐘
（5）昀尹四方　五祀猷鐘

---

① 陳斯鵬《西周史牆盤銘新釋》，《中山大學學報》2013 年第 6 期。
② 清華大學出土文獻研究與保護中心編《清華大學藏戰國竹簡（五）》，中西書局，2015 年，頁 39。

（6）畎在位　敔簋

（7）保乂周邦，畎尹四方　大克鼎

（8）畎其孫子　晉姜鼎

上揭金文中的畎字從田從允，宋人本釋為允，如《考古圖》引北宋太常博士楊南仲釋晉姜鼎銘文云"畎疑允字，字書所無，而于文勢宜為允"，《康熙字典》卷十九"畎字下云畎古文允"。然而隨著青銅器的大量發現和金文研究的不斷深入，晚清以來學者們逐漸否定了宋人的舊說，而釋此字為畯，孫詒讓在釋大克鼎時在畎下一字加一畯，其後徐中舒先生從孫氏釋畎為畯之說申論其詳，此後學者們莫不信從唯有張政烺先生認為是允。最近陳致先生在《允畎畯試釋》一文中詳細論證了此字是允，清華簡《封許之命》的公佈證明了陳先生的這一看法是完全正確的。畎在上揭的金文中當訓為信，金文中常見的"畎臣天子"可以和《詩·小雅·湛露》"顯允君子，莫不令德"合觀，朱熹《詩集傳》對此句的解釋是"信矣君子，誠哉大德"，所以"畎臣天子"猶"王之信臣天子"意思就是天子可以信賴的臣。"畎尹四方""畎保四國""撻殷畎民""畎正厥民""畎在位""畎其孫子"中的畎用為動詞，謂取信之義，實亦隱含保佑的意思①。

---

① 陳致《允畎試釋》，《饒宗頤國學院院刊創刊號》，中華書局香港有限公司，2014年，頁135–158。

二

大盂鼎銘文有"戲酉（酒）無敢🅇"一句，對於銘文中"🅇"字的釋讀學者們爭論很大，張亞初先生讀為"舔"，唐蘭先生讀為"酣"，王國維先生認為是"醓"字的異體，讀為"酖"，沉溺、迷戀的意思，典籍亦作"湛"。《詩經·小雅·常棣》："兄弟既翕，和樂且湛。"《經典釋文》："又作耽。《韓詩》云：'樂之甚也'"①。我們認為王先生的這一看法是正確的，證據如下，在最近公佈的清華簡《厚父》中有如下一句"毋🅇（湛）於酒"②，湛字的寫法與西周懿王時期的僟匜銘文"戲乃可🅇（湛）"的湛字寫法完全相同，從冘之字常和從甚之字相通用，如《書·微子》"沈酗於酒"沈，《漢書·霍光傳》引作湛；《詩·大雅·抑》"荒湛於酒"湛，《漢書·五行志》引作沈；《書·無逸》"惟耽樂之從"耽，《論衡·語增篇》引作湛；《詩·小雅·鹿鳴》"和樂且湛"《經典釋文》湛又作耽③。所以大盂鼎銘文中的🅇字可以隸定為"醓"是"醓"字的異體與清

---

① 王輝《商周金文》，文物出版社，2006 年，頁 67–68。
② 清華大學出土文獻研究與保護中心編《清華大學藏戰國竹簡（五）》，中西書局，2015 年，頁 33。
③ 張儒、劉毓慶《漢語通用聲素研究》，山西古籍出版社，2002 年，頁 999。

華簡《厚父》中的▨（湛）字是通用關係。僎匜銘文中的"▨（湛）"字應該通"抌"《說文·十二上》下曰"讀若高言不正曰抌"從冘之字可以通抌也有文獻上的依據如《史記·刺客列傳》"右手揕其匈"段玉裁注《說文》抌字說揕即僎字。僎匜銘文中此處的"叔乃可▨（湛）"是你要承擔誣告之罪的意思。

三

清華簡《封許之命》簡七賞賜給呂丁的薦彝中有名為"監"的青銅器①，對於西周早期的青銅監學者們提到的很少，原因就是銅器中自名為監的非常稀見，但是也不是沒有，我們認為在目前所發現的西周早期青銅器中確實存在這種自名為監的銅器，只是以前學者們對於這個自名沒有得到足夠的認識罷了。山西曲沃天馬曲村遺址 M6384：5 出土過一件西周早期的家父盤，銘文如下"家父作寶▨，其萬年子子孫孫永保用"。

對於銘文中的▨字發掘報告釋為盉②，何琳儀先生釋為蠱

---

① 清華大學出土文獻研究與保護中心編《清華大學藏戰國竹簡（五）》，中西書局，2015 年，頁 41。
② 北京大學考古系商周組、山西省考古研究所編《天馬—曲村（1980—1989）》第 2 冊，科學出版社，2000 年 4 月，頁 501。

讀為盉①，陳英傑先生認為從巳聲讀為盤②，鄔可晶先生認為此字即卜辭中習見的"盉"③，鞠煥文先生釋為監，證據是監祖丁觶（《集成》6207）中的監作 ▨ 形，▨ 字左下所從與 ▨ 字完全一樣，我們認為鞠先生的這一發現是非常卓識的，監字的本義是象人俯就於皿而鑒照其面之形，▨ 字表現的正是象人俯就於皿而鑒照其面之形，其中的 ▨ 就是其上俯身人形在水中的倒影，圓圈對應著人的腦袋，"尾巴"對應著探出的人身，而且它和其上的人形正是以水面為界作對稱形，將"鑒照"意表現地淋漓盡致。明白了監字的構形本義我們再來看 ▨ 字就明白此字是省掉上面的俯身人形的監字，所以把 ▨ 釋為監是及其正確的④。所以這件銅器按照命名的慣例應該稱為家父監，家父監是我們現在可以看到的西周早期自名為監的銅器，清華簡《封許之命》中賞賜給呂丁的監應該就是這種器物。

---

① 何琳儀《說盤》，《中國歷史文物》2004 年第 5 期。
② 陳英傑《青銅盤自名考釋三則》，《中國文字研究》第 19 輯，上海書店出版社，2014 年，頁 27-28。
③ 鄔可晶《釋青銅器銘文中處於自名位置的"盉"、"盟"等字》，《出土文獻與古文字研究》第 4 輯，上海古籍出版社，2011 年，頁 59-67。
④ 鞠煥文；《釋"▨"及相關諸字》，待刊。

秦人不以賤名爲嫌
——以嶽麓秦簡"亡尸"訓釋爲例

邱 亮*

摘 要：嶽麓秦簡"質日"簡見"亡尸"，整理者未詳其義。今謂"亡尸"，可與里耶秦簡"毋死"對讀，乃是人名。秦人不以賤名爲顯，於此可見一斑。

關鍵詞：嶽麓秦簡；亡尸；毋死

《嶽麓書院藏秦簡（一）》質日部分出現了一定數量的人名、官名和地名，整理者對個別的人名如"野"、"醜夫"等進行了簡注，《綜述》則對"騰"、"爽"等出現頻率較高的人名進行了較爲系統的梳理。然而，整理者注釋人名或有取捨未定者，"亡尸"即爲其例，並由此導致對"津"、"當百"、"漁"等地名的漏釋。本文對此重予檢討，並與秦代簡帛、陶磚等資料相

---

* 邱亮，吉首大學文學院　講師　湖南吉首 416000。

互發明，對秦簡中所見醜名進行輯略，歸納出秦代醜名的基本類別。認為此類現象的背後，實際隱含著秦漢之際不嫌賤名的價值取向。

一、"亡尸"辨正

"質日"中"亡尸"一詞凡四見，茲將有關簡文揭諸如次：

"卅四年質日"：

己巳召走亡尸。0702 正

壬午亡尸至津。0534 正

丙戌走亡尸行＝當百。0659 正

"卅五年私質日"：

丙戌亡尸復行漁。2004 正

整理者注："亡尸：含義不明，疑與祭祀活動有關。尸：古代祭祀時替死者受祭的人，《公羊傳》：'祭之明目也'，漢何休注：'祭必有尸者，節神也。禮，天子以卿為尸，諸侯以大夫為尸，卿以下以孫為尸。'也指神主牌，以木為之，漢桓寬《鹽鐵論・復古》：'蓋文王受命伐崇，作邑於豐，武王繼之，載尸以行，破商擒紂，遂成王業。'或認為'亡尸'是人名。"[1] 蘇俊林先生也談到："質日類文獻中，記有事件行為者的記錄，如獄

---

① 朱漢民、陳松長《嶽麓書院藏秦簡（壹）》，上海辭書出版社，2010 年，頁 79。

麓質日簡中的'野之醜夫所'、'江陵公歸'、'亡尸之津'、'亡尸復行漁'等，我們暫將野、江陵公、亡尸看做人物，正確與否，或許還有待商榷。"① 對人名的界定亦有所遲疑。

從注釋角度不難看出，整理者傾向於認為亡尸與祭祀有關。然釋"尸"則可，若以此釋"亡尸"一詞，則漫無邊際。我們認為"亡尸"為人名並無疑問，無須迂曲為解。

按，"亡尸"一詞從今之理解頗為不倫，孔廣居謂："尸是古文，屍是漢季俗體。"從搭配關係來看，尸既為屍體之義，之前復綴以"亡"字，不免蛇足之嫌；而從詞義方面考慮，以"尸"命之人名，亦難與常俗相合。故此，我們認為"亡尸"二字皆非本字，而須從通假的角度予以考慮。而里耶秦簡所見"毋死"一名，則為我們理解"亡尸"一詞提供了可能。為討論方便，茲將簡文移錄於下：

陽陵宜居士五（伍）毋死有貲餘錢八千六十四。毋死戍洞庭郡不智（知）何縣署。

里耶秦簡 J1（9）1

又"毋死"一名亦見於秦代陶文：

寺工 http：//saturn.ihp.sinica.edu.tw/cgi–bin/null 毋死②

---

① 蘇俊林《關於"質日"簡的名稱和性質》，《湖南大學學報（社科版）》，2010年第7期。
② 王輝《秦文字集證》，藝文印書館，1999年，頁331。

"毋死"為人名殆無疑問。後漢璽印又見:

父老 http：//saturn.ihp.sinica.edu.tw/cgi‐bin/null 毋死萬歲①

可知"毋死"為祈求平安，長命百歲之義，作為人名雖非雅致卻較為允當。而從音轉關係來看，"毋"、"亡"，"尸"、"死"相通亦為常例。

尸有正俗二體，李孝定謂："屍體字漢碑簡中多假死字為之，經籍則多作尸，皆假借也。屍則後起專字。"尸、屍為古今字，而皆可通"死"，《墨子·兼愛下》："萬民多有勤苦凍餒，轉死溝壑中者，既已衆矣。"于省吾《雙劍誃諸子新證·墨子三》："轉死即轉尸。"《呂氏春秋·離謂》："鄭之富人有溺者，人得其死者。"許維遹集釋引畢沅曰："死與尸同。"《漢書·酷吏傳·尹賞》："安所求子死? 桓東少年場。"顏師古注："死謂尸也。"由此可知，春秋直至漢代，"死"皆可謂之"尸"。

確定"尸"為"死"，"亡"的含義亦可迎刃而解。"亡"或當通"毋"，"亡尸"即"毋死"。"亡"、"毋"陰陽對轉，文獻中相通之例習見。《史記·袁盎傳》："君能日飲，毋苛。"《漢書·袁盎傳》"毋苛"作"亡何"。《史記·西南夷列傳》："遷徙毋常處。"《漢書·西南夷列傳》"毋"作"亡"。

要之，嶽麓秦簡的"亡尸"與里耶秦簡的"毋死"旨意相同，皆為人名，以之命名，以祈求無災無病。又，"亡尸"所載

---

① 羅福頤《秦漢魏晉南北朝官印徵存》，文物出版社，1987年，頁185。

在卅三年,身份為陽陵士伍,因有貲而戍守遷陵,而"毋死"所載在卅四年,身份為江陵"走"①,據秦代官制,除令、丞、尉外,所任用的一般辦事人員,皆當為本地籍貫,故此也可以排除"亡尸"與"毋死"同為一人的可能。

"亡尸"之為人名,尚可結合具體的語境進行分析。亡尸首次出現為三十四年五月己巳日,簡云:"召走亡尸。"其前一日記有:

  戊辰:騰與廷史治傳舍。

傳舍即郵亭傳置之舍。騰與廷史共同視察傳舍的情況,即於次日"召走亡尸",召即招,招納之義。這一情形,可能為傳舍缺少人手而進行的及時補員。睡虎地秦簡《秦律十八種·置吏律》:"縣、都官、十二郡免除吏及佐、群官署,以十二月朔日免除,盡三月而止之。其有死亡及故有夬(缺)者,為補之,毋須時。"此處可如是以觀。走,為文書傳遞之人,業師王煥林先生《里耶秦簡校詁》謂:"走:指腿腳輕便者。按,走的本義是跑,用稱'行書人',頗疑與睡虎地秦簡中的'輕足'相當,參《秦律十八種·田律》:'近縣以輕足行其書,遠縣令郵行之。'"走某某的行文格式秦漢簡牘多見,即為名為某某的行書人,如:

  八月癸巳,水下四刻,走賢以來。里J1 (8) 133

---

① 嶽麓秦簡係購藏,出土地不甚明確。然根據嶽麓秦簡"癸卯起江陵"、"庚申江陵公歸"等記載,可以推斷該批簡牘出土於江陵的可能性較大。

八月戊寅，走己巳以來。J1（8）134

召走亡尸，即徵召一名叫做亡尸的行書人。將"亡尸"作人名理解殆無疑問，以此揆之其餘三簡，句意皆可通，皆為"某人行（之）某地"。與簡文的記錄方式相合：

癸巳：廷史行=南 0506 正

丁巳：騰之安陸 0636 正

癸未：野之醜夫所 0716 正

以此衡之，津、漁、當百皆當為地名，整理者對地名多有注釋，此三地因句意未明而未遑措意，失之。

由上我們簡單勾勒出"亡尸"的行跡，他於秦始皇三十四年五月己巳日被官府徵召，身份是"走"，主要的職責是文書的傳遞，活動的範圍集中在江陵及津、漁、當百等周邊地區。

二、秦簡中所見"賤名"輯略

整理者對"亡尸"之名可否未定，實因去古已遠，而對秦人命名的一般情形不甚了了，故不免揣測之意。

今人欲考前人行跡，多賴史籍所傳，然"不見經傳"者不知凡幾！杞宋尚且無徵，何況走卒販夫之屬，奔走衙府，隱沒鄉野，事既無考，跡亦難尋，揆之史乘，雖旁搜遠紹，竟無一二之得。而秦簡的大量出土為我們全面瞭解秦代社會的姓氏文化補充了至關重要的缺環。

秦代自命或呼人以賤名，遠非"亡尸"個案，即如前揭一簡：

　　野之醜夫所。

　　按，"醜夫"即為賤名，文獻中間有類似記載。《兩漢刊誤補遺》嘗有考證："亞谷，簡侯《盧綰傳》作惡谷。《避暑錄》云：'有獲周惡夫印者。'劉原父曰：'此漢條侯印也，古亞惡二字通用，《史記》亞谷侯《漢書》作惡谷。'葉左丞因疑條侯名作亞夫之亞，音未必然。春秋衛有醜夫，蓋古人命名亦多以惡名者，安知亞夫不為惡夫也。"

　　"醜"、"惡"相近，皆為貶義，當視為賤名。與"醜"、"惡"相類者，尚有"痦"、"衺"、"邪"等，皆施之於人名：

　　獲行，與痦偕。嶽麓秦簡0733

　　狼有逮，在復獄已、卒史衺、義所。里耶秦簡J1（8）134

　　三月癸醜水下盡之，陽陵士五（伍）匋以來。／邪手。里耶秦簡J1（16）5

對於此類現象，宋代俞成《螢雪叢說》卷一認為："古者命名，多自貶損：或曰愚，或曰魯，或曰拙，或曰賤，皆取謙抑之義也；如司馬氏幼字'犬子'，至有慕名'野狗'，何嘗擇稱呼之美哉？"實際上，賤名是否表示"謙抑"之意，尚值得討論，然而他所談及的很多以動物為名的現象，在秦漢乃至先秦卻是普遍的事實。清趙翼於此廣事搜求，《陔餘叢考》卷四十二"命名奇詭條"載："古人命名，原有不避醜惡之字者。《左傳》晉成公名黑臀，衛侯之弟名黑背，魯文公名其子曰惡，齊田子名其子曰乞，晉景公名獳，鄭成公太子名髡頑，次曰侯獳、衛獳、羊肩、史狗，鄭有堵狗，《史記》韓有公子蟣虱，司馬相如名犬子，《漢書》梁冀子名胡狗。此本古俗……原無足異也。"《集古錄》卷三："漢《冀州從事張表碑》云：'君諱表，字元異'。……其辭有云"仕郡為督郵，鷹撮盧擊"，是以狗喻人……蓋漢人猶質，不嫌取類於鷹犬。"

以禽獸為名，秦簡所見亦莫能外：

前日言薑陰狼假遷陵公船一。里耶秦簡 J1（8）134

<u>不</u>狄戍洞庭郡，不智（知）何縣、署。里耶秦簡 J1（8）157

遷陵守丞<u>敦</u>狐卻（卻）之司空。里耶秦簡 J1（8）134

八月戊寅，走己巳以來。/慶手——<u>豻</u>手。里耶秦簡 J1（8）134

平邑故鄉守士五（伍）<u>虽</u>、中、衰，佐涅，童禺……里耶秦簡 J1（16）2

弟不更<u>熊</u>。里耶秦簡 K2/23

南陽戶人荊不更<u>李貛</u>。里耶秦簡 K31/37

由上可見，秦代底層民眾姓名既不避鷹犬之屬，亦不嫌醜惡之類，賤名為人們普遍使用。而置於這樣的背景下，"亡尸"作為人名正在情理之中，毋庸置疑。

三、秦"賤名"的類型

各時代人名的背後,皆隱藏着深層的制度文化。《白虎通·姓名》:"人必有名何?所以吐情自紀,尊事人者也。"名關乎人情,更關乎禮制。誠如《禮記·大傳》所論:"名者,人治之大者也,可無慎乎?"姓名作為一種特殊的文化現象,不僅具有分別彼此的標記作用,而且有著好惡尊卑的政治寄寓。先秦時代,作為社會上層對這一點的認識格外深刻。《禮記·曲禮》認為:

名子者,不以國,不以日月,不以隱疾,不以山川。

《左傳·桓公六年》對此更為詳論:

名有五,有信,有義,有象,有假,有類。以名生為信,以德命為義,以類命為象,取於物為假,取於父為類。不以國,不以官,不以山川,不以隱疾,不以畜牲,不以器幣。周人以諱事神,名,終將諱之。故以國則廢名,以官則廢職,以山川則廢主,以畜牲則廢祀,以器幣則廢禮。

站在上層的角度而言,"春秋之時名字之禮,廢犯此四禁,而莫之恤也。"然而,《左傳》中所載以日月、隱疾為名者,間或有之。如魯僖公名申,蔡莊公名甲午,晉成公名黑臀,衛侯之弟名黑背,揆之以《經義述聞·春秋名字解詁》所載,又知此類並非常制。故《周禮》注疏謂此:"周末亂世,不能如禮。"因此不足為怪。站在下層的角度來看,"蓋諸侯有百官,有祭祀,有器幣,有牲,庶人名之則可也。"其言春秋之世,然當時庶民之名情形究竟如何，終因史料闕如，難知其詳。

至於秦代（可延展至戰國時秦地），日益豐富的簡帛、磚瓦資料，則為我們考索秦代姓名提供了相對廣泛的材料。就目前所見，所載多有以日月、禽獸為名者，而國、官、山川終為少見。今結合《禮記》、《左傳》的分類情況，對秦代所見賤名類型再予檢討，明其大概：

1. 以禽獸為名。《左傳》："不以禽獸"，《春秋左傳注疏·卷五》："《爾雅·釋畜》於馬牛羊豕狗雞之下，題曰六畜，故鄭衆、服虔皆以六畜為馬、牛、羊、豕、犬、雞。《周禮》：牧人掌牧六牲。鄭玄亦以馬牛等六者為之。然則畜牲一物養之則為畜，共用則為牲，故並以六畜解六牲。"我們在看待這一問題時，則將此範圍放寬，包括畜牲在內的動物範圍，凡阿貓阿狗之屬皆予歸納。何以動物為名？歐陽修《道山清話》謂："人家小兒要易長育，往往以賤為名。"南宋王楙《野客叢書·小名犬子》中云："相如小名，父母欲其易於生長，故以狗名之，今人名之，猶有此意，其理甚明。"此說有一定道理。聯繫到秦代社會生產的實際，可能與對外在環境依賴程度較高也有較為密切的關係。

2. 以疾病為名。古之以疾病為名者不在少數，然恐非寄寓疾患。如里耶秦簡所見的"毋死"、秦磚所見的"博昌去疾"等，皆有禳除疾病之義。痞、衰等名皆可如是以觀，古多正反同義之例，言此或寓意於彼，言疾者或將去疾也。

3. 以醜惡之辭為名。秦代以醜惡之辭為名者，不在少數。

論其原因，前引宋代俞成之說："古者命名，多自貶損：或曰愚，或曰魯，或曰拙，或曰賤，皆取謙抑之義也。"此言之當時上階層人物則可，若言之下階層人物，恐未必儘是。若"醜夫"、"頹"、"煩"之類，恐"謙抑"一詞難以囊括。而其原因如何，尚值得進一步考慮。

以上三個方面，基本上可以概括秦賤名的基本情況，為方便舉例，茲列表如下：

賤名類別	賤名舉例
禽獸之類	咸阳市牛秦陶1848、鱼秦陶1141、鲱秦陶1195、鸟秦陶1886、鹿秦陶2464、咸原少竜秦陶2482、狼里耶秦簡J1（8）134、不狄里耶秦簡J1（8）157、敦狐犁里耶秦簡J1（8）134、鼠里耶秦簡J1（16）2、熊里耶秦簡K2/23、李獾里耶秦簡K31/37、荼豸秦封泥集三·一·21、李示麋珍秦齋印、逐虎珍秦齋印、臣驢珍秦齋印、董多牛集證237
疾病之類	衰里耶秦簡J1（8）134、毋死里耶秦簡J1（9）1、痞嶽麓秦簡0733、亡尸嶽麓秦簡0702、左水　秦陶559、都船工　秦陶886、博昌去疾秦陶1439、咸沙里　秦陶1636、疼秦陶1890、咸下處疾秦陶2347、江弃疾珍秦齋、何傷珍秦齋、樂疥集證241
醜惡之類	醜夫嶽0716、邪里J1（16）5、宮頹秦陶91、宮煩秦陶1274、鬼秦陶3269、勼秦陶2036、滅秦陶3013、宣眛封泥集三·一·12、王醜珍秦齋、韓枯集證281、范欺集證119

以上資料主要取材於秦代簡帛、磚瓦、印封之屬①，來源和數量不一，範圍可相對延展為戰國（秦地）至秦代。就上舉之例而言，磚瓦多刻工匠之名，印封多為官吏之名，簡牘則二者皆有所涵蓋。不難看出，不論階層如何，賤名皆有一定數量的存在，說明賤名並非下層民眾的專屬，無論是社會的何種階層，對"賤名"皆無避嫌之意。

---

① 按，為行文方便，凡所據引多為簡稱，其中"秦陶"為袁仲一、劉鈺《秦代陶文》，三秦出版社1987年，又《秦陶文新編》，文物出版社2009年；"秦封泥"為周曉陸、路東之《秦封泥集》，三秦出版社2000年；"新出秦封泥"為傅嘉儀《新出土秦代封泥印集》，西泠印社2002年；"集證"為王輝《秦文字集證》，藝文印書館1999年；"珍秦齋"為莫武《珍秦齋藏秦印選刊》，《東方藝術》2008年第12期。

秦漢簡牘中的"刺"字

劉國慶*

摘 要：本文對秦漢簡牘中的"刺"字進行梳理，正其字形，明其語義，考其源流，藉此管窺秦漢時期"刺"字的使用情況。

關鍵詞：秦漢簡牘；刺；剌；剌；束

在對簡牘文書中的"刺"與"謁"進行學習的過程中，我們產生一個疑問："刺"表示的"名片、名帖"義從何而來？考之《漢語大詞典》中"刺"字諸義項，發現其所舉詞例皆為傳世文獻，且其語義的發展演變軌跡並不條理、明晰。在此，我們嘗試着結合出土的秦漢簡牘材料來對"刺"字的字形和語義進行一番考查。

---

* 劉國慶，湖南大學嶽麓書院、簡帛文獻研究中心博士研究生　湖南長沙410082。本文的寫作得到"出土文獻與中國古代文明研究協同創新中心博士創新資助專案"資助（專案編號CTWX2016BS014）。另山東師範大學文學院李建平師兄對本文多有指正，謹致謝忱，惟文中一切錯誤概由本人負責。

我們初步梳理了24種秦漢簡牘材料。包括：

秦簡牘7種：睡虎地秦墓簡牘、嶽山秦墓木牘、放馬灘秦墓簡牘、睡虎地秦墓木牘、青川秦更修田律木牘、龍崗秦墓簡牘、周家臺秦墓簡牘，其中後4種未見與"刺"字形體有關的用例。

漢簡牘17種：張家山漢簡、隨州孔家坡漢墓簡牘、香港中文大學文物館藏簡牘、銀雀山漢墓竹簡、尹灣漢簡、武威漢代醫簡、武威漢簡、居延漢簡、居延漢簡補編、居延新簡、敦煌漢簡、肩水金關漢簡、阜陽漢簡、馬王堆漢墓遣冊、額濟納漢簡、長沙東牌樓東漢簡牘、大通上孫家寨漢簡，其中後5種未見與"刺"字形體有關的用例。

下面，我們分別從字形、語義、語義的源流、"刺"字在秦漢簡牘中的搭配情況、秦漢簡牘中的"名片"類文書五個方面予以闡述。

一、字形

"刺"字在傳世文獻的使用中主要涉及"朿、剌、刾"三種不同形體。在秦漢簡牘中，"刺"字的形體基本均寫作"刾"，偶有寫作本字形體"朿"，未見"剌"形體的用例。異體字形包括"剌、刾、刕"三種。

上述諸字形體在各批簡牘材料中使用的情況如下表所示：

頻率\形體\簡牘	束	刾	刾	刺	刺	刅	備註
睡虎地秦墓簡牘			16				
嶽山秦墓木牘			1	4			
放馬灘秦墓簡牘			2				圖版模糊,似均為"刾"
張家山漢簡			4	2			
隨州孔家坡漢墓簡牘			4				含1次省寫訛字"夾"
香港中文大學文物館藏簡牘			6				
銀雀山漢墓竹簡	1		1				
尹灣漢簡			3				
武威漢代醫簡				6	3		
武威漢簡				1			
居延漢簡			21	1			

续表

频率\形體\简牍	朿	刾	刾	刺	刺	刅	備註
居延漢簡補編			1				
居延新簡			24	1			圖版模糊莫能辨者5例
敦煌漢簡			2				圖版模糊莫能辨者2例
肩水金關漢簡			16				
總計120例	1	0	101	9	6	3	

"刺"的本字是表"荊棘、木芒"義的"朿"字，在後世的使用過程中，"朿"字經引申產生"戳刺"義，又爲了突出"戳刺"的方式是"刀劍矛等"銳利物而加上"刂"部件創造出"刺"字。所以，獨體的"朿"加義符"刂"產生會意字"刺"才合理，那麼"刾、刾、刺、刅"諸形體又是如何產生的呢？尤其是，爲何在秦漢簡牘中見到的形體基本均寫作"刾"而竟無一例"刺"的形體？

清顧藹吉《隸辨》云："（朿）碑變從夾。《左傳·成十六年》'刺公子偃'，釋文云：'刺，本又作刾'。相仍積習，有所

自來。"① 李學勤先生主編的《字源》列出了"剌"字形體演變的過程:②

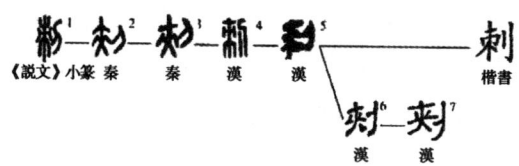

1《說文》92頁。2、3《睡甲》65頁。4《金石典》198頁。
5《馬王堆》176頁。6、7《甲金篆》280頁。

顧李兩位的觀點有待商榷。"朿"訛變為"夾"在秦簡牘中即已出現,甚至可能更早,而非源於漢碑之漢隸;而且我們相信,"朿、剌、刾、刾、刾、刈"等字在秦漢時期的非官方書寫中都是常見的,並沒有明確的斷代。

因為"朿(朿)"和"來(來)"形體相近,導致"剌"字訛寫為"刾";"來(來)"和"夾(夾)"形體相近,"刾"字形體又進一步訛寫為"刾、刾";而"刈"是"刾、刾"形體的省寫。諸字形體演變的過程大致如下:

$$朿 \to 刺 \to 刾 \begin{cases} 刾 \\ 刾 \end{cases} \to 刈$$

雖然我們在秦漢簡牘材料中所見到的形體基本均寫作"刾"或其異體,沒有一例寫作正字"剌",但東漢許慎的《說文解

---

① （清）顧藹吉編撰《隸辨》,中華書局,2003年,頁121–122。
② 李學勤主編《字源》,天津古籍出版社,2013年,頁381。

字》卻將"刺（刾）"作為正體列為字頭——這恰恰印證了《說文解字·敘》中所言的當時"小學不修，莫達其說久矣""詭更正文，鄉壁虛造不可知之書，變亂常行"等等文字形體及使用的混亂情況，以及許慎"信而有證，稽譔其說，將以理群類，解謬誤，曉學者，達神恉"的治學態度。

二、語義

秦漢簡牘中，"刺"字及相關諸異體的語義主要包括如下8種：

1. 用（刀劍矛等）銳利之物戳入或穿透。2. 兵器的鋒刃。3. 分離。4. 剷除。5. 刺史，古代官名。6. 契約、文書。7. 象荊棘、木芒之形。8. 表月相。

這8種語義在各批簡牘材料中使用的情況如下表所示：

頻率＼義項＼簡牘	用銳利之物戳入或穿透	兵器的鋒刃	分離	剷除	刺史，古代官名	契約、文書	象荊棘、木芒之形	表月相	備註
睡虎地秦墓簡牘	5		5				1	5	
嶽山秦墓木牘								5	

续表

频率〈义项〉简牍	用銳利之物戳入或穿透	兵器的鋒刃	分離	剗除	刺史，古代官名	契约、文書	象荊棘、木芒之形	表月相	備註
放馬灘秦墓簡牘	2								
張家山漢簡	6								
隨州孔家坡漢墓簡牘							1	3	
香港中文大學文物館藏簡牘						6			
銀雀山漢墓竹簡	1	1							
尹灣漢簡					3				
武威漢代醫簡	9								
武威漢簡				1					
居延漢簡	3				7	11			釋義存疑2處
居延漢簡補編	1								
居延新簡	3				9	15			釋義存疑1處

续表

频率\义项\简牍	用銳利之物戳入或穿透	兵器的鋒刃	分離	剷除	刺史，古代官名	契约文書	象荊棘、木芒之形	表月相	備註
敦煌漢簡	1				2	1			
肩水金關漢簡	2				9	4			釋義存疑1處
總計	33	1	5	1	30	37	2	13	

三、語義的源流

"刺"字在傳世文獻中的語義可以參見《漢語大詞典》[①]、《漢語大字典》[②]、《故訓匯纂》[③] 等工具書，但工具書中所列的義項並不條理，語義發展的源流亦不明晰。我們結合出土的秦漢簡牘材料，對"刺"字的語義及源流嘗試進行一番梳理。

（一）"刺"字的義項綜合歸納如下：

1. ※象荊棘、木芒之形。2. 泛指尖利如針之物。3. 用（刀劍矛等）銳利之物戳入或穿透。4. 兵器的鋒刃。5. 刺杀；

[①] 漢語大詞典編纂處編纂《漢語大詞典》，上海辭書出版社，2011年。
[②] 漢語大字典編輯委員會編纂《漢語大字典》，崇文書局，2010年。
[③] 宗福邦等主編《故訓匯纂》，商務印書館，2003年。

杀死。6. 指暗杀。7. 刺繡。8. 插入；鑽進。9. 古代耕田器末下連耜之前曲部分，本稱"疵"。其面不平，如顙額患疵病，故稱"疵"。因其耕作時插入地下，故又稱"刺"。後用為刨土、耕作之意。10. ※分離。11. 剷除。12. 諷刺。13. 喻令人難堪、棘手的言行。14. 刺激；刺射。15. 謂指責、揭發。16. 刺舉不法。17. 刺史，古代官名。18. 刺探；偵探。19. 判決。20. 刺配。21. 征募兵卒的代稱。22. 採錄；書寫。23. ※書寫成的契約、文書。24. 名片。25. 划船；撐船。26. 一種橫網捕魚方式。27. ※表月相。

其中：

①標記※的是依據秦漢簡牘材料補充的義項，總計四條。

②"象荊棘、木芒之形"義由"刺"的本字"朿"得來，簡牘材料見《睡虎地秦墓簡牘·日書甲種》① 簡49叁，《隨州孔家坡漢墓簡牘·日書》② 簡一四二叁。

李學勤先生認為"刺"字不可解，應為"夾"字之誤③。恐非。此處"刺"字之義，似可直接聯繫其本字"朿"來探討。

---

① 陳偉主編《秦簡牘合集〔壹〕·睡虎地秦墓簡牘》，武漢大學出版社，2014年12月版。

② 湖北省文物考古研究所、隨州市考古隊編《隨州孔家坡漢墓簡牘》，文物出版社，2006年6月版。

③ 陳偉主編《秦簡牘合集〔壹〕·睡虎地秦墓簡牘》，頁384注釋〔6〕。武漢大學出版社，2014年12月版。

《甲骨文字典》① 收錄"朿"字形作 ▨，《甲骨文字編》② 收錄"朿"字形作 ▨，《新甲骨文編（增訂本）》③ 收錄"朿"字形作 ▨、▨，可知"朿"字本義為象 ▨ 的"木芒，荊棘"，引申之可表"象荊棘、木芒之形"。這和繪於竹簡上的 ▨、▨ 艮山之形有相似之處，皆有枝、幹、刺狀物之形狀。故此處簡文可釋為：天干與地支象荊棘之形（脈絡分明）分列於艮山兩側，這稱之為離日。

③ "分離"義見《睡虎地秦墓簡牘·日書甲種》簡號59壹、60壹、61、62、63。整理者認為疑讀為謫④。恐非。據簡63"剌者，室人妻子父母分離。"則"剌"字義當為"分離"。

④《香港中文大學文物館藏簡牘》⑤ 簡226背面、228正面、229背面、230背面、231背面、233、238均書有"死人毋適（謫），卷（券）書明白"之類語句，簡227、232、234、235背面、237、239均書有"死人毋適（謫），券刺明白"之類

---

① 徐中舒主編《甲骨文字典》，頁765，四川辭書出版社，1989年5月版。
② 李宗焜編著《甲骨文字編》，頁1313，中華書局，2012年3月版。
③ 劉釗主編《新甲骨文編（增訂本）》，頁424，福建人民出版社，2014年12月版。
④ 陳偉主編《秦簡牘合集〔壹〕·睡虎地秦墓簡牘》，頁382注釋〔3〕。武漢大學出版社，2014年12月版。
⑤ 陳松長編著《香港中文大學文物館藏簡牘》，香港中文大學文物館，2001年初版。

語句，則"券刺"即"卷（券）書"，意為"契約、文書"。另，"刺"表"契約、文書"義在西北地區出土漢簡中多見。

⑤"刺"表"月相"義可參見《睡虎地秦墓簡牘·日書甲種·刺毀》簡124背/43反^{頁495}，《日書乙種》簡46貳^{頁526}，《嶽山秦墓木牘·日書·刺》①簡壹Ⅵ，《隨州孔家坡漢墓簡牘·日書》簡二一〇叁、二三六壹。劉樂賢認為從月相的角度理解，刺可能與弦是同一回事②。陳炫瑋的觀點認為是表月相③。

⑥"刺舉不法"義來源於《戰國策·齊策一》："群臣吏民，能面刺寡人之過者，受上賞。"高誘注："刺，舉也"。

⑦《漢語大詞典》和《故訓匯纂》④"刺"字條下列有義項"探取；採取"，所舉文例為《荀子·正論》："聖王之生民也，皆使當厚優猶知足，而不得以有餘過度，故盜不竊，賊不刺。"實際上此處"刺"字意為"刺殺；殺死"，而非"探取；採取"。此處可查楊倞注："盜賊，通名。分而言之，則私竊謂之盜，劫殺謂之賊。"另可參《書·舜典》："寇賊姦宄。"孔傳："殺人曰賊。"《史記·秦始皇本紀》："燕王昏亂，其太子丹乃陰令荆軻爲賊。"漢袁康《越絕書·吳人內傳》："紂賊比干，囚箕子，微子去之。"

---

① 陳偉主編《秦簡牘合集〔叁〕·周家臺秦墓簡牘、嶽山秦墓木牘》，武漢大學出版社，2014年12月版。
② 同上，頁102注釋〔2〕。
③ 同12，頁495注釋〔1〕。
④ 宗福邦等主編《故訓匯纂》，商務印書館，2003年7月版。

(二)"刺"字語義演變的源流大致如下所示：

$$1. \to 2. \begin{cases} \to 3. \begin{cases} \to 4. \\ \to 5. \to 6. \\ \to 7. \\ \to 8. \begin{cases} \to 9. \\ \to 10. \\ \to 11. \end{cases} \\ \to 12. \to 13. \to 14. \\ \to 15. \to 16. \begin{cases} \to 17. \to 18. \\ \to 19. \to 20. \to 21. \end{cases} \\ \to 22. \to 23. \to 24. \\ \to 25. \\ \to 26. \end{cases} \\ \to 27. \end{cases}$$

由此可見，"刺"字在文獻使用過程中產生的絕大多數義項都是緊緊圍繞其本義"用（刀劍矛等）銳利之物戳入或穿透"、通過直接或間接引申發展演變而來。

四、"刺"字在秦漢簡牘中的搭配情況

（一）"刺"字單獨使用：

"刺"字單獨使用時主要涉及到下面四條義項：

1. 用（刀劍矛等）銳利之物戳入或穿透。

在秦漢簡牘中主要的語境表現在以刀、劍、針等刺鼻、頸、腹、女子。

2. 兵器的鋒刃。

見《銀雀山漢墓竹簡·守法守令等十三篇》簡773：銛諸有束（刺）□

3. 象荊棘、木芒之形。

見《睡虎地秦墓簡牘·日書甲種》簡49叁，《隨州孔家坡漢墓簡牘·日書》簡一四二叁。

4. 表月相。

見《睡虎地秦墓簡牘·日書甲種》簡124背/43反，《日書乙種》簡46貳，《嶽山秦墓木牘·日書》簡壹Ⅵ，《隨州孔家坡漢墓簡牘·日書》簡二一〇叁、二三六壹。

（二）由"刺"搭配組成的詞語：

秦漢簡牘中所見到的由"刺"搭配組成的詞語包括：

1. 表月相：月刺、天刺。

2. 分離：刺離。

3. 用（刀劍矛等）銳利之物戳入或穿透：刺傷、刺殺、自【刺】、久（灸）刺/刜。

4. 剷除，去除：刺草之臣。

5. 古代官名：刺史。

6. 書寫成的契約、文書：券刺、刺卷（券）、吏買荌刺、郵書刺、過書刺、【郵刺】書出入界日時刺、庫折傷承車軸刺、出奉刺、月別刺、吏對會入官刺、詔書刺。

上述由"刺"所組成的多音節詞大多未見於傳世文獻中。

五、秦漢簡牘中的"名片"類文書

一般認為，秦漢時期的傳世文獻中"刺"字已經產生"名片、名帖"義，大型工具書如《漢語大字典》《漢語大詞典》所舉例皆談及東漢末年訓詁學著作《釋名·釋書契》："書稱刺書，以筆刺紙、簡之上也；又曰寫，倒寫此文也。書姓字於奏上曰書刺，作'再拜''起居'，字皆達其體，使書盡邊，徐引筆書之如畫者也。下官刺曰長刺，長書中央，一行而下之也；又曰爵里刺，書其官爵及郡縣鄉里也。"此處所引用的"刺"包含兩層內容：一是"刺書"名稱及"書寫"義的由來，這涉及到書寫的方式；二是"書刺""長刺""爵里刺"名稱的由來，這涉及到"刺"的形制和內容。

雖然彼時已有"名片、名帖"的形制，但據我們上面的統計，秦漢簡牘中"刺"字尚未見"名片、名帖"義。"名刺"一詞秦漢簡牘中亦未見，該詞在傳世文獻中始見於《梁書·江淹傳》："永元中，崔慧景舉兵圍京城，衣冠悉投名刺，淹稱疾不往。"倘若借用後世"名刺"之名來稱呼秦漢時期的此類文書，恐有不妥，原因如下：

一方面，我們應該儘量精確地反映"刺"字在秦漢時期的詞義發展情況，既避免以今律古，也做到名實相副。

另一方面，"名片"的發展有一個過程，不同階段有不同的形制、内容和名稱。比如，初期名曰"謁"，繼而稱之為"爵里刺"，再後來才叫"名刺""名片"並通行於後世——這幾種稱謂的内涵是有比較明顯的區別的。簡而言之，1. 謁多為木牘，正反兩面書寫，每面書寫多列。2. 爵里刺一般為單面單列書寫的竹簡。稱之為"刺"，既與"刺"字表"書寫"義有關，又與此類文書因為在內容上相比"謁"要簡略得多故而在形制上顯得"狹窄"有關——這涉及到"刺"的本義"象荊棘、木芒之形"。3. 名刺：隨著普通百姓在日常交際中開始頻繁地使用此種文書，官職、爵位、籍貫等信息變得不需要也無必要，只需要寫清楚名字送達對方即可，於是稱呼變為"名刺"。4. 後世以至今日，紙張代替竹簡木牘，此類文書的名稱便和描述紙張的量詞"片"聯繫在一起，由此稱之為"名片"。有關秦漢時期"名片"類文書的發展情況我們將另文詳談，此不贅述。

所以，針對秦漢簡牘中的"名片"類文書，我們認為，或許採用當時已有的名稱"謁"和"爵里刺"來分別進行稱呼，才能很好的切合當時此類文書的內容和形制，"名刺""名片"的稱呼並不合適。

讀秦漢簡札記五則

謝 坤[*]

摘 要：本文爲研讀秦漢簡的五則札記，包括：（1）指出嶽麓秦簡025/1996號簡中的"苦"當釋"告"，並將該句讀作"槫作倉，告（梏）令春勿出"；（2）調整嶽麓秦簡、睡虎地秦簡中有關"期足"簡文的句讀；（3）對嶽麓秦簡《暨過誤失坐官案》中的"囗谿鄉倉天窗容鳥"所反映的秦代糧倉安全情況進行了分析；（4）綴合了長沙尚德東漢簡中的J531：050、J531：055兩枚殘簡；（5）綴合了肩水金關漢簡中的73EJF3：78+623、73EJF3：483兩枚殘簡。

關鍵詞：嶽麓秦簡；尚德東漢簡；釋讀；札記

一、苦

《嶽麓書院藏秦簡（肆）》中有如下記載：

---

[*] 謝坤，武漢大學簡帛研究中心　博士研究生　湖北武漢　430072。

亡不仁邑里、官，毋以智（知）何人殹（也），中縣道官詣咸陽，郡【縣】道詣其郡都 024/1978 縣，皆毄（繫）城旦舂，槫作倉，苦，令舂勿出，將司之如城旦舂。其小年未盈十四歲者，槫 025/1996 作事之，如隸臣妾然。026/2027①

該簡"槫作倉，苦，令舂勿出"一句不甚通暢，且"苦"字單獨斷開，亦不太好理解。苦，整理者注曰："粗劣，惡也"。整理者另指出，該字或隸定爲"窖"，讀作"錮"②。觀察原釋"苦"之字，其形作 ❏。而秦簡中"苦"字多寫作 ❏（嶽麓·爲吏 4 正貳）、❏（里耶 8-1796）。比較可知，此字與"苦"頗不類，該字的釋讀或可再商。

我們懷疑，該字或當釋"告"。嶽麓簡中"告"有 ❏（054）、❏（125）、❏（185）等寫法，可參看。告，此處或讀作"梏"，意爲拘繫③。《左傳·襄公六年》："子蕩怒，以弓梏華弱於朝。"杜預注："張弓以貫其頸，若械之在手，故曰梏。"若所論不誤，則上揭簡文中"告（梏）"字當改屬下讀，其釋文可調整爲：

亡不仁邑里、官，毋以智（知）何人殹（也），中縣道官詣

---

① 陳松長主編《嶽麓書院藏秦簡（肆）》，上海辭書出版社，2015年，頁46-47。
② 陳松長主編《嶽麓書院藏秦簡（肆）》，上海辭書出版社，2015年，頁75。
③ 相關辭例可參高亨撰，董治安整理《古字通假會典》，齊魯書社，1989年，頁726、728。

咸陽，郡【縣】道詣其郡都 024/1978 縣，皆斀（繫）城旦舂，榑作倉，告（梏）令舂勿出，將司之如城旦舂。其小年未盈十四歲者，榑 025/1996 作事之，如隸臣妾然。026/2027

二、期足

嶽麓秦簡與睡虎地秦簡中有不少"期足"的用例，如：

（1）●內史襍律曰：諸官縣料者各有衡石羸（纍）、斗甬（桶），期足，計其官，毋叚（假）黔首。不用者，平之如用者。171/1296（嶽麓秦簡《內史雜律》）

（2）有實官縣料者，各有衡石羸（纍）、斗甬（桶），期踐。計其官，毋叚（假）百姓。不用者，正之如用者。194（睡虎地秦簡《內史雜律》）

（3）官長及吏以公車牛稟其月食及公牛乘馬之稟，可殹（也）。官有金錢者自爲買脂、膠，毋（無）金錢者乃月爲言脂、膠，期 128 踐。爲鐵攻（工），以攻公大車。129（睡虎地秦簡《司空律》）

"期足"一詞，整理者均單獨斷開。又，《嶽麓書院藏秦簡（肆）》109/1277 云"田律曰：侍苙郵、門期足，以給乘傳晦行求燭者，郵具二席及斧、斤、鑿、錐、刀、甕、繘，置梗（綆）

井旁。"① 睡虎地秦簡《倉律》63號簡云"用犬者，畜犬期足"，馬王堆帛書《五十二病方・□闌（爛）者》云"煮秫米期足∟，龑（纜）孰（熟），浚而熬之，令爲灰，傅之數日"②，皆將"期足"上讀，指預備的物資充足。因此，頗疑上揭例證中的"期足"當屬上讀。

又，睡簡整理者曾懷疑"跈"爲"足"字，通過上揭諸例的對讀，可以進一步驗證這一猜測。然而，例（1）、例（2）在"期足"的斷讀上則有不同。從文義上看，兩處"期足"指縣官皆配備有足夠的器具設施，也即"期足"當與之連讀，作"各有衡石贏（纍）、斗甬（桶）期足"。又，例（1）中"諸官縣料"後原漏釋"者"字，雷海龍先生補出，當是③。補充之後，該簡亦當在"者"字處斷讀，其釋文可調整爲"諸官縣料者，各有衡石贏（纍）、斗甬（桶）期足，計其官，毋叚（假）黔首"。同理，例（3）中的"期跈"亦當上讀，作"官有金錢者自爲買脂、膠，毋（無）金錢者乃月爲言脂、膠期跈"。

---

① "期足"原屬上讀，陳偉老師已改釋。見《嶽麓秦簡肆校商（貳）》，簡帛網2016年3月28日。
② 裘錫圭主編《長沙馬王堆漢墓帛書集成（伍）》，中華書局，2014年，頁271。
③ "落葉掃秋風"《〈嶽麓書院藏秦簡（肆）〉初讀》，武漢大學簡帛網簡帛論壇，第4樓發言。

三、倉天窗容鳥

《嶽麓書院藏秦簡（叁）》收錄一件"暨過誤失坐官案"①，其內容大致是江陵縣丞"暨"因職務上的過失，以及因上司或部下之過錯的職務連坐，共受到八次追責（八劾）。在這八處追責中，有一處是因爲其下轄"囗谿鄉倉"的管理不善而受到連坐的記録，尤爲特别。現將相關簡文擇要摘録如下：

囗谿卿（鄉）倉天窓（窗）容鳥；096

其八月癸丑劾非毄（繫）；其辛未劾窓（窗）098

●鞫之："暨坐八劾：小犯令二，大誤一，坐官、小誤五。巳（已）論一甲，餘未論，皆相遝。"審。105

據簡文可知，江陵縣丞暨因爲"囗谿鄉倉"管理的不善而連坐，可見"囗谿鄉"當屬於江陵縣管轄。同時，根據縣丞連坐的事實來看，"囗谿鄉"曾建有專門的倉，而這座倉的性質當是官倉。

另外，根據"倉天窓（窗）容鳥"而江陵縣丞被劾一事，可以管窺秦代對糧倉的管理制度。在此方面，時軍軍先生曾有過一些討論。他利用簡文"凡八劾"（小犯令二，大誤一，坐官、小誤五）來分析，認爲其中第二個事例（倉天窗容鳥）爲

---

① 陳松長主編《嶽麓書院藏秦簡（叁）》，上海辭書出版社2013年，頁145–149。竹簡編聯同時參考了陶安先生《嶽麓秦簡〈爲獄等狀四種〉新見的一枚漏簡與案例六的編聯》一文，載《湖南大學學報（社會科學版）》2014年第4期。

"小誤"。同時他還指出：

"□黏鄉倉天窗容鳥，即縣轄區內一處倉庫的窗戶未關好，致使鳥可以進入。至於倉庫窗戶未關好，致使鳥可以進入，應受到何種懲罰？我想不至於比門閂、門扇關不好更嚴重。以往簡牘中雖未見對倉天窗容鳥的懲罰措施。但《法律答問》簡152載：倉鼠穴幾可（何）而當論及訾？廷行事鼠穴三以上貲一盾，二以下訾，鼷穴三當一鼠穴。即按慣例倉庫中有老鼠洞三處以上貲一盾，兩處以下被申斥，三個鼷鼠洞相當於一個老鼠洞。從損失糧食的可能性而言，天窗容鳥比於老鼠洞更類似一些。故而，對出現天窗容鳥現象的懲罰應不至重於貲一盾。"①

這些都是很好的意見。然而，可能仍需補充的是簡文中所言的"倉"當具指"糧倉"，並且"倉中鼠"相較於偶爾飛入的"鳥雀"，在糧食的損耗數量、對糧食的危害週期、傳播疾病等諸方面，都要遠大於後者。因此，對鳥雀飛入倉的危害以及秦代對此如防治尚可進一步探究。

睡虎地秦簡《法律問答》209號簡云"可（何）如爲大誤？人户、馬牛及者（諸）貨材（財）直（值）過六百六十錢爲大誤，其它爲小"。一般而言，據"倉天窗容鳥"的過失內容來判斷，該過失能夠導致的後果主要是糧食被鳥盜食。然而，由於鳥雀本身體量較小，其能造成的損失亦當比較有限。正如《月

---

① 時軍軍《〈嶽麓書院藏秦簡（叁）〉相關問題研究》，鄭州大學2015年碩士學位論文，頁23。

波洞中記》所言:"燕雀之志,嘗思爪下之食,腸不盈於百粒,聲不遠於五畦,翱翔藩籬之下,其氣量亦自足矣。"如按粟價來折算,鳥入窗食糧所造成的損失,也遠遠達不到 660 錢的標準。因此,結合該案例來看,秦代對"倉天窗容鳥"過失的懲罰是要輕於對鼠害的懲罰。

然而,儘管鳥雀對糧倉的危害相對較輕,但防治鳥雀仍然是歷代倉廩管理的重要內容。其中一個較爲常用的方法,是在倉的窗戶上安裝竹篾編的織窗網①。上引簡文中提到"倉天窗",即倉應當設有天窗。在考古發現的秦代糧倉模型中,倉多設"戶牖",並且有些倉還設有天窗,以通風防潮。《說文解字繫傳》云"亩,穀所振入,宗廟粢盛,倉黄亩而取之,故謂之亩。從入從回,象屋中有戶牖。倉廩有戶牖以防蒸也。"② 然而,這些天窗容易成爲鳥雀進出糧倉的通道。爲了防止鳥雀從窗戶飛入糧倉中盜食穀物,先民曾採用各種措施來預防。明代呂坤《積貯倉庾》云:"風窓(窗)本爲積熱壞穀,而不知雀之爲害也,既耗我穀,而又遺之糞,食者甚不宜人。今擬風窓(窗)之內,障以竹蔑,編孔僅可容指,則雀不能入。"③ 即是如此。而在考古發掘的陶囷模型中,其上多畫有網格狀的圖形,這些當是防鳥的窗網。

---

① 王天藝、王勇剛《陝西延安出土的漢代陶囷》,《湖南省博物館館刊》第 9 輯,嶽麓書社,2012 年,頁 297。
② [唐] 徐鍇《說文解字繫傳》,中華書局,1987 年,頁 102。
③ [明] 呂坤《實政錄》,民務卷之二《積貯倉庾》,頁 19。

防治捕鳥的另外一個辦法是設法避開鼠雀,或対鳥雀予以捕捉。比如元王禎在《農書》中指出糧倉採用窖藏的構造可以"既無風雨、雀鼠之耗,又無水火、盜賊之慮"①。又如,《嶽麓書院藏秦簡(壹)》中"爲吏治官及黔首"中有如下記載:

容内直(置)繫75壹,涂㳘(墍)騷(掃)除76壹,棧歷(櫪)浚除。77壹②

這幾句釋文當與對官方設施的維護有關。其中原釋"容"字,整理者無説,該字原圖作 (A)。復旦讀書會認爲"該字疑讀爲窖,或讀爲庢"③。認爲"容"字從宀舍聲,按上下文應該爲地窖一類的垂直洞穴④。其實,該字或爲"窈"字異寫。秦漢簡中"窈"字形與之近似,如 (放馬灘秦簡《日書甲種》34號簡)⑤、 (銀雀山漢簡《孫子兵法》簡159)、 (銀雀山漢簡《孫臏兵法》簡109)⑥ 等,可參看。對比可知,A字是"窈"字之下添加了一個"口"形的飾筆,其仍當讀"窈"。

---

① [元]王禎《農書》卷十六,《農器圖譜十·倉廩門》,頁311。
② 陳松長主編《嶽麓書院藏秦簡(壹)》,上海辭書出版社,2010年,頁142-143。
③ 復旦大學出土文獻與古文字研究中心研究生讀書會《嶽麓簡〈爲吏治官及黔首〉部分簡文釋文》,復旦大學出土文獻與古文字研究網2009年11月17日。
④ 劉玨《嶽麓書院藏秦簡(壹)文字研究與文字編》,湖南大學碩士學位論文,頁32。
⑤ 字形參看方勇《秦簡牘文字編》,福建人民出版社,2012年,頁227。
⑥ 字形參看漢語大字典字形組編:《秦漢魏晉篆隸字形表》,四川辭書出版社,1985年,頁518。

"窌"即"窖"字,指地洞、地窖,這在先秦時期便是重要的儲糧設施。而75壹號簡中的"窖(窖)內直(置)縶",則可能與秦代地窖儲糧的管理有關①。"縶"字,整理者注曰"車網,一種能自動覆蓋的捕獲鳥獸的網"②。當是。"縶",即捕鳥網,其又有"翻車網"、"覆車網"等別稱。《說文·糸部》:"縶謂之罩,罩謂之罬,罬謂之罦,捕鳥覆車也。"郭璞注《爾雅·釋器》"縶"字云:"今之翻車。有兩轅,中施罥以捕鳥。"《集韻·麥韻》:"縶,捕鳥網"。皆可爲證。該枚簡所記,不僅說明了秦代對糧窖安全防護十分重視,同時也反映出"縶"是秦代捕鳥的重要設施,而這種防止鳥雀的設備在當時應當是較爲常用的。

四、J531:050+055

長沙尚德出土東漢簡中收錄如下兩枚殘簡:

(1)八月,故留事成□多以□□□□☒

見佐未嘗知行也爰無□□☒

□爰窮小所印不能食□☒　　J531:050正面

---

① 朱紅林先生懷疑該簡可能也是睡虎地秦簡和張家山漢簡的"田律"中有關設置捕獸陷阱的條文有關,見《嶽麓簡〈爲吏治官及黔首〉分類研究(一)》,簡帛網2011年5月27日。

② 陳松長主編:《嶽麓書院藏秦簡(壹)》,上海辭書出版社,2010年,第142頁。

□□足比數以別☑

□每事得蒙恩它□☑　　J531：050 背面①

（2）☑

☑知多事□以。是爲趨迫□志此□

座（？）準爲也迫事理無若□□

☑但反成也□。唯＝熒□小□事高再拜 J531：055 正面

□可□□□以邑座同耳

☑　J531：055 背面②

觀察可知，兩枚簡的形制相近、書寫風格一致、茬口能較好吻合（見下圖），並且兩枚簡皆出自第 531 號井。綜合來看，兩枚殘簡當能夠進一步綴合。新綴合後的釋文當作：

（1）八月，故留事成□多以□□□☑

見佐未嘗知行也爰無□□知多事□以。是爲趨迫□志此□

座（？）準爲也迫事理無若□□

□爰窮小所印不能食□但反成也□。唯＝熒□小□事高再拜

---

①　長沙市文物考古研究所編《長沙尚德街東漢簡牘》，嶽麓書社，2016 年，頁 163。

②　長沙市文物考古研究所編《長沙尚德街東漢簡牘》，嶽麓書社，2016 年，頁 164。

J531：050 正

　　□□足比數以別□可□□□以邑座同耳

　　□每事得蒙恩它□□□□□□□□ J531：050 背

　　J531：050 與 J531：055 兩枚簡形制相近、書寫風格相同，茬口亦基本吻合。二者當可綴合。

五、73EJF3：78+623+483

肩水金關漢簡中有如下兩枚殘簡：

（1）☑肩水禁姦隧長代王譚

　　☑二千四百七十六泉六分　　73EJF3：78+623①

（2）……始建國元年☑

　　……二月積四月□☑　　73EJF3：483②

兩枚簡分別爲上下殘斷，且二者的書寫風格相近、木簡寬度紋路一致，所記內容相關。二者應當可遙綴，茬口綴合處見右圖。綴合後的釋文作：

　　……始建國元年……肩水禁姦隧長代王譚

　　……二月積四月□……二千四百七十六泉六

---

①　甘肅簡牘博物館等單位主編《肩水金關漢簡（五）》，中西書局，2016年，頁17。

②　甘肅簡牘博物館等單位主編《肩水金關漢簡（五）》，中西書局，2016年，頁88。

分 73EJF3：78+623+483

　　綴合後，可知該簡當是新莽元年向肩水禁姦隧長代王譚的發放俸錢的記錄。類似記載在金關簡中還可參看：

　　肩水望城隧長觻得步利里暴□未得地節四年十月盡十一月積二月奉用錢千二百

　　……錢千二百…… 73EJD：211

　　因此，上揭所示 73EJF3：78+623 與 73EJF3：483 當可遙綴，而據其内容來判斷，所缺部分約每行三字。其中第一列所缺中當是日期，第二列所缺部分或是"奉用錢"。

北大漢簡《老子》中的"建言"

吳文文[*]

摘要：北大漢簡《老子》傳抄者用與通行寫法不同的較爲保守的字形來書寫"建言"這兩字，其用意在於用較古的字形來起到一種"書名號區別特徵"的作用，從而印證高亨、奚侗等學者的觀點，得出"建言"是《老子》所引之典籍名稱。《老子》所引之《建言》、《莊子·人間世》所稱引之《法言》以及《漢書·藝文志》中提到的《讕言》這些書籍的内容與上古君王權威的論述或制定的法度等内容有關。

關鍵詞：建言；老子；書名；法言

"建言"一词見王弼本《老子》第41章：

"上士聞道，勤而行之；中士聞道，若存若亡；下士聞道，大笑。不笑，不足以为道。故建言有之：明道若昧，

---

[*] 吳文文，閩南師範大學閩南文化研究院 副教授 福建漳州363000。本文的寫作得到教育部人文社會科學研究青年基金項目"北京大學藏西漢竹書《老子》研究"資助，項目批准號：14YJCZH163。

进道若退，夷道若纇；……"

高亨、奚侗等學者認爲"建言"是一本老子所看過的書，"建言"是《老子》中所引之典籍。高亨說："'建言'殆老子所稱書名也。《莊子·人間世》篇引《法言》，《鶡冠子》篇引《逸言》，《鬼谷子·謀》篇引《陰言》，《漢書·藝文志》有《讕言》。可證名書曰'言'，古人之通例也。"① 奚侗也認爲《老子》中的"建言"是古代書名②。

另一種觀點認爲，"建言"作"立言"解。持此觀點的如陳鼓應、林希逸、蔣錫昌等。陳鼓應先生引林希逸之說："建言者，立言也，言自由立言之士有此數語。"③ 蔣錫昌則反駁奚侗之說："'建言'非古載籍名，謂古之立言者。老子引古立言者語，四章所謂'執古之道'也。奚說非是。"④

一、北大漢簡《老子》"建言"二字字形的考察

北大漢簡《老子·上經》第4章和王弼本《老子》第41章相對應，行文有差異。王弼本作"故建言有之"，北大漢簡《老子》作"是以建言有之曰"。考察北大漢簡《老子》中的"建言"兩個字，發現一個有趣的現象：抄寫者有意採用了和當時

---

① 高亨《老子正詁》，2011年10月，清華大學出版社，頁68。
② 蔣錫昌《老子校詁》，成都古籍書店，1988年，頁271。
③ 陳鼓應《老子今注今譯》，商務印書館，2012年，頁230。
④ 蔣錫昌《老子校詁》，成都古籍書店，1988年，頁271。

通行寫法不同的、較為保守的字形。

　　首先看"建"字。《睡虎地秦簡》有字形為 ▆（日甲一六，共 8 例）、▆（日乙一六）。北大漢簡《老子》中"建"字共出現了 3 次，其中"建言有之曰"的"建"作 ▆。這一字形，其構件"聿"下部分的的第一橫，和睡虎地秦簡中的古隸字形 ▆ 類似，呈左右分開的斷點寫法，尚未隸變為一條平直的橫線。但細看圖片，該斷點寫法也有可能是由於此處竹簡有一條豎的裂紋導致。漢簡《老子》中另外兩個"建"字的字形分別為 ▆（建德如榆）、▆（善建不拔），其構件"聿"的寫法已經和成熟的隸書沒有差別。比較可知，上述"建言"之"建"字，作者有可能採用了一種相對較為保守的寫法。

　　考察漢簡《老子》全部"言"字字形中，唯有"建言"之"言"字形較為特殊。統計可以得出，北大漢簡《老子》中共有 24 個"言"字，其中《上經》"建言"之"言"作 ▆，這一字形和《說文》小篆結構相承。而其他所有 23 個"言"字字形無一例外都採用了另一種寫法，如 ▆（不言之教）、▆（知者弗言）、▆（聖人之言云）、▆（言聲之相和）、▆（行不言之教）、▆（言善信）等。經考察，這 23 個字形在結構上完全一致。

　　以"言"為構件的文字，其字形中"言"的寫法也和上述 23 個寫法一致，如：▆（其政計計），▆（忠信之薄）▆（美言不信）等等。

北大漢簡《老子》中"建言"二字，採用與當時通行寫法不同的較爲保守的字形，是出於偶然，還是作者有意爲之呢？這一問題，可以爲"建言"是否真如高亨等人所說，乃是一本《老子》所稱引的典籍提供重要信息。由於"言"字出現次數較多，且其隸古定字形和俗體字形差異較大，我們重點結合該字形在秦漢時期的演變進一步分析這一問題。

二、"言"字字形的演變

1. 漢代以前的"言"字字形。

《說文》："▣，直言曰言，論難曰語。从口，辛聲。"郭店楚簡有字形作▣，包山楚簡字形作▣；睡虎地秦簡中"言"字多見，作▣（秦一，32例）▣（語一一，7例）；▣（日乙一五七，3例）▣（法一二，3例）▣（封九一，6例），顯然都是承自小篆字形的隸古定寫法。由《里耶秦簡》字形▣（J1·9·4）可知，漢代以前，"言"字就有了與《說文》小篆結構截然不同的俗體字形。

2. 漢代文字中的"言"字。

（1）馬王堆簡牘帛書中的"言"字。馬王堆帛書甲本不避"邦"字之諱，若依照避諱來判斷，抄寫時間在劉邦建立政權（公元前202年）前後。其"建言"部分已殘毀，文本中"言"

字字形如▨（用兵有言）、▨（吾言甚易知）、▨（言有君，事有宗）等等，與小篆同構的寫法未有出現。但據《馬王堆帛書文字編》①，馬王堆簡牘帛書中其他文獻不乏與小篆同構的寫法，如"▨、▨"等等。

（2）張家山漢簡中的"言"字。在隸變過程中，這種俗體寫法在漢初越來越多見，且開始挑戰與《說文》小篆同構的寫法。如不晚於呂后二年（公元前186年）的張家山漢簡《奏讞書》中，"言"字的寫法頗為不一致。考察《奏讞書》中的一篇完整文章中的"言"字，既有俗體寫法，如：▨（恐不如前言J117）、▨（故言曰與盜J118），又有保守的隸定寫法如：▨（J116其妻租言如講）。乃至在同一支竹簡、類似的上下文中，都有兩種字形，如《奏讞書》簡118中的▨（何故不蚤言請）和▨（以此不蚤言請）。這兩類字形的使用似乎沒有特別的規律和規則，在同一篇文章中交互隨機出現，不同寫法都是出於傳抄者一種無意識的流露，正處在俗體寫法和保守的隸定寫法相互角力的時期。但從數量和出現頻率來看，俗體寫法在這個時期已佔據上風，顯然有取代小篆隸定寫法的勢頭。

（3）銀雀山漢簡中的"言"字。時間在張家山漢簡之後約半個世紀、抄寫於西漢文景時期至武帝初期（公元前140～前

---

① 陳松長《馬王堆帛書文字編》，文物出版社，2003年。

118年）的銀雀山漢簡中，"言"字如小篆隸定寫法的字形已經消失，"言"字的寫法都為俗體寫法，如字形 [圖]。構件"言"字也是如此，如"[圖]（274）、[圖]（81）、[圖]（163）、[圖]（515）等等。

（4）北大漢簡《老子》中的"言"字。據整理者分析，北大漢簡《老子》明顯晚於銀雀山漢簡，估計其抄寫年代有可能到武帝前期，但不晚於宣帝①。上述銀雀山漢簡中的"言"字和構件"言"，其中的豎筆"丨"和橫畫的相對位置非常不確定。且銀雀山漢簡中一些字形在保留此豎線的同時，也有大量從"言"的字形將其省略，如[圖]（412）、[圖]（322）、[圖]（216）、[圖]（845）等等。相對而言，北大漢簡"言"字字形非常一致，不再有豎線和橫線相對位置不確定的寫法，也沒有省去豎線的寫法。這說明，北大漢簡《老子》的傳抄者有相當高的文字書寫規範意識，不然，除"建言"之外的23個"言"字不會在結構上完全相同。北大漢簡《老子》整理者在將其字形與馬王堆帛書《老子》字形進行比較後也評價說："學者早已指出，馬王堆帛書兩本並不是'善本'，抄寫者的文化水平不高，態度也不算認真，衍文、錯字、漏字比比皆是。與之相比，漢簡本抄寫

---

① 北京大學出土文獻研究所《北京大學藏西漢竹書（貳）》，上海古籍出版社，2012年，頁209。

者的文化水平要高得多，而且態度一絲不苟，通篇基本不見衍文、漏字，錯字也屈指可數。我們推測，漢簡本的抄寫者應非尋常以抄書為生的書手，甚至不排除學者親自校訂手錄的可能。將漢簡本稱為西漢中期的一個"善本"，應該是不過分的。"①

如上所分析，"言"字的俗體字形取代其小篆隸古定寫法，是一個較為緩慢的過程，且依據抄寫者而呈現不同的形式。這一過程在西漢初期的張家山漢簡為已經進入尾聲；其次，在銀雀山漢簡中已經基本結束，但字形不夠規範；最後，在北大漢簡《老子》材料中，我們可以發現學者在規範化方面的作用，對書寫者而言，這一字形已經具有了相對穩定的書寫形式。

因此，在這個時期，該學者在文本傳抄中採用隸古定寫法書寫"建言"二字，有一種可能，那就是他認為"建言"兩字所指示的事物、概念較為特殊而有意為之。那麼，"建言"所指稱的，是一個什麼概念呢？

三、"建言"為《老子》所引之典籍

由上所述，我們可以得出，"建言"二字採用隸古定寫法，是抄寫者有意為之。抄寫者採用保守寫法這一現象，大致可分為兩類。第一類是與特定的書寫活動有關。如璽印文字，多採用篆書，且約定俗成、相沿成習。又如東漢一些碑刻中，在正

---

① 北京大學出土文獻研究所：《北京大學藏西漢竹書（貳）》，頁215。

文多採用成熟隸書寫法的同時，其碑額往往採用篆體結構的字形。第二類是作者出於某種用意特地為之。

裘錫圭先生說：

> 在隸書字形演變的過程裏，新的字形出現之後，舊的字形往往遲遲不退出歷史舞臺。不但早期隸書裏有這種現象，就是在成熟的隸書裏也常常可以看到這種現象。……在少數東漢晚期碑刻上，還可以看到有意按照小篆字形來寫隸書的復古現象。如"農"作"𦱤"（司農劉夫人碑）……等。①

在東漢時期，"按照小篆字形來寫隸書"是書寫者"有意為之"。為何"有意"採用這種復古字形呢？值得進一步思考。一種合情合理的解釋是，由於"司農"是官職名，並且與碑主身份地位密切相關，為表示正式、莊重和崇敬，所以採用了"按照小篆字形來寫隸書"的寫法。這一現象，和北大漢簡《老子》中用與小篆同構的隸書寫法書寫"建言"二字來表示對古代典籍的尊重，是出於類似的意識。

整理者綜合考察字形等特徵後認為漢簡本《老子》是西漢中期的一個善本，北大漢簡《老子》的傳抄者"應非尋常以抄書為生的書手，甚至不排除學者親自校訂手錄的可能"②。作為

---

① 裘錫圭：《文字學概要》，商務印書館，2005 年，頁 78。
② 北京大學出土文獻研究所：《北京大學藏西漢竹書（貳）》，上海古籍出版社，2012 年，頁 215。

對古代典籍有相當瞭解的一名學者，用與通行寫法不同的形式來書寫這兩字，目的是使之起到一種"書名號區別特徵"的作用。而其用意，在於用較古的字形來表明《建言》這部書的重要和古老，用這種特殊的書寫方式表明對這部典籍的尊崇。

四、《建言》是一本什麼內容的書籍

《說文解字》："建，立朝律也，从聿，从廴。"馬敘倫認為《說文解字》中"立朝"二字可能是校者所加而衍，"建"最初是作為"律"的異體字而出現：

"律即建之異文，从彳猶从廴也。法律即法。周止言法，後世始言律。律借為法……'建'抑或本訓律也。以異文相釋。校者增立朝二字耳。"①

按照馬敘倫的觀點，"建"最初只是"律"的異體字，其本義即"法"，"建"和"法"字義相近。因此，《老子》所稱引之《建言》，和《莊子·人間世》所引用之《法言》，有可能是在當時具有很高權威性的同一類書籍。

《漢書·藝文志》諸子略載有《讕言》十篇，內容是"陳人君法度"，列在《周制》、《周法》、《河間周制》等書名之後②，這進一步表明，周朝時稱"某言"的書籍，其內容可能與

---

① 馬敘倫：《說文解字六書疏證》，科學出版社，1957年，頁126。
② 陳國慶編：《漢書藝文志注釋彙編》，中華書局，1983年，頁106。

君王言論等權威的論述或法度等內容有關。遺憾的是，《老子》所引之《建言》、莊子所稱引之《法言》以及《藝文志》中提到的《讕言》都亡佚了。

北大簡《妄稽》與《反淫》研讀札記

王挺斌*

摘 要：新近出版的北大漢簡第四輯，收有《妄稽》與《反淫》兩篇。整理者已經在簡文編連與字詞考釋方面作了很多工作。不過，其中部分問題尚未解決。我們就字形辨析、詞語訓釋兩方面提出一些新的看法。

關鍵詞：北大簡；字形辨析；詞語訓釋

北大漢簡第四輯已經出版，我們在研讀過程中寫就了一些心得體會。現按照原簡順序，分篇敘之。不當之處，敬請方家指正①。

---

* 王挺斌，清華大學出土文獻研究與保護中心 博士研究生 北京 100084。本文的寫作得到國家社科基金重大項目"先秦兩漢訛字綜合整理與研究"資助，項目編號：15ZDB095。

① 本文所引整理者觀點，皆出自北京大學出土文獻研究所編《北京大學藏西漢竹書［肆］》，上海古籍出版社，2015年10月。以下不另外出注。

一 《妄稽》篇

第 2 與 50 號簡釋讀為 "肯" 的字如下：

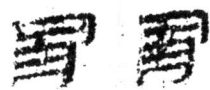

其實該字當為 "骨" 字，對比第 6 號簡的 "骼（骼）" 左旁可知。"肯" 字字形如清華簡《芮良夫毖》5 號簡 "骨"，睡虎地秦簡 50.96 號簡 "骨"，馬王堆帛書《戰國縱橫家書》187 "骨"，北大簡《周馴》第 80 號簡 "骨"。"骨"、"肯" 二字字形關係密切，兩處釋文可以處理為 "骨〈肯〉"。同樣的訛誤例子如《周馴》第 87 號簡 "人將代女（汝），民莫而骨〈肯〉好"、第 151 號簡 "【民】之使而莫骨〈肯〉來" 等等。

第 27 號簡有如下一字：

整理者認為該字右旁為 "者"，恐怕非是。北大簡《老子》4 號簡 "者" 作 "者"，本篇 29 號簡 "者" 作 "者"，41 號簡 "諸" 作 "諸"，與 27 號簡該字的區別其實在下部所從。從字形上看，頗疑此字當釋為 "腊"，《玉篇》以為 "嗜" 俗字。其右下部分當為 "旨" 旁，右側筆畫並未閉合，對比 11 號簡 "稽"

(猪)"可知。"耆"字可參馬王堆帛書《繆和》043"耆",《足臂十一脈灸經》15"耆"、17"耆",《趙正書》第20號簡"耆"。

第28號簡釋讀為"壴（豎）"的字如下：

從字形上看，當為"壹"字無疑。

第31號簡有如下一字：

如果嚴格隸定，該字右邊所從當為"力"，而非"卩"，對比54號簡""可知。

第36號簡有如下一字：

整理者把這個字直接釋為"丸"，恐怕很難讓人信從。秦漢文字"丸"以及從"丸"字作：

北大簡《倉頡篇》71號簡

馬王堆帛書《雜療方》009

關沮秦簡 321 號簡

肩水金關漢簡 73EJT4∶189

肩水金關漢簡 73EJT1∶6

肩水金關漢簡 73EJT1∶24

北大簡《倉頡篇》10 號簡

所以從字形上看，""與"丸"字還是有一定距離的。與""最為接近的字形，恐怕是"宂（冗）"字：

北大簡《倉頡篇》71 號簡

該字原釋為"內"，有網友改釋為"宂"①。《妄稽》第 36 號簡""與此形體較為接近。之前也曾考慮過"宂"字，

---

① jileijilei《北大漢簡〈蒼頡篇〉釋文商榷》，復旦大學出土文獻與古文字研究中心網站"學術論壇"板塊，http：//www.gwz.fudan.edu.cn/forum/forum.php?mod=viewthread&tid=7733&extra=page%3D3&page=1，2015 年 11 月 14 日。

見魯峻碑"尢",景北海碑陰"沈"作"沈"。不過漢簡"尢"橫筆兩端都有突起之狀,如馬王堆帛書《老子》乙前125下"沈(冘)"。所以從字形上看,"尢"還是更接近"宂"字。簡文作"～冰絹霜",整理者讀為"丸(紈)冰絹霜"是很有道理的。古書中有常見的"冰紈"一詞,指的就是潔白的細絹。"尢"與《倉頡篇》71號簡的"大"雖然基本上等同,但左偏部分其實也有一點類似"尢",有可能是一種"雜糅"的字形。釋文或許可以勉強處理為"宂〈丸(紈)〉"。

第38號簡有如下一字:

整理者釋為"謹",非是。第43號簡"崔"作"崔",對比可知該字右邊不從"崔"。我們認為,該字當釋為"讙"或"護"。釋為"讙",可以和《增訂漢印文字徵》第三·九

"▨"對比①。

另外,《妄稽》40 號簡的"▨"其實可以隸釋為"獲"。《反淫》35 號簡"▨"也當隸釋為"濩"字,《增訂漢印文字徵》第十一·十二"▨"以及馬王堆帛書《陰甲》262"▨"可資比較。

第 55 號簡所謂的"死"字字形如下:

左上一橫兩端以及中間有明顯的尖突之筆,與本篇的幾個"死"上橫平直之筆有別。該字與北大簡《老子》7 號簡的

---

① 但是,秦漢文字中"隻"有時候也可以省成"佳",比如《增訂漢印文字徵》第三·七"護"字:

比對可知,左邊"護"字其實省略了"又"旁。又如《增訂漢印文字徵》第三·七"護"字:

右兩例省略了"又"旁。又如,銀雀山漢簡第 164 號簡用為"獲"的字寫作"▨",即"獲",不從"又"。又如高臺漢簡"雙"寫作"▨"《簡牘名跡選 5·湖北篇(三)》2)",也省略了"又"旁。目前對文義還不得全解,故權且將兩種可能性的釋法先提出待考。目前傾向釋"謹"的可能性大一些。

"㔯"近似。蘇建洲先生認為《老子》該字就是"列"。秦漢文字中"死"、"列"字形關係確實十分密切①。所以從字形上看，簡55的這個字最好還是直接釋為"列"字。

第64號簡所謂的"動"字字形如下：

該字其實當隸釋為"勭"，同北大簡《老子》11號簡"勭"。秦漢文字中也有"動"字，如《增訂漢印文字徵》第十三·十八"勭"、"勭"。另外，本篇第29號簡"踵"、第31號簡"踵"、第55號簡"踵"也當直接處理為"踵（踵）"。前出的北大簡第五冊也有許多把"勭"直接釋為"動"的情況，茲不贅述。

第72+73號簡："妄稽喜差（嗟），左走絶力。"按，勞曉森先生指出這裡整理者所釋的"差"字，原作上"㠯"下"左"之"㠯"②。這個意見大致是對的。簡文"㠯（㠯）"筆畫有些減省，簡14也有同樣的字。這種寫法的"㠯"，其實就是

---

① 蘇建洲《北大簡〈老子〉字詞補正與相關問題討論》，《中國文字》新41期，頁97、98。
② 勞曉森《北大漢簡〈妄稽〉編聯一則》，復旦大學出土文獻與古文字研究中心網站，http://www.gwz.fudan.edu.cn/SrcShow.asp?Src_ID=2821，2016年6月7日。

《說文》訓為"髮好"中的"鬙"字。趙平安師曾指出：

彡部："󰄀，髮好也。从彡差。"秦印作󰄁，馬王堆漢墓帛書《老子甲本卷後古佚書》226作󰄂，《老子古本卷前古佚書》160上作󰄃。①

後來的"跜"、"嗟"當為"鬙"異體。《玉篇》："嗟，今作嗟，憂嘆也。或作𥬇。跜，古文。""跜"、"嗟"用為是憂歎之詞，當為假借用法。

整理者雖然直接隸釋為"差"，但也從歎息之詞角度來釋讀簡文，對文義還是有一定把握的。不過"喜"字放在原文中似乎還不太妥當，我們認為不如直接破讀為"嘻"，也是歎息之詞。古書中作為歎詞的"嘻"，也有表示驚恨、怨忿、哀痛等用法，如《禮記·檀弓上》："伯魚之母死，期而猶哭。夫子聞之，曰：'誰與哭者？'門人曰：'鯉也。'夫子曰：'嘻，其甚也。'"鄭玄注："嘻，悲恨之聲。"《呂氏春秋·行論》："楚莊王使文無畏於齊，過於宋，不先假道。還反，華元言於宋昭公……乃殺文無畏於楊梁之隄。莊王方削袂，聞之曰：'嘻！'投袂而起，履及諸庭，劍及諸門。"高誘注："嘻，怒貌也。"《戰國策·趙策三》："魯仲連曰：'然吾將使秦王烹醢梁王。'辛垣衍怏然不悅曰：'嘻！亦太甚矣先生之言也。先生又惡能使秦王烹醢梁

---

① 趙平安《〈說文〉小篆研究》，廣西教育出版社，1999年8月，頁12。

王?'"簡文"喜(嘻)䇳(嗟)"一詞,與古書中的"噫嗟"大概就是同一個詞的不同寫作形式,漢王符《潛夫論·述赦》:"一歲載赦,奴兒噫嗟。"① 古書中也寫作"嗟嘻",如《吳越春秋·勾踐陰謀外傳第九》:"行路之人,道死巷哭,不絕嗟嘻之聲。"

第74號簡有如下一字:

字形略有模糊,何有祖先生指出:

涇,原釋文作淫。按:字右部與里耶簡8-56"徑"右部"巠"的寫法相同,字改釋作涇。"②

對比《妄稽》6號簡"", ""《反淫》19號簡"" 以及里耶秦簡8-56"" 所从"巠",可知74號簡該字所从與"巠"還是有一定距離的。因為中豎第二水平筆畫有明顯的頓筆而且相連貫的,釋"巠"的可能性不大。我們懷

---

① 劉樂賢先生曾討論過"噫"、"嘻"二字古音極近,且作為歎詞時意義、用法基本一致,詳劉樂賢《讀郭店簡儒家文獻札記》,《古籍整理研究學刊》2002年第5期;《戰國秦漢簡帛叢考》,文物出版社,2010年11月,頁8。
② 何有祖《讀北大簡〈妄稽〉條記(一)》,武漢大學簡帛網,http://www.bsm.org.cn/show_article.php?id=2568,2016年6月5日。

疑，該字其實更接近《妄稽》第40號簡的"淽"字①。今將相關字形排列如下：

《妄稽》74號簡　　《妄稽》40號簡

（《妄稽》6號簡"垂"　《反淫》25號簡"垂"）

二　《反淫》篇

第3號簡所謂的"旦"字字形如下：

---

① 鄔可晶先生認為：簡74講"淮中有惡人"，"洇則入口，湮則入鼻"。"洇"、"湮"二字原皆誤釋，此從何有祖、東潮二位先生釋。何先生把這兩句話理解爲兩條水的位置，恐於文義難合。《周易·萃卦》上六爻的"洟"，馬王堆帛書本即作"洇"（劉洪濤《釋尹灣漢簡〈神烏賦〉讀爲"豈弟"之"弟"的"旨"字》，簡帛網2007年11月17日：http：//www. bsm. org. cn/show article. php？id＝750）；《妄稽》此字，可能也用爲"洟"，指鼻涕。"湮"，《說文》以爲口液、唾沫之"唾"的異體。這兩句話似是描寫淮中的醜惡之人，鼻涕流入口裏，唾液流入鼻中。（武漢大學簡帛論壇《北大漢簡〈妄稽〉初讀》，http：//www. bsm. org. cn/bbs/read. php？tid＝3371&page＝5，第46樓"紫竹道人"發言，2016年6月7日）按，鄔先生將簡文改釋爲从水、旨聲應該是正確的，對簡文的理解也是有道理的。這裡要補充的一點就是，後世字書中有"洀"字，《玉篇》："洀，涕也。"不知"洀"字是否即漢簡从水、旨聲的""之訛俗字。

字形略有模糊，其實仍可辨清，當即"且"字，對比《妄稽》18號簡"▇"可知。《妄稽》篇的"旦"字，如10號簡"▇"、56號簡"▇"，與"且"有明顯區別。所以《反淫》3號簡的"▇"實乃"且"字。簡文原本可能是寫作"旦"的，釋文或許可以處理為"且〈旦〉"。

第5號簡有字作：

整理者隸定為將右旁隸定為從雙田從里的一個字，認為由里得聲而讀為"梓"。此說非是。我們認為，該字右旁其實是"壘"，馬王堆帛書《繆和》060"▇"、《古地圖》"▇"可以為證。這種"晶"的形體結構，可參北大簡《節》第5號簡"雷（靁▇）"、17號簡"雷（靁▇）"，其演變規律可以和"品"對比，如敦煌漢簡783"▇"；也可以和"臨"所從的"品"對比，如睡虎地秦簡《日書乙種》136號簡"▇"、泰山刻石"▇"；還可以和"燥"所從"品"對比，如銀雀山漢簡《孫臏兵法》157號簡"▇"、馬王堆帛書《老子》乙前110下

"![]"；另外"叒"字也有寫作"![]（馬王堆一號墓竹簡14）"。

這種情況在楚簡中已經出現，如：

上博簡《顏淵問於孔子》9號簡　上博簡《李頌》1號簡正

郭店簡《語叢四》3號簡　上博簡《命》6號簡

郭店簡《語叢三》2號簡　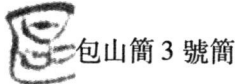

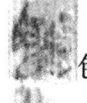包山簡264號簡　

事實上，這就是古文字偏旁位置不固定的現象，我們從甲骨文、金文中還能看到更多的例證。

所以5號簡該字當分析為從木、壘聲，隸定為"櫐"。《說文》有"壘"異體"㽍"字、山行所乘之"樏"以及訓為"木也"的"藟"字，都與"櫐"有密切關係。"櫐"字見於睡虎地秦簡《秦律十八種》135作"![]"，又根據辭例"石岸之

~",所以"▇"釋讀為訓為"木也"的"藁"字的可能性略大。但因本簡"▇"字尚待考釋且全句語義未明,故未敢必是,但字形分析為從木、曼聲的"櫄"當屬不誤①。

第 6 號簡所謂的"鍾"字字形如下:

細審圖版,右旁乃"童"字,對比 9 號簡"▇"可知②。所以該字當為"鐘"字,在簡文中可讀為"鍾"。

第 7 號簡所謂的"揚"字字形作:

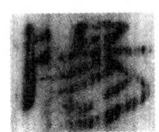

細審圖版以及紅外照片,左旁中豎右邊兩筆其實是從右側落筆而左撇,所以左旁當為"心╱忄"旁,本篇從"心╱忄"旁的幾個字如下:

 第 16 號簡

---

① "▇"字後來被陳劍先生釋為"檠",正確可從,詳陳劍《〈妄稽〉〈反淫〉校字拾遺》,復旦大學出土文獻與古文字研究中心網站,http://www.gwz.fudan.edu.cn/SrcShow.asp? Src_ ID=2850,2016 年 7 月 4 日。

② 何有祖先生已經指出該字為"童"字,見武漢大學簡帛論壇《北大漢簡〈反淫〉初讀》,http://www.bsm.org.cn/bbs/read.php? tid=3372,第 9 樓"易泉"發言,2016 年 6 月 7 日。

 第 48 號簡

 第 48 號簡

對比可知，左旁當為"心／忄"旁，該字當釋為"惕"。"惕"，《說文》："放也，从心、易聲。"裘錫圭先生曾結合《左傳·莊公四年》"余心蕩"來考釋甲骨文"王心㦿"，認為"㦿"即"惕"①。從文義上看，"惕"字在簡文中如字讀或讀為"蕩"、"傷"皆可。不過"惕"字正好入韻，與上文"楊"、"旁"、"陽"、"行"一起押的是陽部韻。"楊"、"旁"、"陽"、"行"都是平聲，所以此處讀為平聲的"傷"似乎更加合適。北大簡《周馴》第 71 號簡"怵惕"之"惕"寫作"惕"，以及銀雀山漢簡 2133 "惕"，其實也都是"惕"字，釋文就應該處理為"惕〈惕〉"；秦漢文字中"易"、"易"字形關係密切，類似的訛誤例子還有比如《周馴》114 號簡"賜"作"▇"，右旁實際上是"易"。

第 13 號簡的"𤏳"字字形作：

---

① 裘錫圭《殷墟甲骨文考釋四篇·釋㦿》，《裘錫圭學術文集·甲骨文卷》，復旦大學出版社，2012 年，頁 437、438。

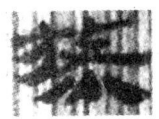

值得一提的是，該字左上其實已經省寫成了"方"，與常見的"熬"如《集成》9671.1"⿱𠀐灬"、馬王堆帛書《五十二病方》061"⿰敖灬"，或"勢"如張家山漢簡《奏讞書》187號簡"⿰敖力"、睡虎地秦簡《為吏之道》5號簡"⿰敖力"、《增訂漢印文字徵》第十三·十九"⿰敖力"、"⿰敖力"、"⿰敖力"，或"敖"如睡虎地秦簡《雜抄》32"敖"、張家山漢簡《蓋廬》48號簡"敖"、三體石經"敖"等的寫法有別。

附帶說一下，《漢印文字徵》附錄四收錄了"⿰敖力"，原隸定為從放從力的一個字；《增訂漢印文字徵》收在第十三·二十，並增加一例，但仍然隸定為從放從力。趙平安師曾釋此字為"勢"，認為：

《補遺》十·二鷔所從敖作"⿰敖灬"，此處"⿰敖力"所從敖在這一類寫法的基礎上省略一橫。漢印文敖作偏旁時左邊部分往往省減，這是較為突出的一例①。

---

① 趙平安《秦西漢印章研究》，上海古籍出版社，2012年12月，頁152。

《增訂漢印文字徵》第六·二十一"贅"作"![]",所從的"敖"左上仍還是有兩橫。北大簡"敖"字作"![]",另外馬王堆一號墓遣冊 087 "![]",已經減省為一橫而變成了"方",可為趙老師的這個考釋意見補充例證。

另外,《墨子·耕柱》篇有人名曰"管黔滶","滶"不見於後世字書,所以不好理解。清人畢沅懷疑這是"敖"字;蘇時學認為"滶"與"游"字形相近,乃是誤衍;孫詒讓則在畢沅之說的基礎上,認為"滶"字就是《說文》中的"滶",在原文中借為"敖",並引《禮記·檀弓》篇"黔敖"之名以為說。吳毓江所撰的《墨子校注》並錄三家說法,但尚未給出按語判斷①。現在,我們可以根據上述漢代文字中"敖"字左旁寫作"方"的實例來佐證畢沅、孫詒讓兩家在《墨子·耕柱》"滶"上的正確性②。

第 15 號簡有如下一字:

辭例為"燕～秦衡(蘅)",大致可以確定該字是表示花草一類的詞。整理者隸定為從艸匠聲的一個字,認為即"蘎"的

---

① 吳毓江《墨子校注》,中華書局,2006 年 2 月,頁 661。
② 當然,對"敖"、"放"的認識其實還可以更為深刻。即除了字形接近之外,還存在詞義同訓的情況,比如《廣雅·釋言》:"敖、放,妄也。"

異體，又引《說文》"蘠，蘠蘼，虋冬也。"為說。這個說法讓人有兩點疑惑。首先，該字似不見於字書，整理者也並未給出"匠"與"蘠"實際的通假例證，而只提到古音上的聯繫；其次，整理者指出的"蘠"字實際上就是現在所說的"薔薇"，但是"薔薇"或《說文》的"蘠蘼"、"虋冬"等說法是否在實際的古書用例中可以單稱為"蘠"是個問題。"蘠"字出現在《妄稽》簡56，作""，讀為"牆"①。這個從艸從匠的字，很容易讓我們聯想到施謝捷先生考釋的漢印"苣"字。《吉金齋古銅印譜》、《十鐘山房印舉》14a.50等有如下漢印：

針對從艸從匠的字，施謝捷先生認為：

捷按：漢代文字中，作爲偏旁的"臣"或訛作"匠"形，如漢印"苣喜"（《黃賓虹藏古璽印》）、"侯苣·臣苣"（穿帶印。《香港中文大學文物館藏印續集三》269）中的"苣"字作"苣"，"姬信私印"（私人藏印）、"王姬"（《珍秦齋藏印·漢魏晉唐宋元篇》124頁）中的"姬"字作"姬"，漢金文中"姬"亦作"姬"（《漢代銅器銘文文字編》251頁），張家山漢簡《引

---

① 楊元途《北大漢簡〈妄稽〉、〈反淫〉校讀筆記》，復旦大學出土文獻與古文字研究中心網站，http://www.gwz.fudan.edu.cn/SrcShow.asp?Src_ID=2812，2016年6月3日。

書》中"頤"寫作"顧"(簡49、75、77、83、86、94、100),並其徵。原釋"茝"之字所從"叵"實爲"匠"形的進一步省訛,"茝"當亦是"茝"字異構①。

此說當可信。另外,北大簡《趙正書》第19號簡""與《反淫》15號簡該字當爲一字,其所在辭例爲"芬~"。《趙正書》的整理者釋爲"芬茝",應該是對的。可以補充一條書證,即《史記·禮書》有"椒蘭芬茝,所以養鼻也",其中"芬茝"正好連用。所以,15號簡的"▇"當釋爲"茝"。

第22號簡有如下一字:

整理者認爲該字從竹從天。恐怕是不對的。黔之菜先生認爲該字當釋爲"笄"字,讀爲"枅",並引《淮南子·主術》爲證②。從相關文獻上看,釋讀爲"笄(枅)"應該是很有道理

---

① 施謝捷《漢印文字校讀札記(十五則)》,《中國文字學報》2008年第1期,頁73。
② 黔之菜《釋北大簡〈反淫〉篇之"素笄(枅)"》,復旦大學出土文獻與古文字研究中心網站,http://www.gwz.fudan.edu.cn/SrcShow.asp? Src_ID = 2817,2016年6月5日。

的;只是黔之菜先生文中並未對字形作一個比較清楚的解釋。換句話說,"开(開)"是否有訛變為"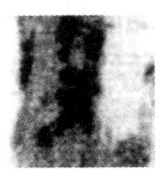"所從的""字形的確切例子呢?答案是肯定的。銀雀山漢簡第133號簡有如下一字①:

這個字當為"開"字,對應今本《孫子·九地》篇可知。一般的"開"字寫作"关、开、开、开、开、开、开",不過銀雀山漢簡這個"开"所從的"开(開)"兩豎筆或撇捺有所交匯,變得跟"天"字基本上相同。另外,孔家坡漢簡的幾個"開"字所從也近似"天",如:

1號簡 2號簡 3號簡 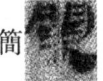5號簡

6號簡　　8號簡　　9號簡　　10號簡　　108號簡

---

① 駢宇騫《銀雀山漢簡文字編》,文物出版社,2001年,頁486。

所以，有了這些的字形支撐，"芺"釋為"笄"還是說得過去的。馬王堆帛書《五十二病方》作"笄"作"笄"。另外，《增訂漢印文字徵》第五·三所收錄的"笄"也有可能是"笄"字。

第33號簡所謂的"白"字字形如下：

該字與"白"字似乎還有一定距離，《反淫》篇46號簡的"白"字作：

北大簡《老子》的幾個"白"字作：

北大簡《老子》13號簡　北大簡《老子》146號簡　北大簡《老子》195號簡　北大簡《老子》196號簡

從字形上看，"白"、"甘"確實比較接近，不過區別還是存在的。我們認為，《反淫》篇33號簡該字當釋為"甘"字。北大簡《老子》的"甘"字如下：

北大簡《老子》210號簡

《老子》此處的辭例也正好是"甘露",與《反淫》33號簡正合,兩處的簡文圖版如下:

《反淫》33號簡　　　　　　　《老子》210號簡

支持我們將簡文釋讀為"甘露"還有一個旁證。簡文前後云"歔(飲)三危□甘露,哈(欲)亢(沆)瀣(瀣)而充虛"。整理者認為"甘露"前面還有闕文,但是從圖版上看,"甘露"當為簡首,其上不會再有文字;不過從簡背劃痕上看,第33號簡略為靠上。故此處闕文問題尚難以肯定。"歔(飲)三危□甘露,哈(欲)亢(沆)瀣(瀣)而充虛"句的動詞有"歔(飲)"、"哈(欲)",所以如果"甘露"前面有闕文存在,其義大概也逃不出吸飲、餐食一類的意思,古書中"飲"、"食"加賓語"甘露"語句十分常見,而"白露"則否。

第40號簡有如下一字:

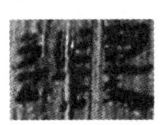

類似字形亦見於《妄稽》2號簡" "," 楊元途先生已經

指出①。整理者認為"■■"從辵從畏，以為是"退"字異體。事實上，"退"和"畏"古音並不算接近，退在透母，畏在影母，聲母相通的例證其實是比較有限的。從字形上看，"畏"與"退"所從的"𠂤"關係（秦漢文字"退"多數是省略了"夂"的）則比較緊密，以北大簡《老子》為例，試比較：

《老子》13號簡　　《老子》144號簡

《老子》101號簡　　《老子》101號簡

另外，北大簡"既"的異體也可類比：

《周馴》84號簡

《周馴》194號簡（對比《周馴》184"畏"）

《周馴》194號簡"既"字所從的"𠂤"已經中間多加出一橫，底下的"匕"上橫也有了波折，與"畏"區別僅剩下上部

---

① 楊元途《北大漢簡〈妄稽〉、〈反淫〉校讀筆記》，復旦大學出土文獻與古文字研究中心網站，http://www.gwz.fudan.edu.cn/SrcShow.asp? Src_ID=2812，2016年6月3日。

所從的豎筆①。另外，嶽麓秦簡《為吏治官及黔首》第 20 號簡"退"寫作"▇"，所從與"畏"、"曷"都十分近似。所以"▇"所從的"畏"很有可能是"退"所從"㠯"的一個訛形而已。

第 42 號簡有如下一字：

簡文作："願▇旬精神，奮䢺（迅）刑（形）體（體），強觀清華。"從字形上看，該字右旁確實是"敗"字，比較第 45 號簡的"敗（▇）"可知。整理者釋"得"的意見當不可信。如果不考慮字形訛誤，該字可分析為從彳，敗聲，有可能是"退"字異體。《說文》："退，毁也，從辵、貝聲。《周書》曰：'我興受其退。'"今本《尚書·微子》篇作"我興受其敗"②。不過這是就表面字形分析，目前從"退"字語音角度出發而來找合適的詞，似乎還有點困難。

轉從字形訛誤角度考慮，頗疑"▇"有可能"微"的誤

---

① 這種"日"或"曰"與"田"形體的混訛是十分常見，就秦漢文字而言，就存在"是"、"畏"的形近混訛現象，詳湖南省博物館、復旦大學出土文獻與古文字研究中心編著《長沙馬王堆漢墓簡帛集成（肆）》，中華書局，2014 年 6 月，第 54 頁。上博簡《曹沫之陳》第 58 號簡"退"字寫作"▇"，所從為"田"形。

② 按理來說，"退"字從辵，當與行走有關，而《說文》訓為"毁（壞）"，可能是就"敗"而言。《玉篇》"退，散走也"則可能更接近其本義。

字。比對同篇用為"激"的"▨"、"▨",以及里耶秦簡 8-461 正第二欄"▨"、8-1529 反"▨",睡虎地秦簡 32·1"▨",流沙簡屯戍 6·21"▨"可知。《史記·仲尼弟子列傳》:"今王誠發士卒佐之以徼其志,重寶以說其心,卑辭以尊其禮,其伐齊必也。"裴駰《集解》引王肅曰:"激射其志。"事實上,這裡的"徼"即通"激",訓為激發、激勵之義。"精神"與"志"都是指較為抽象的內心意識,所以這兩句話可以合讀。整理者把簡文的"勹"解釋為摩,也有點勉強。如果把"▨"看作是"徼"的誤字,那麼"勹"讀為"忾/慨"("慷慨"或作"慷忾")似更佳,即慷慨激昂之義,《後漢書·黨錮傳·范滂》:"滂登車攬轡,慨然有澄清天下之志。"簡文"徼〈徼(激)〉勹(忾/慨)精神,奮孔(迅)刑(形)體(體)"很有可能說的就是使精神激昂高亢,形體振奮迅捷①。

第 48+49 號簡:"乘其閣天之車,駝(馳)騁八徹(轍)之道……"按,第 43 號簡與第 49 號簡整理者所隸定的"徹"

---

① 網友余曉春先生後來在簡帛論壇上跟帖說道:"孔家坡漢簡《日書》簡 54'必有敚'與睡虎地秦簡《日書》甲簡 73'必有敄'相對應,'敚'、'敄'一般認為是詞義相近的關係(如或讀為'撓'、訓敗),此不但證明王挺斌先生《北大簡〈反淫〉篇第 42 號簡再考》所論為切,且反過來也似說明了《日書》'敚'、'敄'這組異文是字形相似而誤的關係。"詳武漢大學簡帛論壇《北大漢簡〈反淫〉初讀》http://www.bsm.org.cn/bbs/read.php?tid=3372&page=3,第 27 樓"余曉春"發言,2016 年 7 月 16 日。睡虎地秦簡《日書》其他地方也出現了"敄",其字到底如何理解,可能還有待研究。

字作"▨"、"▨",右下實際上還有"刀"旁,有可能是"力"旁之譌,當嚴格隸釋爲"劙"。整理者把"劙"讀爲"轍",大概是認爲此處是寫道路之寬廣。應該說,這種思路以及對文義的把握都很有道理。只不過,古書中表達道路寬廣的詞,多數情況下是用"軌"。"軌"和"轍"儘管在詞義上有時候近似,但是"軌"還有表示車子兩輪之間距離的意思,古注中或叫做"轍廣",與"轍"的意思是不同的。《周禮·考工記·匠人》:"國中九經九緯,經塗九軌。"鄭玄注:"經緯之塗,皆容方九軌。軌,謂轍廣。乘車六尺六寸,旁加七寸,凡八尺,是爲轍廣。九軌積七十二尺,則此塗十二步也。旁加七寸者,輻內二寸半,輻廣三寸半,綆三分寸之二,金轄之間,三分寸之一。"張衡《東京賦》:"經途九軌,城隅九雉。"《文選·王延壽〈魯靈光殿賦〉》:"高門擬於閶闔,方二軌而幷入。"張銑注:"方謂二車相並而入,言大也。"李善注:"二軌,謂容兩車也。"所以,以"數字+軌"的構詞形式往往表示道路寬廣,而"數字+轍"的構詞形式則十分少見,甚至是沒有的,更不用說表示道路寬廣的意思了。所以,把簡文的"劙"讀爲"轍"恐怕是不妥當的。按照我們的意見,簡文"劙"當讀爲"徹"或"達"。"徹"在古書古注中往往訓爲通達之義,與"達"字在音義上關係都十分密切。劉均傑先生認爲兩者是同源字,可信[①]。《反淫》第 43 號簡"博劙閒夏之士"即"博徹閒雅之

---

① 劉均傑:《同源字典補》,商務印書館,1999 年,第 159 頁。

士","博勶"即"博徹"或"博達",訓為博學通達之義。簡文"八勶(徹/達)之道",類似我們現在所說的四通八達之道,指道路交通的便利性。鑒於古書中多見"博達"、"八達"之語,所以兩處簡文如果都括注讀為"達"則略為直接。

附:

(一)北大簡《周馴》校字一則

《周馴》第196號簡有如下一字:

整理者直接將此字釋為"銘"。不過其右旁非"名",而類似"台",可隸定為"鈶"。《說文》作為"枱"異體字。不過在簡文中,則當看作是"銘"之訛字。

(二)北大簡《荊決》釋字一則

《荊決》篇有如下兩字

《荊決》第9號簡 《荊決》第25號簡

整理者全都隸定為"㒳",認為此字不識。釋字的障礙,大概在於字形下部中豎兩旁是作"人"字形,所以隸定以"㒳"為根據。其實這個字就是"帝"字,可以比較以下幾個銀雀山漢簡的"帝"字:

1107號簡　1109號簡　

2019號簡　2070號簡

　　銀雀山漢簡第2070號簡的"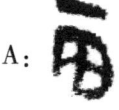"中豎兩旁有類似"人"一樣的寫法，可以和《莿決》第25號簡""比對。這種相關的字形現象，也可以和秦漢文字中的"兩"合觀，如下：

　　A：關沮秦簡第336號簡里耶秦簡第8-254號簡

里耶秦簡第8-518號簡　馬王堆帛書《稱》159

第七平陽鼎

　　B：睡虎地秦簡《法律答問》137號簡　馬王堆帛書《養生方》126

「兩」長安銷

B組"兩"子中豎兩旁有明顯的"人"字形，而 A 組"兩"字中豎兩旁則是簡單的撇捺或橫筆。不過"兩"中豎兩旁有明顯的"人"字形在早期構形中已經出現，如函皇父鼎"兩"；寫成撇捺或拉成橫筆則是一種簡化形式，"滿"（如《荊決》第 25 號簡"滿"，漢印則作"滿"）所從的"㒼"也類似。不過，這種形體之間的密切聯繫則不可否認，說不定"帝"寫成"帝"、"兩"就受到了"兩"字或"滿"所從的"㒼"字這類形體的影響。

附記：小文原在武漢大學簡帛網發表，後陸續對文章有所增補。蒙趙平安師、劉樂賢老師仔細審閱指正，又和楊茜女士反復討論，受益匪淺，僅此一並致謝！

讀北大漢簡《妄稽》散記

鄭邦宏*

摘 要：本文對北大漢簡《妄稽》的斷句、一些字詞的釋讀以及訓釋提出了自己的意見。簡20"走歸下舍"爲旁白，獨立成句，"請"讀爲"情"；簡36"絳"表示"材質"，"贊"讀爲"纁"或"絟"，亦表示"材質"；簡44"壹"應爲副詞，語義相當於"假若"、"一旦"，另外"士"當訓爲"男子"。

關鍵詞：《妄稽》斷句；釋讀

在北京大學收藏的的西漢竹書中，有一篇自題《妄稽》的長篇敘事俗賦，文意晦澀難懂。整理者對簡文的釋讀做了非常重要的工作，但由於簡文殘損且內容艱澀，難免有失誤。因此，

---

* 鄭邦宏，清華大學出土文獻研究與保護中心、出土文獻與中國古代文明研究協同創新中心　博士後　北京 100084。本文爲國家社科重大項目"先秦兩漢訛字綜合整理與研究"（15ZDB095）、中國博士後科學基金第 61 批面上資助（2017M610854）的階段性成果。北京大學出土文獻研究所編《北京大學藏西漢竹書[肆]》，上海古籍出版社，2015 年。

《妄稽》發表以後，學者在簡文的字詞釋讀以及編聯方面提出不少值得注意的新見。我們平日習讀，偶有所得，敬請方家指教。

一

《妄稽》簡 18-19-20：妄稽曰："怀（否），小妾不微（媺），陵且（祖）微父，猷有與責（憤）。毗休得生，漠（嫫）母事舜。妾亦誠惡，未以取寠（窶）。君欲買妾，不愛金布。小快耳目，不念生故。小妾忠閒（諫），乃以爲妬。請毋敢復言，走歸下舍。"

簡文最後一句，整理者斷句有誤，"走歸下舍"應非妄稽之言，只是旁白，妄稽之語應到"請毋敢復言"爲止。簡文斷句應爲：妄稽曰："怀（否）……小妾忠閒（諫），乃以爲妬，請毋敢復言。"走歸下舍。

另外，"請"整理者如字讀，似不確，我們認爲應讀爲"情"。"請"、"情"相通，出土文獻與傳世古書習見。《妄稽》篇中就有其例。

《妄稽》簡63：妾直敝（蔽）之，不言其請（情）。

《妄稽》簡65-66：周春曰："若（諾），吾察其請（情）必得。一小婦人，亦甚易伓（伏），誠有大罪，則得鷖猶幸。

"情"，簡文中用爲副詞，誠也，表強調語氣。而"情"+"否定副詞"的句式，古書常見。

《墨子·非攻上》：情不知其不義也，故書其言以遺後世；

若知其不義也，夫奚說書其不義以遺後世哉？

《墨子·明鬼下》：鬼神者固請無有，是以不共有酒醴、粢盛、犧牲之財。

其中，《明鬼下》用"請"表"情"，與我們所討論的《妄稽》簡20正好相同。

二

《妄稽》簡35-36：絳熏（纁）贇茈（紫），宂〈丸（紈）〉①冰絹霜。

其中，"絳"，整理者注曰："深紅色。"② "贇"，整理者則注："贇，佐、助。"③但由下文"丸（紈）冰絹霜"可知，"絳"、"贇"應也是某種材質。《說文·糸部》："絳，大赤也。從糸，夅聲。"這是"絳"習見之義。我們知道，古漢語的一些表色彩的詞與表材質的詞常用同一字，但有些詞的某一義項較爲罕見，以致後人不識。

江西南昌海昏侯墓出土一方木楬，記載了一些物品及其數

---

① 王挺斌《北大簡〈妄稽〉與〈反淫〉研讀札記》，武漢大學簡帛網http://www.bsm.org.cn/show_article.php?id=2587，2016-06-29。

② 北京大學出土文獻研究所編《北京大學藏西漢竹書［肆］》，上海古籍出版社，2015年，頁67。

③ 北京大學出土文獻研究所編《北京大學藏西漢竹書［肆］》，上海古籍出版社，2015年，頁67。

量。其中有"絹丸（紈）上衣十"的一條記錄，此處的"絹"與上下文相聯繫，張傳官先生指出其應是指一種顏色，就是黃色，亦即小麥成熟之後麥莖的顏色①。而典籍中"絹"的這一用法十分罕見。

同樣，"絳"此處表材質，在典籍中也不常見，如《晉書·禮志》："絳二匹，絹二百匹。"但需指出的是，此例時代較晚。《妄稽》的"絳"可表材質，正可爲典籍增添新的例證。

而"贊"，按之文例，疑可讀爲"縓"。"贊"，古音屬精母元部；"縓"，古音屬從母元部。二者古音聲母發音部位相同，韻部同屬元部，音極近，可通。《說文·糸部》："縓，帛赤黃色。一染謂之縓，再染謂之赬，三染謂之纁。從糸，原聲。"另外，或疑可讀爲"絟"。"絟"古音與"縓"同，因此與"贊"古音亦極近。《說文·糸部》："絟，細布也。從糸，全聲。"《玉篇·糸部》："絟，葛也。"

三

《妄稽》簡43-44：三年不與丈夫笑，不嫁冬（終）身。見富不爲變，見美不爲嘖（嚳），氏（是）胃（謂）大誠。虞士雖不宵（肖），願以自教也。妾乃端（專）誠，不能更始。壹接周

---

① 張傳官《說南昌西漢海昏侯墓新出土木楬的"絹紈"》，《中國文物報》，2016年7月8日第006版。

春，無所用士。命舍周春，蜀（獨）事濡（孺）子。

此是虞士向妾稽訴說忠貞之言。"壹"，整理者注曰："'壹'，專一。《左傳》昭公二十六年'壹行不若'杜預注：'壹，專也。'"① 將"壹"訓"專一"，似不確。此前一句"妾乃端（專）誠，不能更始"，虞士已講明"專一"的問題。而"壹接周春，無所用士"這句應是對"不能更始"的具體闡述。

"壹"，應是一表假設關係的副詞，語義相當於"假若"、"一旦"。楊樹達先生就曾指出：

壹，猶云一旦，事未然而假設其然時用之。◎蔡許之君壹失其位，不得列於諸侯。（《左傳》成三年）◎壹正君而國定矣（《孟子·離婁上》）◎壹怒而諸侯懼。（又《滕文公下》）◎蔡澤駿雄弘辨。彼壹見，秦王必相之。（《秦策》）◎壹聞人之過，終身不忘。（《莊子·徐無鬼》）◎今置將不善，壹敗塗地。（《史記·高帝紀》）◎相如壹奮其氣，威信敵國。（又《藺相如傳》）◎歲壹不登，民有饑色。（《漢書·文帝紀》）◎大王壹起國中，雖女子，皆奮臂以從大王。（又《燕剌王傳》）②。

這樣，將前後兩句聯繫起來，是說虞士"專一"而"不能更始"，一旦嫁與周春，將"無所用士"。

這裏還涉及到"士"字的訓釋問題，"士"，整理者注曰：

---

① 北京大學出土文獻研究所編《北京大學藏西漢竹書［肆］》，上海古籍出版社，2015年，頁69。

② 楊樹達《詞詮》，中華書局，1978年，頁366—367。

"'士'同'事'。《說文·士部》：'士，事也。'"① 也就是說，整理者將"士"讀爲"事"，似不必。此處的"士"，與"夜入其士盈室"的"士"同訓，應訓爲"男子"。《詩·鄭風·女曰雞鳴》："女曰雞鳴，士曰昧旦。"《大雅·棫樸》："奉璋峨峨，髦士攸宜。"這兩個"士"字，孔穎達疏：士者，男子之大號。這樣，"壹接周春，無所用士"是說虞士一旦嫁與周春，將不再服侍別的男子，則正是對上句"妾乃端（專）誠，不能更始"的注腳。

---

① 北京大學出土文獻研究所編《北京大學藏西漢竹書［肆］》，上海古籍出版社，2015年，頁69。

讀北大漢簡《倉頡篇》零札

何余華[*]

摘　要：北大漢簡《倉頡篇》的整理出版是漢字發展史研究的重大事件，整理者對北大漢簡《倉頡篇》的釋讀頗多精到之處，但個別字詞也存在進一步解釋的空間。本文試就北大簡《倉頡篇》"賓勑向尚，馮奕青北""毒藥醫工""豐盈饔戟""婉姆款餌""泫汯孃姪""橘蘇䔖苞""坐罋謰求"的釋義提出新的看法，誤釋的原因主要是沒有注意到詞語用字習慣和漢字記錄職能的時代性。

關鍵詞：北大簡《倉頡篇》；釋讀；用字；時代性

賓勑向尚，馮奕青北

北大漢簡《倉頡篇》簡2："賓勑向尚，馮奕青北。""賓勑

---

[*] 何余華，北京師範大學文學院　博士研究生　北京 100875。本文是國家社科基金重大項目"古今字資料庫建設及相關專題研究"（項目編號 13&ZD129）和國家社科基金重點項目"歷代訓注古今字彙編及資料庫建設"（項目編號 13AYY006）的階段性成果。

向尚"整理者認爲:"賓"即"服",服事也;"勦"即"剿"字,勞也,"服"與"勞"皆有勞力、服役之義。"向"即向北的窗戶;"尚"與"上"通。"馮奕青北"整理者認爲:"馮""奕"均表盛大義,"青"爲顏色詞,"北"爲方位詞①。

謹案:"賓勦向尚,馮奕青北"的解釋或許可以再作斟酌。首先,"剿"訓"勞"是指勞累,"賓"訓"服"是指"以賓客之禮服事他人",二者語義關係略遠;其次,作顏色詞、方位詞的"青、北"連屬,與"馮奕"的語義關係令人費解,以上八字或有另解。

我們認爲"賓勦向尚"或指上古四個姓氏,《左傳·昭公四年》:"有鮑叔牙、賓須無、隰朋以爲輔佐,有莒衛以爲外主。"《通志·氏族略四》:"賓氏,《左傳》齊大夫賓須無;周賓起,爲王子朝傅。望出梁國。"《廣韻·真韻》:"賓,姓。"

"勦"即"剿"字,文獻"剿""巢"通用,如《尚書·甘誓》:"天用剿絕其命",陸德明《釋文》:"剿,馬本作巢。"漢《張公神碑歌》:"載鵠剿兮乳徘徊"中"剿"即"巢",《字彙補》:"剿,與巢同。"殷周時有諸侯國"巢",春秋時爲吳國所滅,《左傳·昭公二十四年》:"吳人踵楚,而邊人不備,遂滅巢及鍾離而還。"後世子孫多以國爲氏,《通志·氏族略二》:"巢氏,有巢氏之後,堯時有巢父,夏商有巢國,其地在廬江,子孫以國爲氏。"

---

① 《北京大學藏西漢竹書》(壹),上海古籍出版社,2015年,頁71–72。

"向"，上古亦作姓氏，如《左傳·哀公十四年》："六月，宋向魋自曹奔衛。宋向巢來奔。"據《急就篇》："向夷吾"，顏師古注："向者，國名，本姜姓也。其後以為氏，又，宋之向氏與宋同姓，桓公生向父肸，遂為向氏。向戌、向儀、向寧皆其后也。夷吾，欲效管仲之名也。"《通志·氏族略二》："向氏，祁姓附庸之國，今沂州古向城是也，子孫以國為氏。又宋桓公之后，公子肸，字向父，其後以字為氏。"

"尚"，上古亦作姓氏，《急就篇》："尚次倩"，顏師古注："呂望為周武王太師，號尚父，其後或以為姓。次者，長幼之弟，倩者，青色而美也。"《急就篇》："尚自於"，顏師古注："前已有尚次倩，今又言尚自於，一姓再見也。尚亦作'掌'，蓋魯大夫党氏之後也，黨亦音掌，自於猶言自益也。"據王國維等人研究發現，《急就篇》與《倉頡篇》無論是文句還是用字上都具有密切的傳承因襲關係，《急就篇》內容主要包括："姓名名字、器服百物、文學法理"三部分，姓名部分共收132個，396字，據此推斷《倉頡篇》收有當時部分姓氏用字，從編纂原則來看應該也是說得通的。

"馮奕青北"，我們認為或許可以理解成上古的兩個專有名詞。"馮奕"或作"馮夷"，上古"夷"屬喻母脂部，"亦"屬喻母鐸部，韻部似乎相去略遠，其實不然，經籍常見脂部、鐸部通轉的用例。如《左傳·定公十三年》："范皋夷無寵於范吉射"，《史記·趙世家》作"范皋繹"，"夷"屬脂部，與鐸部"繹"通轉。《尚書·洪範》："曰蒙，曰驛"，《史記·宋世家》

作"曰涕","驛"屬鐸部、"涕"屬脂部。《詩經·齊風·載驅》"齊子豈弟",鄭玄箋:"弟,古文《尚書》以弟為圛,圛,明也。""圛"屬鐸部,"弟"屬脂部。

"馮夷"是上古河伯之名,泛指水神,有大量文獻用例可以佐證。如《楚辭·遠遊》:"令海若舞馮夷。"《莊子·大宗師》:"馮夷得之,以遊大川。"成玄英疏:"姓馮名夷,弘農華陰潼鄉堤首里人也。服八石,得山仙。大川,黃河也。天帝錫馮夷為河伯,故遊處盟津大川之中也。"《淮南子·齊俗》:"昔者馮夷得道。"《漢書·禮樂志》:"馮蠵和疏寫平",顏師古注引晉灼曰:"馮,馮夷,河伯也。"《竹書紀年》帝芬十六年:"洛伯用與河伯馮夷鬥。""青北"即"青丘",指上古海外國名,泛指邊遠蠻荒之國。《呂氏春秋·知度》:"禹曰:'若何而治青北,化九陽、奇怪之所際。'"高誘注:"皆四夷之遠國。"孫詒讓曰:"'青北'當作'青北'。"《淮南子·時則訓》:"東至青丘,樹木之野。"《山海經·海外東經》:"朝陽之谷……青丘國在其北,其狐四足九尾。"

綜上所述,"賓勒向尚"均表姓氏,"馮奕青北"分別表河伯名和古國名,它們均屬專有名詞。

毒藥醫工

北大藏漢簡《倉頡篇》簡3:"毒藥醫工,抑按啟久。"整理者:毒,字從生,從母。秦漢簡牘文字"生"或訛成"土"。

《說文》:"毒,厚也。害人之艸,往往而生。"《方言》卷三:"凡飲藥傅藥而毒……自關而西謂之毒。"藥,《說文》:"治病艸。"醫,《說文》:"治病工也。"工,《說文》:"巧飾也。象人有規矩,與巫同意。"《玉篇》:"工,官也,善其事。"①

謹案:"毒藥醫工,抑按啟久"都是與醫藥治療相關的詞語,整理者對"毒藥醫工"四字的單獨解釋甚確,但可以進一步指明"毒藥"、"醫工"在秦漢詞義系統中已經凝固成複合詞,"毒藥醫工"是兩個複合詞的並列,而非四個單音節詞語的聯合。"毒藥"先秦作為複合詞的的用例,如《周禮·天官·醫師》:"醫師掌醫之政令,聚毒藥以共醫事。"鄭玄注:"毒藥,藥之辛苦者。"《鶡冠子·世賢》:"若扁鵲者,鑱血脈,投毒藥,副肌膚。"《史記·淮南衡山列傳》:"毒藥苦於口利於病,忠言逆於耳利於行。""醫工"先秦作為複合詞的用例,如《後漢書·第五倫傳》:"建武二十七年,舉孝廉,補淮陽國醫工長,隨王之國。""醫工",亦即"醫匠",如《急就篇》:"篤癃瘖癈迎醫匠",顏師古注:"醫匠療病之工也,古者巫彭初作醫。"

豐盈䍤戠

北大藏漢簡《倉頡篇》簡5:"景桓昭穆,豐盈䍤戠",整理者:"豐,應是'豐'之省變。《說文》:'豐,豆之盈滿者

---

① 《北京大學藏西漢竹書》(壹),上海古籍出版社,2015年,頁73。

也。從豆，象形。'"鬘"用作名詞，指灶；用作動詞，同於炊。《說文》：'熾，盛也。'"①

謹案："豐"整理者引《說文》認為表豆器所盛豐滿，與形容詞"盈"組合成並列結構。我們認為此處"豐"或指古代用以承酒觶的禮器，形狀像豆，《儀禮·公食大夫禮》："飲酒實於觶，加於豐"，鄭玄注："豐，所以承觶者也，如豆而卑。"《儀禮·大射》："賓之弓矢與中籌豐"，鄭玄注："豐，可奠射爵者。"《儀禮·燕禮》："有豐"，鄭玄注："豐，形似豆，卑而大。""鬘熾"表灶臺中柴火熾烈旺盛，主謂結構；將"豐"解作以承酒觶的禮器，與"盈"組合成主謂結構，"豐盈"與"鬘熾"構成並列關係，似乎更合《倉頡篇》的編纂體例。

婉姆款餌

北大漢簡《倉頡篇》簡 5："孁蓉蜎黑，婉姆款餌"，整理者認為"婉"當讀作"婉"，表"好眉目"或柔順義，"姆"指女師，"款"指"意有所欲也"，"餌"表糕餅②。

首先，釋作"婉"字的原形作 ![字], 銀雀山漢簡屢見借"婉"記錄地積單位｛畹｝，字形如 156 作 ![字]，158 作 ![字]，159

---

① 《北京大學藏西漢竹書》（壹），上海古籍出版社，2015 年，頁 75。
② 《北京大學藏西漢竹書》（壹），上海古籍出版社，2015 年，頁 75。

作䰟，與北大漢簡《倉頡篇》簡5字形迥異，疑簡5原形懷疑是"䰟"增"宀"旁的結果，"䰟"字西周《復公子簋》作𢇇，春秋早期《圓君盃》作𢇇。"䰟"同"愧"，如《楚辭·九章·思美人》："䰟易初而屈志"，朱熹集注："䰟，與愧同"，《漢書·文帝紀》："以不敏不明而久撫臨天下，朕甚自䰟"，顏師古注："䰟，古愧字。"其次，"娒"疑釋作"輕慢"義更妥，《漢書·張良傳》："四人年老矣，皆以上嫚娒士，故逃匿山中，義不為漢臣"；《漢書·賈誼傳》："匈奴嫚娒侵掠"，顏師古注："娒，古侮字"。

此外，"餌"字本義如整理者所言，表糕餅，《急就篇》："餅餌麥飯甘豆羹"，顏師古注："溲末而蒸之則為餌，餌之言而也，相黏而也。"但句內其他字所記詞項均與人的心理活動相關，表食物的"餌"置於此處，顯得格格不入，疑"餌"通作"恥"，恥（透母之部），餌（日母之部）疊韻，透日准旁紐，出土文獻亦有例證，如馬王堆帛書《戰國縱橫家書謂起賈章》："以燕王之賢，伐齊，足以刷先王之餌……"，其中"餌"即是"恥"的通假用字。

泫沄孃姪

北大藏漢簡《倉頡篇》簡13："泫沄孃姪"，整理者："孃"即"嬢"，《玉篇》："嬢，母也。""孃、娘"韻皆屬陽部，釀屬日母，但從襄得聲字亦多分佈在泥母，故"孃"通"娘"，即稱母親①。

整理者對"孃"字的釋義，甚謬。《說文》："孃，煩擾也。一曰肥大也。从女襄聲。"段注："今人用擾攘字，古用孃……今攘行而孃廢矣。"據南朝顧野王原本《玉篇》改編的《篆隸萬象名義》："孃，亂，煩擾。"至敦煌寫本伯 2011 號唐王仁昫《刊謬補缺切韻·陽韻》："孃，女良反，姥稱"，又云："娘，女號。"整理者所引宋代《大廣益會玉篇》正是承襲《刊謬補缺切韻》而來，反映的是唐宋時期的用字習慣，未必就是秦漢之際"孃"所記詞項的反映。傳世文獻在傳抄刊刻過程中改字現象嚴重，要想準確瞭解漢字所記詞項間的演變關係，唐以前應主要依靠同時性的出土文獻。據陳順成②、張湧泉③等人研究表明，"孃"明確表示母親，大致晚至六朝至唐初始見，所以成書于秦代抄寫於西漢的《倉頡篇》中的"孃"字所記詞項斷不可能是"母親"。故據秦漢詞義系統，"孃"字所記詞義似不超乎《說文》，當釋作"煩擾"或"肥大"。如何解釋"孃姪"並列呢，我們認為《倉頡篇》作為識字教材，將並無意義聯繫卻含有相同偏旁的字形比並到一起便於識記也是可以理解的。

---

① 《北京大學藏西漢竹書》（壹），上海古籍出版社，2015 年，頁 82。
② 陳順成《親屬稱謂詞"耶"、"爺"的歷時考察》，《古漢語研究》，2013 年第 1 期。
③ 張湧泉《說"爺"道"娘"》，《中國語文》，2016 年第 1 期。

橘櫾蔆苞

北大藏漢簡《倉頡篇》簡16："橘櫾蔆苞"。整理者認為"蔆"有茂盛義："苞，茂盛之意。《詩經·小雅·斯干》：'如竹苞兮，如松茂矣'。"①

謹案："苞"確有茂盛義，因"苞"通"葆"。整理者所引《詩經·小雅·斯干》："如竹苞矣，如松茂矣。"毛傳："苞，本也"，朱熹集傳："叢生而固也"。即指草木的根部。類似的如《詩·商頌·長發》："苞有三蘗，莫遂莫達"，毛傳："苞，本。蘗，餘也。"朱熹注："言一本生三蘗也。""苞"釋作"茂盛"，恐非確。結合上下文語境，我們認為"苞"或許可從《說文》本義。《說文》："苞，艸也。南陽以為粗履。"《禮記·曲禮下》："苞屨……不入公門"，鄭玄注："苞，藨也。""苞"的本義即指可以編製席子或草鞋的一種草本植物，"蔆"指"蔆草"，這兩個詞項是當時二字記錄的主要職能，茂盛義尚未普遍見於文獻系統，《倉頡篇》作為當時"通用規範漢字表"選詞時棄通用詞項不顧，似不合情理。如此與前文"橘櫾"構成同類並列關係，均是某種植物的名稱，更貼合《倉頡篇》的編纂體例，整理者以為均表茂盛義，或求之過深。

---

① 《北京大學藏西漢竹書》（壹），上海古籍出版社，2015年，頁85–86。

坐䙴譅求

北大藏漢簡《倉頡篇》簡21："坐䙴譅求"，整理者認為"坐"有"被罪"義，"䙴"同"遷"有因罪流放之義，"譅，《說文》：'流言也。从言，复聲。''复，營求也。'《玉篇》：'譅，流言也，有所求也。'《急就篇》：'乏興猥逮詗譅求'，顔師古注：'譅，隱語也。謂偵伺官府利害，隱密其事，有所追求也。'"①

謹案：整理者對"求"未加注釋，對"譅"的解釋似在暗示此處"求"表"有所求"，甚至"譅求"即複合詞。"坐䙴譅求"是與犯罪刑罰相關的一組詞，我們認為"求"解作"拘捕罪人"也許更合適，與"坐䙴譅"構成並列關係。《大戴禮記·曾子制言上》："則有司之所求也"，孔廣森補注："求，拘罪人也。"《史記·高祖本紀》"令求盜之薛治之"，裴駰集解引應劭曰："求盜者，舊時亭有兩卒，其一為亭父，掌開閉埽除，一為求盜，掌逐捕盜賊。"《漢書·淮南王傳》："又欲令人衣求盜衣"，顔師古注："求盜，卒之掌逐捕賊盜者。"

綜上所述，出土文獻所考疑難的釋讀不僅需要注意文字的字形和辭例，做到"文安""字安"，也需要重視漢字字用的時代性，記錄相同詞語不同時代的用字習慣會有變化，相同漢字

---

① 《北京大學藏西漢竹書》（壹），上海古籍出版社，2015年，第91頁。

的記録職能在不同時代也會發生演變，對於漢字字用時代性的關注有助於我們更加準確把握文本的真實内涵。

漢簡《蒼頡篇》"景桓昭穆"解

祝永新[*]

摘　要："景桓昭穆"是漢簡《蒼頡篇》中形容美德的一組單詞組合。"景"與"昭"近義，都有"明"的意思。"桓"與"穆"近義，都有"和"的意思。四者都用於形容美德。"景""昭"與"桓""穆"字位對應，各爲一組近義關係，體現了《蒼頡篇》以類相從的編撰體例。《阜陽漢簡》中"曷和昭穆"的"曷"當是"景"的近義詞，並非誤書。

關鍵詞：《蒼頡篇》；景桓昭穆；美德；阜陽漢簡；北大簡

《蒼頡篇》的相關記載雖然屢見於傳世文獻，但直至1914年，在羅振玉、王國維依據斯坦因第二次中亞探險所獲漢文簡牘考釋出《蒼頡篇》部分內容，並公佈於《流沙墜簡》之後，

---

[*] 祝永新，西南大學漢語言文獻研究所　博士研究生　重慶北碚400715。下文中，《英國國家圖書館藏斯坦因所獲未刊漢文簡牘》稱《英藏未刊本》，阜陽漢簡《蒼頡篇》稱《阜陽簡本》，《北京大學藏西漢竹書》（壹）稱《北大簡本》。

中國學者才首次一睹《蒼頡篇》的真實面貌。其後，在斯坦因二探所獲漢簡削柿、居延漢簡、居延新簡、玉門花海漢簡、馬圈灣漢簡、尼雅漢簡、阜陽漢簡、水泉子漢簡與北大簡中都發現了《蒼頡篇》簡文，可辨字數近三千字。

"景桓昭穆"是漢簡《蒼頡篇》中的一處簡文，四字成句，分別見於斯坦因第二次中亞探險所獲漢簡削柿、阜陽漢簡以及北大簡。其中，斯坦因所獲削柿刊於《英國國家圖書館藏斯坦因所獲未刊漢文簡牘》，釋文作"景桓昭穆"，簡號5。削柿編號3477。阜陽漢簡《蒼頡篇》釋文作"喝和昭穆"，簡號C005。北大簡釋文作"景桓昭穆"。

一、"景桓昭穆"的各家釋義及疑惑之處

"景桓昭穆"屬秦漢常見字，三個簡本的字形也比較清晰，雖然阜陽漢簡摹本中和字殘缺右半部分，但能夠依據《北大簡本》與《英藏削柿本》補出。儘管"景桓昭穆"並非生僻字，但其釋義仍未有定論。

北大簡整理者認爲"景桓"的釋義可能有兩種，或者指秦桓公、秦景公。或者"景"指影子，通"影"，而"桓"指用於測影的木柱。而"昭穆"則指上下兩代直系親屬[①]。

---

① 北京大學出土文獻研究所編《北京大學藏西漢竹書》（壹），上海古籍出版社，2015年，頁75。

梁靜在《出土〈蒼頡篇〉研究》認爲:"景桓昭穆"膺是指宗廟制度中國君世系的先後順序。"昭穆"即昭穆制度,對宗廟或墓地排列順序的規定。秦國的世系,桓公之後是景公①。其傾向於"景桓"指秦桓公、秦景公,"昭穆"指昭穆制度。

《阜陽簡本》整理者認爲"暠和昭穆"中,"暠"通"晧",字義同《漢書》中"暠然白首"的"暠"②。張德芳、郝樹聲則提出,"暠"當依據《英圖藏削柿本》校正爲"景"③,和當補作"桓"。梁靜亦從此說④。

學者們對如何解釋"景桓昭穆"都給出了很好的意見,但仍有疑惑之處。"景桓"是否指秦桓公、秦景公父子⑤,這一說法仍須商榷。秦桓公、秦景公父子並非秦國始祖或中興之君,也未有特殊功業,在秦史中不處於重要或關鍵地位,而《蒼頡篇》作爲官方重典,天下傳習,突然收錄這樣兩個人,用意令人費解。且從組合形式看,"昭穆"者,父在前尊爲昭,子在後卑爲穆,這是秦漢禮制常識。而若"景桓"指秦桓公,秦穆公,則是兒子景公在前,而父親桓公在後,非但不與"昭穆"在結

---

① 梁靜《出土〈蒼頡篇〉研究》,科學出版社,2015年,頁29。
② 阜陽漢簡整理組《阜陽漢簡〈蒼頡篇〉》,《文物》1983年02期,頁28。
③ 張德芳、郝樹聲《斯坦因第二次中亞探險所獲敦煌漢簡未刊部分及其相關問題》,見王濤、胡平生等主編《英國國家圖書館藏斯坦因所獲未刊漢文簡牘》,上海辭書出版社,2007年,頁83。
④ 梁靜《出土〈蒼頡篇〉研究》,科學出版社,2015年,頁29。
⑤ 司馬遷《史記·秦本紀》:"桓公立二十七年卒,子景公立。"按:故知桓公當爲父,而景公當爲子。

構與字義上對應，而且違反書儀，隱有不敬意味。《蒼頡篇》作爲蒙學之書，想必不應有此顛倒尊卑的道德教化。

而《北大簡本》的另一個意見提到："桓"指用於測影的木柱。這一看法則未能得到文獻證據的支持。歷代文獻均表明，"桓"是木、石所製的兩根或四根的柱子，用於標識地界，以界別空間，並非測影所用。

《說文解字·木部·桓》："桓，亭郵表也。"表，即標識之義。許慎指出"桓"是亭與驛站的一種標識。徐鍇則進一步解釋，《說文解字繫傳·木部·桓》："桓，亭郵立木爲表，交木於其端，則謂之華表，言若華也。古者十里一長亭，五里一短亭，郵，過也，所以止過客也。表雙立爲桓。"

徐楷認爲，"桓"是樹立在亭的兩根木頭標識，"華表"是"桓"的改體。"桓"的作用是標識亭的地界範圍，使過客停止趕路。並未提到"桓"有測影功能。

而其他關於"桓"的論述中，只是指出"桓"是成對的直立柱子，或標識地界，或標識等級，廣泛用於橋頭、城門、寺門、球門、官衙、宮室、墓等處所，也均未提到"桓"是測影之物。

如段玉裁《說文解字注·木部·桓》："《檀弓》注曰：'四植謂之桓。'按：二植亦謂之桓。……《漢書》：瘞寺門桓東。如淳曰：'舊亭傳於四角面百步，築土四方，有屋，屋上有柱出高丈餘，有大板貫柱四出，名曰桓表。縣所治夾兩邊各一桓。陳宋之俗言桓聲如和，今猶謂之和表。'師古曰：即華表也。"

徐灝《說文解字注箋·木部·桓》："戴氏侗曰：'柱之植立者曰桓。'"

《墨子·備城門》："時令人行貌封，及視關入桓淺深。"孫詒讓閒詁："桓蓋門兩扉旁之直木。"

《周禮·春官·大宗伯》："公執桓圭。"賈公彥疏："桓，謂若宮之桓楹。"按：桓楹，即成對的大柱子。

《金史·禮志》："先於毬塲南立雙桓，置板，下開一孔爲門，而加網爲囊，能奪得鞠擊入網囊者爲勝。"

從諸家說法看來，歷代學者與史料對"桓"這一事物的認識顯然比較詳盡，但並未有一處指出"桓"是用於測影的柱子，可見將"桓"釋爲測影之柱的說法與歷史事實是有較大出入的，難以令人信服。

二、"景桓昭穆"應是一組形容美德的單詞

我們認爲，漢簡《蒼頡篇》中，"景桓昭穆"應是形容美德

的一組單詞，屬於羅列式結構①。其中"景""昭"均有"明"之義，而"桓""穆"均有"和"之義，它們都用於形容美德。

景，在上古、中古均有"明"之義。

《詩經·小雅·車舝》："高山仰止，景行行止"鄭玄箋："景，明也。"《孝經序》："景行先哲。"邢昺疏："景，明也。"《廣韻·梗韻》："景，明也。"

景，有"明"之義，而同一時期，"明"又常用於形容美德。

《禮記·大學》："大學之道，在明明德。"鄭玄注："明明德，謂顯明其至德也。"《詩·大雅·大明》："明明在下。"朱熹集傳："明明，德之明也。"

所謂"明德"，即是美德、大德、高尚之德。"明德"的"明"，是形容美德的常見詞。而"景"也能夠形容美德，有時與"明"通行。

漢·蔡邕《郭有道碑》："於是樹碑表墓，昭銘景行。"曹丕《與鍾大理書》："高山景行，私所慕仰。"《詩經·小雅·車

---

① 學界一般將漢簡《蒼頡篇》的句子結構分爲羅列式與陳述式兩類，羅列式結構爲其中之一，意指句中詞語均爲單詞，彼此間沒有主謂賓、定狀補之類的語法關係，譬如"陂池溝洫""奎婁軫亢"之類。如朱鳳瀚先生在《北大藏漢簡〈蒼頡篇〉的新啟示》一文中談到："羅列式，是將字義相近，相類（少數亦爲相反）或相互有聯繫的字詞組合在一起，排列出來，意在強調相互組合在一句中的各個字詞的含義之內在關係。可以說，《蒼頡篇》絕大多數句子皆屬於此式，但這種排列，自然會使句子無法構成完整的語法關係。"參見北京大學出土文獻研究所編《北京大學藏西漢竹書（壹）》，上海古籍出版社，2015年，頁174。

犖》:"高山仰止,景行行止"鄭玄箋:"景,明也。"陸德明《經典釋文·甫田之什》:"景行,明行同。"

從文意可以推知,"景行"意指美好高尚的德行,如同"明行"。"明行"指美好的德行,南朝·梁武帝《淨業賦》:"長夜飲酒,悖亂明行。"即是言悖亂美好德行。陸德明指出"景行"與"明行"同義。可見,"景"與"明"一樣,也是用於形容美德的單詞。

再看"昭"字。昭,亦有"明"之義,本與陽光相關。

《說文解字·日部·昭》:"昭,日明也。"《國語·魯語》:"明者爲昭。"《呂氏春秋·任數》:"目之見也藉於昭,心之知也藉於理。"高誘注:"昭,明也。"《漢書·郊祀志》:"德星昭衍,厥維休祥。"顏師古注:"昭,明也。"《廣韻·宵韻》:"昭,明也。"

"昭"不僅有"明"的意思,還能夠用於形容美德。

《呂氏春秋·論人》:"德行昭美,比於日月。"《國語·鄭語》:"維荊實有昭德,若周衰,其必興矣。"西漢劉向《說苑·善說》:"天有昭德,寶鼎自至。"《左傳·昭公元年》:"昭公。"孔穎達疏:"威儀共明曰昭。"《史記·司馬相如傳》:"續《昭夏》,崇號諡,略可道者七十有二君。裴駰集解:"昭,明也。夏,大也。德明大,相繼封禪於泰山者七十有二人。"

"德行昭美""昭德""昭公"等,都是以"昭"形容德之美,孔穎達解釋"威儀共明曰昭"。裴駰訓"昭"爲"明",認爲"昭"是形容德之明。都表明"昭"是形容美德的單詞。

"景""昭"二字都有"明"義，都是形容美德的單詞，這是它們在"景桓昭穆"中的聯繫。

而"桓"與"穆"都有"和"之義，它們字位對應，也能夠形容美德。桓，本義爲起標識作用或承重作用的柱子，但"桓""和"自古相通，此處當訓爲"和"。

《詩·周頌·桓序》："桓，武志也。"馬瑞辰通釋："桓，當爲和之假借，桓與和古同聲通用。"《墨子·明鬼下》："燕簡公方將馳於祖涂。"孫詒讓閒詁："《論衡·死僞篇》云：簡公將入於桓門。桓，古與和通，桓門當即《周禮·大司馬》中冬狩田之和門。"《漢書·尹賞傳》："瘞寺門桓東。"顏師古注："陳宋之俗言桓，聲如和，今猶謂之和表。"

"桓"與"和"通，而"和"則有和順，溫和，和睦之義，是美德的一種形容。

《廣韻·戈韻》："和，順也。"《周禮·地官·大司徒》："一曰六德，知、仁、聖、義、中、和。"《周禮·春官·大司樂》："以樂德教國子：中，和，祗，庸，孝，友。"鄭玄注："和，剛柔適中也。"《逸周書·常訓》："純恪九德：忠、信、敬、剛、柔、和、固、貞、順。"朱右曾校釋："和，不戾。"按："剛柔適中"與"不戾"都是指平順溫和的意思。

而"穆"，在此也可訓爲"和"。

《廣韻·沃韻》："穆，和也。"《詩·大雅·烝民》："吉甫作頌，穆如清風。"鄭玄箋："穆，和也。"《尚書·堯典》："四門穆穆。"蔡沈集傳："穆穆，和之至也。"

"穆"本就是修飾美德的形容詞。南宋・章如愚《群書考索續集》卷七《詩・魯頌》："今《魯詩》稱'穆穆魯侯，敬明其德'，是美德也。"元・胡祗遹《紫山大全集》卷一三《興亡論》："祖宗穆德，子孫雖不肖，天下感戴，思慕遺澤遺恩。"而"穆"以"和"之義形容美德，亦能見於文獻。如：《楚辭・大招》："三公穆穆。"王逸注："穆穆，和美貌。"《尚書・呂刑》："穆穆在上。"明・夏良勝《中庸衍義》引蔡沈集傳："穆穆者，和敬之容也。""穆"與"桓"都能訓釋爲"和"，且同爲形容美德的單詞，這是二者在"景桓昭穆"中的聯繫。

"景""桓""昭""穆"四字的釋義表明，"景桓昭穆"是一組形容美德，與美德相關的單詞組合。這一解釋也符合《蒼頡篇》以類相從的體例。《蒼頡篇》常將同一事類的單詞編在一句。如北大簡本《雲雨》章"冬寒夏暑"同屬天時類，阜陽簡本"街巷垣牆"同屬建築類，敦煌漢簡馬圈灣本"焦黨陶聖"同屬姓名類。"景桓昭穆"四字都與美德相關，因同屬美德類而編爲一句，這符合《蒼頡篇》以類相從的體例。而"景"與"昭"，"桓"與"穆"在字位上都能兩兩對應，不同於將"景桓"釋作"桓公""景公"父子時，與"昭穆"在字位上無法對應的情況。且"景桓昭穆"前兩句依次爲"勇猛剛毅"，"便走巧歷"，前者是性格類單詞組合，後者是動作類單詞組合，"景桓昭穆"作爲德行類單詞組合緊跟其後，也隱隱有承接之意。

三、《阜陽簡本》中的"暠"恐非誤書

《阜陽簡本》中，"景桓昭穆"一句作"暠桓昭穆"，整理者僅解釋了"暠"字，認爲通"皓"。其曰："暠，《說文》所無，通皓。《漢書·司馬相如傳》："暠然白首。"①

該字摹本爲 ![字], ② 較爲清晰，假若摹本無誤，則釋爲"暠"當無問題。有學者認爲《阜陽簡本》中的"暠"或爲"景"的誤書，恐怕未必。《阜陽簡本》出土自淮陰侯墓葬，王侯級別的隨葬品一般是同類品中的優質品，發生誤書的概率極小，"景"字亦非當時的生僻字，寫錯的概率則理應更低。

考察"暠"的字義，"暠"，通皓。而"皓"亦有"光、明"之義。

《文選·詠史》："皓天舒百日。"李善注引《廣雅》："皓，明也。"

《文選·七發》此亦天下靡麗皓侈廣博之樂也。"呂向注："皓，明也。"

《楚辭·九辯》："願皓日之顯行兮。"洪興祖補注："皓，光也，明也。"

---

① 阜陽漢簡整理組《阜陽漢簡〈蒼頡篇〉》，《文物》1983年02期，頁28。
② 此字圖版爲阜陽漢簡整理者所刊佈的摹本，右部略殘。

通過皓的字義可知，"暠"與"景"一樣，都有"光、明"的意思。那麼，就"光、明"這一義項而言，"暠"與"景"至少是一對近義詞。用"暠"而不用"景"，極有可能是書手認識到了二者的近義關係，只是出於某種原因沒有使用"景"字，而是選擇了"暠"字。這種有意識地選擇反映了《阜陽簡本》中的"暠"並非"景"的誤書，而是近義詞的替換。阜陽簡本《蒼頡篇》與北大簡本《蒼頡篇》並非同一版本，"暠"與"景"或是不同版本的不同用詞。

四、結語

綜合來看，"景桓昭穆"應是以羅列方式出現的美德類單詞組合。古代社會崇尚德行，以美德字詞入蒙學字書，在教授字形之時並以德行教化，這是蒙學教育的慣例，後世如《文字蒙求》《千字文》《朱子家訓》等蒙學經典不外如是。秦代雖崇尚法家，但在編撰《蒼頡篇》這一具備蒙學性質的識字書時，受社會風尚與統治需要，自也不可避免地加入德行教化的內容。

定州漢簡《論語》中的"柴"與"子羔"

李建平[*]

摘 要：從漢簡用例來看，定州簡《論語》中的"柴"當爲高柴之"柴"的異體字，可隸定爲"枨"。按清人王念孫說"柴"當讀爲"槷"，高柴字子羔，"羔"字又可書作同音之字"高"或"皋"。

關鍵詞：定州簡；論語；高柴；子羔

定州漢墓竹簡《論語》第282簡："柴也愚，參也魯，師也辟，由也巘。"按整理者注："柴，今本作'柴'。"[①]認爲"柴"指的是孔門七十二賢之一的"高柴"。初師賓先生主編《中國簡牘集成》所收胡平生先生主編的《河北省卷》之《定州八角廊

---

[*] 李建平，山東師範大學 副教授 山東濟南 250014。本文得到國家社科基金青年項目（13CYY058）、教育部人文社科基金青年項目（12YJC740045）、山東師範大學高層次人才引進項目資助。

① 河北省文物研究所定州漢墓竹簡整理小組《定州漢墓竹簡〈論語〉》，文物出版社，1997年版。

定州漢簡《論語》中的"柴"與"子羔"

漢墓出土竹簡〈論語〉》中，對"柴"字則沒有出注①。但是此字在其他出土文獻中均未見用例，因此很多研究者往往認爲是前所未見的古字，甚或認爲是怪僻字。其實，細核字形，該字應當是"柴"的異體字。

從字形來看，"柴"之右半與漢代"矢"字之形相近，例如張家山漢墓竹簡《二年律令》19 簡："毒矢謹臧。"矢字書作"矢"②。《居延新簡》EPF22.182 簡："虻矢二千三百。"矢字書作"矢"；又，EPF22.177 簡："槀矢三千五百。"矢字書作"矢"③。《額濟納漢簡》99ES16ST1：20 簡："槀矢五十。"矢字書作"矢"④。"矢"字，在兩漢簡帛文獻中亦往往書作"夫"字，如《居延新簡》EPF22.311 簡："槀矢銅鍭。"即書作"夫"；又，EPF2.319 簡："槀矢銅鍭。"亦書作"夫"；《額濟納漢簡》99ES16SF1：3 簡："槀矢虻銅鍭。"則書作"夫"。

"矢"字甲骨文已見，在甲骨文、金文、大篆、小篆、漢簡中一直是常見字，我們可將其字形發展整理如下：

---

① 初師賓《中國簡牘集成·河北省卷》，敦煌文藝出版社，2001 年版。
② 張家山二四七號漢墓竹簡整理小組《張家山漢墓竹簡〔二四七號墓〕》，文物出版社，2001 年版。
③ 甘肅省文物考古研究所等《居延新簡——甲渠侯官》，中華書局，1994 年版。
④ 魏堅《額濟納漢簡》，廣西師範大學出版社，2005 年版。

甲3117→矢伯卣→石鼓文→說文・矢部→

張家山漢簡19

可見，定州漢簡中的"柣"字其實當隸定爲"柣"。《說文解字・木部》："柴，小木散材。从木，此聲。"而"柣"則"从木，矢聲"。此，上古屬支部；矢，上古屬脂部；支、脂兩部均爲陰聲韻，主要元音相近，按王力先生的擬音，支部爲[e]，脂部爲[ei]；故支、脂可以旁轉，上古常見，如《史記》："不干所問，不犯所知。"《國語》作"不犯所諮"；知，上古屬支部；諮，上古屬脂部，故知、諮可以通假。因此"柣"、"柴"二字是採用了相同的形符，而分別採用了古音相近的"矢"、"此"作爲聲符而造成的異體字。

《史記・孔子弟子列傳》："高柴，字子羔。"鄭玄曰："衛人，少孔子三十歲。"《論語・先進》"柴也愚"孔穎達疏："《左傳》亦作'子羔'，《家語》作'子高'，《禮記》作'子皋'，三字不同，其實一也。"古人名字之間往往有一定聯繫，王引之曰："'柴'讀爲'羣'，同聲假借也。《說文》：'羣，羊名。'"黃懷信先生認爲"其說可通，二字皆從'此'得聲，故可通假"，但又提出："然以或作'子高'觀，則'柴'字可如字讀，謂柴薪。而'高'、'羔'、'皋'，則皆可以借爲'槁'

爲說。柴薪即枯槁之木，故名'柴'而字'槁'。"①

上海博物館藏戰國楚竹書第二函中有《子羔》篇，其中第5簡背面明確題有"子羔"篇題，記述了孔子回答子羔所問堯、舜、禹、契和后羿之事②，早期文獻如《左傳》、《論語》、《史記》、《漢書》均作"子羔"，而且使用頻率最高，而寫定時代較晚的《鹽鐵論》作"子皋"，《禮記》"子羔"、"子皋"混用；而後來的《孔子家語》多作"子羔"，亦有作"子高"者；可見，無論從出土文獻還是從傳世文獻來看，當以作"子羔"更接近語言事實，即"羔"爲本字，而"高"、"皋"均爲假借字。

高柴之名"柴"字，王念孫認爲："讀爲'辈'，同聲假借也。"是正確的。《說文·羊部》："辈，羊名。蹄皮可以割漆。"段玉裁注云："未聞。"《說文·羊部》："羔，小羊。""辈"、"羔"均爲羊名。又，《本草綱目·獸部》："辈羊，出西北地，其皮蹄可以割漆。"按，古代漆器外表以黑色爲主，《韓非子·十過》："禹作爲祭器，墨漆其外，而朱畫其中。"《北齊書·高祖十一王傳》："是時文宣幸晉陽，以所忌問左右曰：'何物最黑？''莫過漆。'"故"漆"往往有黑色之義，如《周禮·春官·巾車》"漆車"鄭玄注："黑車也。""羔"亦可指"黑羊"，《論語·鄉黨》："緇衣羔裘。"皇侃疏："羔者，烏羊也。"邢昺

---

① 黃懷信《孔子弟子名字解詁（九）》，《文史》2011年第4期。
② 馬承源《上海博物館藏戰國楚竹書（二）》，上海古籍出版社，2002年版。

疏:"羔裘,黑羊裘也。"可見,上古"羍"、"羔"既均爲羊名,又均有黑色之義,語義關係密切。

上海博物館藏戰國楚竹書第二函《子羔》篇第 2 簡:"孔子曰:'▨也,舜來于童土之田。'"▨"字,整理者隸定爲"鈐",認爲是"子羔"之名,即"柴"的借字,提出:"古從今聲字有不少音變,此字音讀當與'柴'音相近,疑讀若'岑'。""'鈐'與'柴'爲從鈕雙聲,音近假借。"柴,崇母,上古屬支部;鈐,群母,上古屬侵部;聲韻相差均較遠。徐在國先生則隸定爲"鈞"字,而"'鈞'似應讀爲'柴'",典籍中"徇""迅"二字相通,而"訊""呰"二字相通;"呰""柴"均從"此"得聲,因此"'鈞'可讀爲'柴',是子羔之名。"① 但"鈞"爲見母,上古屬真部,與"柴"聲韻差別均較遠。何琳儀先生贊同隸定爲"鈞"字,但認爲並非高柴之名,而是通"均",簡文承上文"……與?伊堯之法甚盟(明)與?"言之。意謂"某某之某與伊堯之法如何",孔子回答"二者相同"②。按何先生說則文從字順,則"鈐"、"鈞"二者都非子羔之名。

綜上所論,定州簡之"柣"爲"柴"之異體字。高柴,字子羔,"羔"字又可作同音字"高"、"皋"。按照排行,子羔又可作"季高",亦可書作"季子高"等。

---

① 徐在國《上博竹書〈子羔〉瑣記》,武漢大學簡帛研究網 2003 年 1 月 2 日。
② 何琳儀《滬簡二冊選釋》,武漢大學簡帛研究網 2003 年 1 月 14 日。

西北屯戍漢簡中的"緹行縢"

聶 丹*

摘 要：西北屯戍漢簡中有一個詞"緹行縢"，研究者們處理得比較隨意，有時處理為"緹行縢"，有時又處理為"緹、行縢"。通過對西北屯戍漢簡文本的學習，發現"緹行縢"是一個詞，不能從中間斷開。"行縢"是出行時纏裹身體的長條形布帶。西北屯戍漢簡中有"緹行縢""行縢""行縢幘"。根據文本分析，"緹行縢"與後者作為裹頭的長條形的"幘"不同。"緹行縢"是裹腿的長條形布，即為"綁腿"。"緹"是其顏色，"緹"色"行縢"，故稱為"緹行縢"。"緹"是軍旅色，在西北屯戍漢簡中還有同色下裝，如："緹續"（褲子）、"革緹"（皮鞋）。

關鍵詞：緹行縢；綁腿；漢簡

---

* 聶丹，貴州財經大學文化與法律學院 博士 貴陽 550025。本文的寫作得到國家社科項目資助，項目編號：13CYY052。本文是在博士論文的基礎上修改而成，論文的寫作得到導師張顯成先生的悉心指導，在此表示謝忱！

0. 引言

在研習西北屯戍漢簡時①，其中的"緹行縢""緹行縢"引起了筆者的關注。文例如下：

《居延新簡》EPT51．457：右縣官，犬絑二□，常韋一兩，緹繢一□，<u>緹行縢</u>二□

《居延漢簡》8．2：戍卒淮陽國圉宜里處賢。……右縣官所給。緹繢一，<u>緹行縢</u>一。右卒私裝。

《居延新簡》的"緹繢一□，緹行縢□"與《居延漢簡》的"緹繢一，緹行縢一"結構相同。關於"緹行縢"中的"緹"該不該獨立出來，研究者沒有關注這個問題，業界處理得比較隨意。如《中國簡牘集成》［十］②把簡 EPT51．457 中的"緹行縢"作一個詞處理，解釋為"一種隨身攜帶的行囊"。陳練軍《居延漢簡詞語劄記二則》③引錄本簡簡文作"犬二□，常韋一兩，緹繢一□，緹行縢二□"，轉引《中國簡牘集成》的注釋，也把"緹行縢"作一個詞處理，說解的時候卻僅提及"行縢"，

---

① 西北地方發掘的漢代屯邊遺留下來的幾批簡牘，《居延新簡》《居延漢簡》《敦煌漢簡》《額濟納漢簡》《肩水金關漢簡》，合稱為"西北屯戍漢簡"，本文簡稱"屯戍簡"。

② 初師賓主編、中國簡牘集成編輯委員會編，《中國簡牘集成》（十冊），敦煌文藝出版社，2005 年版。頁 130。

③ 陳練軍《居延漢簡詞語劄記二則》，《古漢語研究》2007 年第 2 期。

西北屯戍漢簡中的"緹行縢" ·143·

沒有提及"緹"。陳練軍在《居延漢簡詞語二則》[①]引錄簡EPT51.457則又作"犬絉二□，常韋一兩，緹、繢一□，緹、行縢二□"，把"緹行縢"分開，處理為"緹"和"行縢"。在"緹行縢"中间，不点开作一个词处理与点开作两个词处理，差別是明显的，二者之中只能有一个正确。

到底是"緹行縢"，還是"緹、行縢"，中間能不能斷開處理為兩個名物詞語？其所指是什麽，與"行縢""行縢"有什麽關係？

我們試著解決這些問題，形成拙文，求教於方家。

1. "緹行縢"不能斷為"緹、行縢"

到底是"緹行縢"，還是"緹、行縢"？求諸文獻，未得確解。查原簡圖版，據簡文的書寫體例，或許能找到答案。查《居延新簡》EPT51.457的圖版，是一枚封檢。上面字迹非常模糊，參看釋文，原簡作：

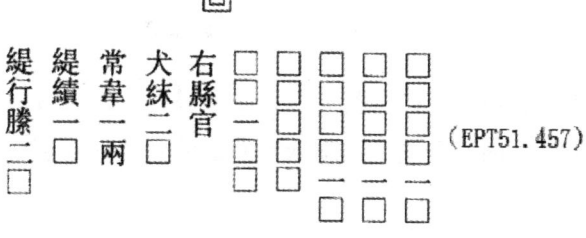

(EPT51.457)

---

① 陳練軍《居延漢簡詞語二則》，《隴東學院學報（社科版）》2005年第4期。

本簡是一枚衣裝簡，簡文內容極有規律，右面字迹模糊的部分所記，當為官府配給的衣物，左面所記當為戍卒自己準備的私裝。物品清單上的句式規範統一，全部為"衣物+數+量①"，"緹行縢二□"當與本簡的"犬絉二□"，"常韋一兩"，"緹繢一□"一樣，表明某物的數量。"緹行縢"與"犬絉"（襪子）、"常韋"（鞋子）、"緹繢"（褲子）等衣物名詞放在一起，也應該是一種衣物。"緹行縢"不能斷開為"緹"和"行縢"。把其處理為"緹"和"行縢"兩個詞，不符合簡文文例。

我們再來查檢"緹行縢"所處的《居延漢簡》8.2 的圖版。遺憾的是《居延漢簡》8.2 的相片未能保存，無圖版可以查核，我們只能依據前人的釋文來作判斷。根據《中國簡牘集成》②，原簡釋文作：

戍卒淮陽國圉宜里處賢，年廿四。
常韋一兩。
紺襲一領。
皁布複袍一領。
皁布複綺一兩。
皁布章衣一兩。
□領。
犬絉二兩。甲
●右縣官所給。
緹繢一。
緹行縢一。
枲履一兩。
黑布□一。
布三緼囊一。
布絉二兩。
□□。
□□。
葛絉二兩。
●右卒私裝。
城北

（8.2）

簡文內容極有規律，簡文由右至左書寫，右面四行是戍卒簡介，緊接著的八行簡文，記錄官府配給戍卒的衣裝，簡文作

---

① 由於簡文殘泐，有的量詞已經看不清，沒法釋讀。
② 《中國簡牘集成》（第五冊），頁23。本簡《居延漢簡釋文合校》《居延漢簡甲乙編》均未收錄。

"·右縣官所給",接下來的七行簡文,記錄戍卒私人衣裝,簡文作"●右卒私裝"。右面記錄官府配給的衣物,左面記錄戍卒自帶的衣物,這正好與前面記錄"緹行縢"的《居延新簡》EPT51.457簡文結構契合。不論是官府配給還是戍卒私裝,本簡衣物清單上的句式,都規範統一,或者為"衣物+數+量",或者省略量詞為"衣物+數"。"緹行縢一"與"緹繢一、布三緺橐一、黑布□一、布絑二兩、葛絑二兩"等一樣,指明某物的數量。本簡是衣裝簡,所記錄的"常韋、紃襲、皁布複袍、皁布複袴、皁布韋衣、犬絑、枲履、緹繢、布三緺橐、布絑、葛絑"都是衣物,簡文把"緹行縢"與這些衣物放在一起,可以肯定"緹行縢"也是一種衣物。既然"緹行縢"是一種衣物,就不能作兩樣物品理解,即不能斷開為"緹、行縢"。

據簡文看,"緹行縢""緹行滕"都只能是一種衣物,不能把其分開為"緹"和"行縢"兩个词,斷開處理與簡文的文例不符。

"緹行縢""緹行滕"出現語境相同、字形相似,二者應當具有密切的關係。它們的差異主要在"縢、滕"上,解決了這兩個字的問題,"緹行縢""緹行滕"的關係也就清楚了。

縢,《說文·糸部》:"从糸,朕聲。"[1] 滕,《說文·水部》:"从水,朕聲。"兩個字都從"朕"得聲,讀音相同,具備通假

---

[1] [漢]許慎《說文解字》(影印清陳昌治刻本),北京:中華書局,1963年第一版,1978年版。下同。

換用的條件。《說文·糸部》:"縢,緘也。"段玉裁注:"亦所以束者也。《周書》有金縢。凡艸之蔓、木之藥曰縢,俗作藤。"① "縢,俗作藤","藤"從"縢"得聲,"滕""縢"皆從"朕"得聲,古音為"定母蒸部"。《莊子·胠篋篇》:"唯恐緘縢扃鐍之不固也。"郭慶藩集釋:"縢,向崔本作滕,同。"② 二者讀音相同,又有文獻上的交錯關係。故"縢、滕"可以換用。

"緹行縢"當為"緹行滕"③。所指是什麼,我們不得而知。

2. 西北屯戍漢簡中"緹行縢"與"行縢、行縢幀"的差別

屯戍簡中不但有"緹行縢",還有"行滕",字也作"行𰀀"。傳世文獻認為"行縢"是"綁腿",如《左傳·桓公二年》杜預注"帶裳幅舄"說:"幅,若今行縢者。"孔穎達疏:"縢,訓緘也。然則行而緘足故名行縢。"④《本草綱目·服器》"繳腳布"條:"即裹腳布也。李斯書云'天下之士,裹足不入秦',是矣。古名行縢。"⑤ 顧炎武《日知錄》卷二八"行縢"

---

① [清]段玉裁注、許惟賢整理《說文解字注》,南京:鳳凰傳媒集團、鳳凰出版社(原江蘇古籍出版社),2007年版。
② [清]阮元校刻《十三經注疏》,北京:中華書局,1980年版。
③ 在統稱時候,為了行文簡潔,下文徑用"緹行縢"。
④ [清]阮元校刻《十三經注疏》,北京:中華書局,1980年版。
⑤ [明]李時珍撰,劉衡如、劉山永校注《本草綱目》,北京:華夏出版社,2008年版。

條："《詩》：'邪幅在下。'箋云：'邪幅，如今行縢也。逼束其脛，自足至膝。'"①

但屯戍簡中的"行縢"是一種單個使用的物件，不是兩隻配套使用的，據屯戍簡文例，兩隻使用的，量詞應該是"兩"，如鞋、襪無一例外都用"兩"作量詞；單個使用的，量詞往往用"枚"，而"行縢"所用的量詞正是"枚"。簡文如下：

《居延新簡》EPT52.93：穰邑西里張鎮。見。……布□一枚。布絑二兩。行縢二枚。

《居延新簡》EPT52.92：穰邑西里張賢。見。……面衣一枚。行縢一枚，已。

"行縢"不作"綁腿"理解，而是一種長條形的布，用來裹頭，即為現裹的"幘"，故也稱為"行縢幘"：②

《居延新簡》EPT52.94：穰邑長安里房和。見。……白韋綺一枚。已。行縢幘二枚。已。

《居延新簡》EPT52.141：襦長襦一。皁布單衣一，毋。行縢幘、面衣各一，毋。

屯戍簡中的"行縢""行縢幘"都用"枚"作單位量詞，"緹行縢"在簡文中不見單位量詞的使用。但我們可以在文例中找到"行縢、行縢幘"與"緹行縢"的區別。

---

① ［清］顧炎武著、黃汝成集釋《日知錄集釋》，嶽麓書社，1994年版。
② 屯戍簡中"行縢"是裹頭的長條布。見拙文《〈居延新簡〉中的"行幘"》，《敦煌研究》2016年01期，頁111–115。

在屯戍簡中，文書記錄的物件，往往同類放在一起。"行幐""行幐幘"在屯戍簡中共出現四例，其中有三例與"面衣"連言：

《居延新簡》EPT52.92：<u>面衣</u>一枚。<u>行幐</u>一枚。已。

《居延新簡》EPT52.141：<u>行幐幘</u>、<u>面衣</u>各一，毋。

《居延新簡》EPT52.94：<u>面衣</u>一枚，<u>行幐幘</u>二枚。已。

據屯戍簡的文例，"行幐""行幐幘"與"面衣"並列，特別是簡EPT52.141的文例"行幐幘、面衣各一"，"行幐幘"與"面衣"歸在一起合併論及，可見"行幐""行幐幘"與"面衣"同類，性質相當，"面衣"屬於一種頭衣，"行幐""行幐幘"也正屬於一種頭衣。

屯戍簡中"緹行縢"不見與"面衣"連言，文例如下：

《居延新簡》EPT51.457：右縣官，犬紩二□，常韋一兩，<u>緹繢</u>一□，<u>緹行縢</u>二□

《居延漢簡》8.2：戍卒淮陽國圉宜里處賢，年廿四。常韋二兩，……●右縣官所給。<u>緹繢</u>一，<u>緹行縢</u>一，布三緭橐一，黑布□一，布紩二兩，□□□，葛紩二兩。●右卒私裝。

與"緹行縢"一起記錄的，除了一個"布三緭橐"和簡文不清的"黑布□"，其餘全部都是穿在下身的衣裝。簡EPT51.457與"緹行縢"共現的有"犬紩（襪子）、常韋（鞋子）、緹繢（褲子）"，簡8.2與"緹行縢"共現的，除了"布三緭橐""黑布□"外，有"緹繢（褲子）、黑布□，布紩（襪子），□□□，葛紩（襪子）"。

上面兩枚簡中，"緹行縢"都是與穿著在下半身的衣裝共現的，鑒於屯戍簡的文例，"緹行縢"不可能像"行縢""行縢幘"那樣的裹頭布穿戴在上半身，而應該是一種穿著在下半身的衣裝。

3. 西北屯戍漢簡中的"緹行縢"是"綁腿"

根據上文的分析，"緹行縢"應該是一種穿著在下半身的衣裝。我們通檢屯戍簡，在《敦煌漢簡》中得一例"緹行"，其出現語境與"緹行縢"相類，是"緹行縢"的脫漏，也或許是"緹行縢"的另一種名稱。簡 1686 簡文照圖版實錄如下：

《敦煌漢簡》1686：

戍卒河東北屬東邑里張奉上。

皂布袍一領。出。
白練裘襲一領。出。
皂布單衣一領。出。
皂布絝一兩。出。

緹行，破一。出。
尚韋二兩，一出。
狗衣絑二兩，一出。

1686

簡 1686 共有三欄，第一欄是戍卒介紹，第二欄、第三欄都是記錄衣裝，格式規範統一，每一句的結構都是"物品+數詞+量詞+出"。第二欄是戍卒的衣裳，有"袍""裘襲""單衣"和"絝"，都是大件衣裝。第三欄就是"緹行"所在的一欄，有"緹行""尚韋""狗衣絑"，應該屬於戍卒的小件衣裝。"緹行"

與"尚韋"①、"狗衣絉"同處於第三欄,與"緹行縢"所處語境相類,當為"緹行縢"的脫漏或別稱。

據《中國簡牘集成》,本簡斷句為"緹行破一"。"緹行破一",說明其中有一隻已破,即"緹行"不是單隻使用。抑或根據本簡下文的結構,斷句為"緹行破,一出",下文的"尚韋、狗衣絉"以"兩"為單位,才有"一出"論斷。由此可見"緹行"不是單隻使用,而應該是兩隻為一套的。"緹行縢"或"緹行"是穿在下半身的兩隻為一套的衣裝。下半身的衣裝,兩隻為一套的,有鞋子、襪子、裹腿布。

屯戍簡中的"行縢""行縢幘"是頭衣,文獻中有"行縢"而無"行縢幘",但文獻中的"行縢"都是作"綁腿"講。"行縢"是出行時纏束身體某一部位的帶子。"縢",名詞義為帶子,動詞義為"纏束"。《說文·糸部》:"縢,緘也。"段注:"亦所以束者也。"《詩經·秦風·小戎》:"交韔二弓,竹閉緄縢。"毛傳:"縢,約也。"孔穎達疏:"謂以繩約弓,然後納之韔中也。"② "縢",名詞義為繩子、帶子,《詩經·小雅·采菽》:"赤芾在股,邪幅在下。"孔穎達疏:"名行縢者,言行而緘束之。"故傳世文獻中,出行時纏束的帶子為"行縢"。

文獻中的"行縢"作"綁腿"講,屯戍簡中使用的穿著在

---

① "尚韋",字也作"常韋",即鞋子。如《居延漢簡》34.15A:貴里淳于休衣橐。阜布襦,枲肥,常韋,犬絉二。
② [清]阮元校刻《十三經注疏》,北京:中華書局,1980年版。下同。

下半身且兩隻配套使用的"緹行滕",是出行時纏束的帶子,正是"綁腿"。"行滕"見下圖:

河北望都1號漢墓壁畫著緹行滕者

《漢代物質文化資料圖說》297頁

文獻中的"行滕",爲什麼在屯戍簡中稱爲"緹行滕"?其實,屯戍簡中的"緹行滕"就是"緹色的行滕"。"行滕"是"綁腿","緹行滕"就是"緹色的綁腿"。

"緹",即橘紅色、黃赤色,也即軍旅之色。《周禮·春官宗伯·司服》:"凡兵事,韋弁服。"鄭玄注:"今時伍伯緹衣,古兵服之遺色。"賈公彦疏:"言伍伯者,伍,行也;伯,長也。謂宿衛者之行長,見服纁赤之衣,是古兵服赤色,遺象至漢時,是其兵服赤之驗也。"① 《急就篇》卷二:"絳緹絓紬絲絮綿。"顏師古注:"緹,黃赤色也。"王應麟補注:"黃氏曰:緹,纁也,古兵服赤色。補曰:《周禮》注:今亭長著絳衣。今時伍伯

---

① [清]阮元校刻《十三經注疏》,北京:中華書局,1980年版。

緹衣。"① 《釋名·釋衣服》："偪，所以自逼束。今謂之行縢，言以裹腳可以跳騰輕便也。"王先謙疏證補："葉德炯曰：《吳志·呂蒙傳》為兵作絳衣行縢，此軍容，取其輕便。"②

軍旅多服"緹"色衣裝，"緹"色的"行縢"就是"緹行縢"。在屯戍簡中，除了"行縢"是"緹"色的，褲子、鞋子也有"緹"色的，如"緹績"就是橘紅色的下裳，"革緹"就是橘紅色的皮鞋③，都是軍旅著裝，例見下：

《居延漢簡》8.2：戍卒淮陽國圉宜里處賢，年廿四。……<u>緹績</u>一，緹行縢一。

《居延新簡》EPT51.457：右縣官，犬絉二□，常韋一兩，<u>緹績</u>一□，緹行縢二□

《居延新簡》EPT59.7：臨之隧卒魏郡內黃宜民里尹宗，責故臨之隧長薛忘得鐵斗一，直九十；尺二寸刀一，直卅；<u>緹績</u>一，直廿五。凡直百卌五。

《居延新簡》EPT58.115：戍卒陳留郡平丘□□里趙野，裘絉橐，封以陳留大守章，羊皮裘一領，受□□。犬絉二兩，履一兩，<u>革緹</u>二兩，枲鞻二兩。

《居延新簡》EPT59.19：緰衣橐。皁布複絝一兩，犬皮絉二

---

① ［漢］史游著、［清］顏師古注、王應麟補注、錢保唐補音《急就篇》，《叢書集成初編》本，北京：中華書局，1985年版。
② ［清］王先謙《釋名疏證補》，上海：上海古籍出版社，1984年版。
③ "革緹"，中心詞在前，限定成分附著在後面。像"革緹"這樣的結構，在屯戍簡中還有"賣此［紫］（262.28A）、縑素（EPT59.163）、韋絳（EPT65.107）、布絳（EPT65.330A）"四個詞語。

兩，受都內。革緹二兩，枲履一兩。

據此，屯戍簡中的"緹行縢"就是"綁腿"，或更明確地說，是"橘紅色的綁腿"。根據顏色命名，古已有先例，如《周禮‧天官‧酒正》："辨五齊之名，四曰緹齊。"鄭玄註："成而紅赤，如今下酒也。"賈公彥疏："其色紅赤，故以緹爲名。"漢代西北屯邊的將士，身著"緹"色的下裝，他們纏在腿上的橘紅色"行縢"，順理成章稱為"緹行縢"。

4. 散論

軍旅衣裝顏色為"緹"色。據我們對西北屯戍漢簡的窮盡搜索，僅見"緹績、緹行縢、革緹"（褲子、綁腿、鞋子）為"緹"色衣裝，三者都是下半身著裝，且都是露在外面的，穿在上半身的衣裝及穿在下半身但不外露的襪子就沒有提及"緹"色的用例。據此，我們有一個大膽的猜想，是否漢代西北屯邊的士卒，僅下半身著"緹"色？如果真是這樣，就可以很輕鬆地解決，同是出行時纏束的帶子，而綁腿稱為"緹行縢、緹行"，戴在頭上的裹頭布，就不可能提及"緹"色，而是徑直稱為"行縢、行縢幘"了。

漢魏六朝簡牘中所見鎮墓材料集釋及其相關問題研究

李明曉*

摘　要：本文主要對漢魏六朝簡牘中散見四種鎮墓材料進行集注，同時結合其他材質的鎮墓文内容簡要分析其性質與功能，從而為中國早期道教研究提供重要的參考資料。

關鍵詞：簡帛；漢魏六朝；鎮墓文；集注

鎮墓文是指用朱砂或墨汁書寫的解殃文辭，目的主要是為世上生人除殃祈福，為地下死者解通祛過，免再受罰作之苦；同時也是為了隔絕死者與其在世親人的關係，使之不得侵擾牽連生人。"鎮墓文"，根據其功能或材質又稱"鎮墓券"、"鎮墓瓶"、"朱書陶瓶"、"劾鬼文"、"解注文"、"解注器"等，其書

---

*李明曉，西南大學漢語言文獻研究所/出土文獻綜合研究中心　助理研究員　重慶北碚 400715。本文的寫作得到中央高校基本業務專項基金項目"出土魏晉南北朝法律文獻校注"（SWU1509405）的資助。

寫材料有鉛、陶瓶、磚、瓦、石、木等，晉以後還有書寫在紙上的，其中以鉛券和陶瓶最為常見。本文將討論當前已經完全公佈的除香港中文大學文物館藏建初四年（公元79年）序寧簡以外的四種漢魏六朝簡牘鎮墓材料，按時間先後為序進行集釋，同時結合其他材質的鎮墓文內容簡要探討其性質與功能。

1. 長沙東牌樓出土熹平元年（172年）潭超人形木牘

【解題】

2004年4-6月，長沙市區東牌樓工地第七號古井出土了一批東漢簡牘，共426枚，有字及有墨蹟的計206枚，其中有一枚東漢"熹平元年"人形木牘，特別引人注目。木牘長24.1、寬3.1、厚0.4釐米，杉木質，人形狀，上中部有一圓孔，似是穿繩懸掛之用。

【釋文】

1. 六月甲申朔廿二日乙卯，謹遣小史潭超［1］

2. 喜（熹）平元年

3. 詣在所，到，亟問前後所犯為無狀［2］。家富（？）
（一一七正面）

1. 有如肥陽、玉角［3］。所將隨從，飲食易得［4］。人主傷心不易識［5］。超到言

2. 如律令故事［6］。有侍者教首［7］。書者員怪、李阿

[8]。六月廿二日白。(一一七背面)

【校注】

[1]《整理本》(頁118)①指出:"乙卯"之"卯",據前面"甲申"順推,應為"巳"字之誤。

小史:郡、縣門下屬吏之一。

潭超:《整理本》(頁118)作"覃超"。黄人二先生(2007:87)認為"覃超"之"覃",可能讀作"潭",東漢人常見之姓氏。研讀班(2008:164)指出:第1行"潭超"之"潭",原作"覃",今據圖版改②。

[2] 亟問:研讀班(2008:164)指出:第3行"亟問"之"亟",原作"敢",今據圖版改。此說可從。徐俊剛先生(2014:270)指出:這句牘文是說某位官員派遣他下屬的小吏潭超到某個所在,潭超到了之後,要替他的上司詢問曾經犯過的錯誤。

[3]《整理本》(頁118)指出:"肥陽"之"陽",應為"羊"之通假。"玉角",原指玉製酒器,又常代指仙鹿或形容仙鹿之角,道教常用。黄人二先生(2007:88)指出:"如"字似誤,主要是放置於辭例中,頗為不詞,此字左偏旁不明,右偏

---

① 長沙市文物考古研究所、中國文物研究所編《長沙東牌樓東漢簡牘》(簡稱《整理本》),文物出版社,2006年。下同,不再出注。
② 長沙東牌樓東漢簡牘研讀班《〈長沙東牌樓東漢簡牘〉釋文校訂稿》(簡稱"研讀班"),《簡帛研究二〇〇五》,廣西師範大學出版社,2008年,頁145-165。下同,不再出注。

旁書寫似為"十",疑讀為"七"①。徐俊剛先生(2014:271)指出:"玉角"或可解作美酒,"肥羊美酒"連用順暢②。

[4] 將:徐俊剛先生(2014:271)指出:率領,統帶。此句意思可能是帶領的隨從人等,飲食方面容易得到,也即此位官員所統帶的下屬們飲食無憂。

[5] 人主:黃人二先生(2007:88)指出:其實這是指小史覃超之主吏。

不易識:黃人二先生(2007:88)指出:"不"字可疑,此字書寫尚未完全,疑"下"字;"易"疑"昜"字之誤摹,與"肥陽"之"陽"為同字異寫,假為"羊";"識",疑假讀為"食"。則"下易(羊)識(食)"者,將肥羊送上餐桌也。

[6] 故事:前朝之案例。研讀班(2008:165)認為"故事"當與"律令"連讀。

[7] 侍者:研讀班(2008:165)指出:據圖版,"陳者"之"陳"當作"侍",其說可從。

教首:《整理本》(頁118)指出:"教首"上似脫一"為"字。

[8] 員怪、李阿:應為神仙名。

---

① 黃人二《長沙東牌樓東漢熹平元年覃超人形木牘試探》,《東方叢刊》2007年第3期。
② 徐俊剛《〈長沙東牌樓東漢簡牘〉集釋》,吉林大學碩士學位論文,2014年。

【相關問題研究】

關於此人形木牘的性質，學界尚有爭議。《整理本》（頁118）指出："原斷為二片，現拼合為一件。可能是先刻為人形，再在正面上部描畫眉、眼、鼻、口、鬍鬚及軀幹，最後纔在下部及背面寫字。上中部有一圓孔，似為穿繩懸掛之用。正面存文三行，背面存文二行。"《整理本》（頁77）指出："這應是一件死者覃超給道、巫世界的上言。"而黃人二先生（2007：87，90）指出：整理者說"這應是一件死者覃超給道、巫世界的上言"，此說可商。簡牘為長沙郡臨湘縣級的郵亭文書，"小史"地位極低，且牘文云"謹遣小史覃超詣在所"，說明他是被派遣至神明所在的地方，為他的主吏向神明請示所犯究為何罪的。……所謂"覃超人形木牘"，即其三之司察小過的司命。"上中部有一圓孔，似為穿繩懸掛之用"，乃為"行者擔篋中"，或繫於身上者。"可能是先刻人形，再在正面上部描畫眉、眼、鼻、口、鬍鬚及軀幹"，即"刻木長尺二寸為人像"者。董远成先生（2013：295）則認為：兩漢之際，當王侯貴族們雕琢神人、髹漆彩繪，以之跪坐守墓的時候，平民百姓也在為死後的世界做打算，在他們不具備鎜刻完整"鎮墓神"的經濟條件下，簡單製作並墨繪成人形的物件就成為一種替代品，就是他們心目中的"鎮墓神"。這樣看來，此件人形木牘似乎比較符合這種需求。人形木牘的主人"小史覃超"，"小史"即是"小吏"，是東漢長沙地區郡府縣衙的低級屬官，社會地位不高，經濟上也並不富裕。人形木牘的上中部鑿有一圓孔，似乎是穿繩懸掛之用，這樣不管是繫在死者身上，還是懸掛起來，都能用於陪葬，所以可認定人形木牘與偶人在守墓、驅邪、靈魂升天等方面的功效，應當是大同小異的。當然，人形木牘出土於古井而非墓葬，或許是主人提前製作的備用品，未經使用而擱置①。徐俊剛先生（2014：266）指出：——七號人形木牘不是用來供奉的神像。不是神像，那麼只能是人像，也就是說，這個人形代表的不是神，而是人。……因此，很有可能就是潭超接到上命之後，做了一個代表自己的人形木牘，寫上自己面見神靈的原因和目的，再通過某種祝告的宗教形式（比如穿上繩，掛在祭祀的神像或祭祀場所）傳達給他們信奉的神靈。其實，關於此人形木牘的功能，應該和唐宋時期江西出土的墨書柏木人功能近同②，都是代人材料，不過此件潭超人形木牘是代潭超自己，而其它木人多代生人承擔注殃。因此，徐說近是。

---

① 董遠成《長沙東漢"熹平元年"人形木牘》，《湖南省博物館館刊》第十輯，2013年，頁293-297。
② 可見：（1）江西省博物館《江西南昌唐墓》，《考古》1977年第6期圖版十一：2。（2）彭適凡、唐昌樸《江西發現幾座北宋紀年墓》，《文物》1980年第5期，頁33圖一九。

·160· 簡帛語言文字研究 第九輯

【圖版】

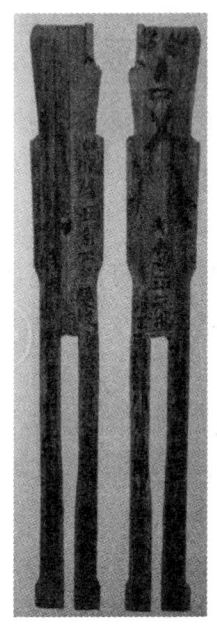

背 正

圖1：覃超人形木牘（引自《長沙東牌樓東漢簡牘》頁63第1157及1160號）

2. 江蘇高郵出土東漢末期朱書木牘

【解題】

1957年2月，江蘇省文物管理委員會、江蘇省博物館對高郵縣城以北約8公里的邵家溝漢代遺址進行發掘，在第二號灰溝29方（T29H₂）出土一方篆書陽文"天帝使者"封泥。另發現一長28、寬3.8釐米的符籙木牘，上有硃寫的符咒，右上畫符，夾"七星符"畫中，左下側為咒。

【釋文】

北斗君［1］。（左上）

乙巳日死者，鬼名為天光［2］。天帝神師［3］已知/汝名，疾去三千里。汝不即去，南山絵□［4］/令來食汝。急如律令。/（右下）

【校注】

［1］北斗君：《簡報》（頁20）釋作"䍐（符）君"①。劉樂賢先生（1999，2012：202-203）改釋作"北斗君"②，其說可從。

［2］鬼名為天光：劉昭瑞先生（2001：215）漏釋"為"字③。

［3］天帝神師：即"天帝使者"，同出"天帝使者"封泥亦可佐證。胡常春（2011：68）指出：總而言之，"天帝使者"最初應該代表了一種天上的神祇，是由天帝派遣到人間行使某種職責的使者，而事實上人間並不存在真正的"天帝使者"，只

---

① 江蘇省文物管理委員會《江蘇高郵邵家溝漢代遺址的清理》（簡稱《簡報》），《考古》1960年第10期。
② 劉樂賢《邵家溝漢代木牘上的符咒及相關問題》，《簡帛數術文獻探論（增訂版）》，中國人民大學出版社，2012年，頁200-211。
③ 劉昭瑞《漢魏石刻文字繫年》，新文豐出版公司，2001年。

能是掌握各種法術的道人的自稱①。

[4] 紷□：吞食惡鬼之神。《簡報》（頁21）疑"紷"為"給"。劉釗先生（2003：69-70）釋作"豵䞈"，和"宛奇"是一個神名的不同寫法，是一個專門吃鬼的神②。趙平安先生（2007：74）則釋作"䝔（宛）奇"，食鬼之神③。後二說可從。

【圖版】

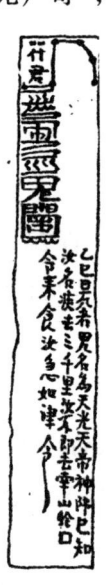

圖2：符籙木片（引自《考古》1960年第10期頁21圖六）

---

① 胡常春《考古發現的東漢時期"天帝使者"與"持節使者"》，《考古與文物》2011年第5期。
② 劉釗《江蘇高郵邵家溝漢代遺址出土木簡神名考釋》，《東南文化》2003年第1期。
③ 趙平安《河南淅川和尚嶺所出鎮墓獸銘文和秦漢簡中的"宛奇"》，《中國歷史文物》2007年第2期。

3. 香港中文大學文物館藏東晉建興廿八年（340）"松人"解除木牘

【解題】

香港中文大學文物館收藏，傳出土於武威磨咀子，共1枚，長35.8、寬9.4、厚0.8-1.2釐米。松人為凸刻後畫①。黃景春先生（2004：197）稱作"建興廿八年王群洛子鎮墓文"②。

【釋文】

松人上方記：天地拘校、復重，松、柏人當之 [1]。

松人右側記：日月時拘校、復重 [2]，柏人當之。

松人左側記：歲墓、年命復重拘校，松人當之。[3]

松人下方記：建興廿八年十一月丙申朔，天帝使者合同復重拘校 [4]，八魁九坎，年望朔晦，東井七星 [5]，死者王犀洛子所犯，柏人當之。西方有呼者 [6]，松人應之。地下有呼者，松人應之。生人□□，當問柏人。洛子死注咎 [7]，松人當之。不得拘校復重父母兄弟妻子，欲復重，須松、柏能言語 [8]，急急如律令。（正面）

建興廿八年十一月丙申朔二日丁酉，【直開】。天帝使者謹

---

① 可見陳松長《香港中文大學文物館藏簡牘》，香港中文大學文物館，2001年。

② 黃景春《早期買地券、鎮墓文整理與研究》，華東師範大學博士學位論文，2004年。

為王氏之家解（解）復，死者[9]洛子四時不食，復重拘校，與生人相妨，故作松、柏人以解咎殃。謹解東方甲乙之復鬼[10]，令復五木；謹解西方庚辛之復鬼，令復五金；謹解南方丙丁之復鬼，令復五火；謹解北方壬癸之復鬼，令復五水；謹解中央戊己之復鬼，令復五土。無復兄弟、妻子、婦女、孫息宗親，無罰無負[11]，齊一人止。急急如律令。生人拘校復重，松人應之；死人罰謫作役，松人應之；六畜作役，松人應之。無復兄弟，無復妻子。若松人前卻[12]，不時應對[13]，鞭苔（笞）三百，如律令[14]。（背面）

二日丁酉直開。（右側面）240

【校注】

[1] 天地：陳松長先生（2001：110）、王育成先生（2003：488）① 釋作"天地"，此說可從。連劭名先生（1996：116）②、張勛燎、白彬先生（2006：1425）③ 釋作"无"，誤。

拘校：陳松長先生（2001：111）指出："拘校"是漢人習語，有鉤稽比校之義。張勛燎、白彬先生（2006：1426）指出：因與死鬼發生牽連而受到冥世鬼神拘執檢校之意。此說可從。

復重：饒宗頤先生（1996：391）指出：可能指某一日辰之

---

① 王育成《考古所見道教簡牘考述》，《考古學報》2003年第4期。
② 連劭名《建興廿八年"松人"解除簡考述》，《世界宗教研究》1996年第3期。
③ 張勛燎、白彬《中國道教考古（第三卷）》，線裝書局，2006年。

重見、重犯，有所禁忌①。陳松長先生（2001：111）指出：又作"重復"，在漢代鎮墓文中習見。"復重"為聯綿詞，猶"承負"。

當：承擔。

[2] 日月時拘校復重：陳松長先生（2001：111）指出：或作"歲日月拘校"，或作"時日復重句校"，意指陰間官吏對一人在世時（歲、月、日、時）所積致的復重進行鉤求考校。

[3] 年命：壽命。

拘校：陳松長先生（2001：110）釋作"拘校"。連劭名先生（1996：116）、王育成先生（2003：488）、張勛燎、白彬先生（2006：1425）釋文中均無此二字。從圖版看陳說可從。

[4] 建興廿八年：陳松長先生（2001：111）指出：建興廿八年，即公元三四〇年。"建興"是晉愍帝的年號，其改元"建興"在公元三一三年，愍帝在位僅四年，該簡記為"廿八年"，當是因地處西北僻遠之地，不知改朝而仍書西晉末年號，並延長至"廿八年"。張勛燎、白彬先生（2006：1425）補出"二日丁酉"。

天帝使者：陳松長先生（2001：111）認為："在此當指施法的巫師方士。"

合同：陳松長先生（2001：111）指出：同義複詞，漢晉間

---

① 饒宗頤《記建興廿八年"松人"解除簡—漢"五龍相拘絞"說》，《簡帛研究》第二輯，法律出版社，1996年，頁390-394。

習語。《淮南子·要略》："離別萬物之變，合同死生之形。"黃景春（2004：198）指出：這裏指與松人訂立合同。

[5] 東井之星：星宿名，由七顆星組成。

[6] 西方：連劭名先生（1996：119）指出：指陽世，漢代流行生人屬西長安，死人屬東太山的說法。

[7] 生人□□：連劭名先生（1996：116）、張勛燎、白彬先生（2006：1425）均釋作"生人有所□"。陳松長先生（2001：111）釋作"生人蟷蟷"。魏娟小姐（2013：174）釋作"生人螳螳"①。王育成先生（2003：488）釋作"生人有咎"。圖版此處不清，暫存疑。

死注：陳松長先生（2001：112）認爲猶言"死人精注"，意即死人之精氣注連生人。注者，即注病之注。魏娟小姐（2013：181）則認爲：注即注病，是指死者的邪氣對生人的危害。當時人可能普遍認爲疾病之類都來自於鬼的危害。

[8] 須松、柏能言語：連劭名先生（1996：116）、王育成先生（2003：488）釋作"酒，松柏能言語"。陳松長先生（2001：110）作"須松柏人能言語"。張勛燎、白彬先生（2006：1425）釋作"須松、柏能言語"，從圖版看此說可從。

[9] 天帝使者謹爲王氏之家解（解）復。死者：連劭名先生（1996：116）、張勛燎、白彬先生（2006：1425）均釋作

---

① 魏娟《香港中文大學文物館藏簡牘集釋》，吉林大學碩士學位論文，2013年。

"（武威）北所住者謹為王氏之家解復。死者"。陳松長先生（2001：113）釋作"天帝使者謹為王氏之家解（解）後死者"，且指出：後死者猶言生者。"解後死者"即為生者禳解災殃。王育成先生（2003：488）釋作"天帝使者謹為王氏之家解復。死者"。此從王說。

［10］四時不食：連劭名先生（1996：116）、張勳燎、白彬先生（2006：1425）釋作"四時不食"，此說可從。而"四時"，陳松長先生（2001：113）釋作"日時"，且云：當即正面松人右側所記"日月時"之省。王育成先生（2003：488）釋作"四時不會"。

復鬼：陳松長先生（2001：113）認為猶言重復之鬼。死者魂神化而為鬼，如無所歸，將重復作祟致死於人。"復"有重復兇喪之義。

［11］罰：罰謫。魏娟小姐（2013：182）指出："解適（謫）"實際上就是解除"承負"的恐怕，免去死者的罪過，使生人在心理和身體上不受牽連。不論生人還是死人，都無憂無慮，無罪無債，再也不會受到相互心理的制約和天帝的懲罰。

［12］前卻：陳松長先生（2001：113）指出：猶言前退，即當前而退之義。

［13］不時：陳松長先生（2001：113）：即不及時的意思。

［14］如律令：按照法令迅速執行。

【譯文】①

被天地鬼神拘檢,由松人、柏人代爲承擔。如果由於日、月、時辰相同重複造成冥神鬼檢生人之事,則由柏人代爲承擔。如果王洛子死後因生年、歲數與其他死鬼相同重複而繼續受到冥神拘檢,則由柏人代爲承擔。

建興二十八年(340)年十一月初二逢閉之日,天帝使者與松人和柏人簽訂合同。墓主王洛子是觸犯八魁、九坎、東井七星等星忌和年望朔晦時日兇忌而死,如果因此使家中生人受到牽連,被鬼神拘檢,由柏人代爲承擔。王洛子本人是因受注鬼注害而死,可能在地下再受折磨,不堪忍受,由松人來代爲承擔。總之,不能因爲王洛子之死,使家中活著的父母、兄弟、妻子再受到和王洛子同樣的災難禍殃。如果要讓王洛子死後再繼續在冥世受難,或使家中生人重複發生災禍,必須等到松人和柏人能夠開口講話,實際上那是完全不可能的。以上所言,有如人間法令,必須立刻執行。

建興二十八年(340)年十一月初二逢閉之日,天帝使者爲王氏之家舉行解除復連儀式。因爲王洛子死了,永遠不再像生人那樣飲食起居生活,對家中生人造成了威脅,可能在冥世受到謫罰或成爲注鬼復注家中生人,所以特地做成松人和柏人以爲解除。今後無論復鬼從哪個方向襲來,統統都讓它轉移復注的對象。按照道教五行的說法,如果復鬼來自東方甲乙,通過

---

① 譯文在張勛燎、白彬(2006:1432-1433)基礎上加以調整修改而成。

解除之法，令其改復其它屬五木之物。如果復鬼來自西方庚辛，通過解除之法，令其改復其它屬五金之物。如果復鬼來自南方丙丁，通過解除之法，令其改復其它屬五火之物。如果復鬼來自北方壬癸，通過解除之法，令其改復其它屬五水之物。如果復鬼來自中央戊己，通過解除之法，令其改復其它屬五土之物。總之，通過解除之法，使家中兄弟、妻子、婦女、孫兒、孫媳等一切活著的親人，不致受到復注謫罰之害。一切應有的復注謫罰，最多也僅限於王洛子一人。墓主王洛子所受鬼神的復重拘校謫罰，由松人代為承擔。死者王洛子在冥世受到謫罰，被判服徒刑勞役，由松人來代為承擔。家中的牛馬六畜因王洛子之死受到牽連，發生疾病死亡，由松人代為承擔。總之，不能讓家中的兄弟、妻子生人因為墓主王洛子受鬼神的復重拘校，死後受到謫罰，引起復注之害。如果事情發生，松人逃避責任，不及時前去應承對付，將重責三百大板，嚴懲不貸。以上所言有如法令，必須立即執行。

【圖版】

圖3：正面　　　　圖4：背面　　　圖5：右側面

（圖3-5分別引自《香港中文大學文物館藏簡牘》頁110、112、113）

4. 新疆吐魯番阿斯塔那古墓群出土高昌（501年前）桃人木牌

【解題】

1984年2月20日，新疆吐魯番地區文管所工作人員在查看阿斯塔那古墓群的保護情況時，發現了一枚正反兩面載有墨書文字的小木牌。所謂"木牌"，實為一扁平下端尖的小木橛，比起一般的木簡來要寬厚一些，長21、厚1.1、上部最寬處5釐米。木牌正面上部為一圖案，已模糊，下部有保存完整的二行墨書文字；反面有墨書文字三行，上部殘缺。兩面的文字屬於同一內容，是正面寫滿後接著在反面書寫的。王素（1997：144）定在公元501年前①。桃人曾在長沙馬王堆一號、三號西漢墓、湖北荊州蕭家場草場、湖北江陵鳳凰山漢墓M8、甘肅肩水金關遺址、額濟納漢墓等多地漢墓中出土，主要功能是驅除鬼魅，保衛墓主人不受侵擾。

【釋文】

桃人一枚，可守張龍/勒墓舍一所。東千（阡），（正面）/□□[1]，南陌，北陌。自與先人相/□□使後世並冒[2]。不得徊俊[3]。/急急如律令。（背面）/

【校注】

[1] 所缺兩字，可能是"西千（阡）"之類的字。

[2] 冒：陳國燦先生（1988，2012：126）②、王育成先生

---

① 王素《吐魯番出土高昌文獻編年》，新文豐出版公司，1997年。
② 陳國燦《從葬儀看道教"天神"觀在高昌國的流行》，原載《魏晉南北朝隋唐史資料》第九、十合期，1988年，頁13-18。後加以修訂載《陳國燦吐魯番敦煌出土文獻史事論集》，上海古籍出版社，2012年，頁124-135。

(1997：46）釋作"昌"①。從圖版看應是"冒"字。柳洪亮先生（1986：39）②，黃景春先生（2004：238）③，張勛燎、白彬先生（2006：545）④，陸錫興先生（2012：81）⑤ 認為通"茂"，此說可從。

[3] 徊俊：柳洪亮先生（1986：39）釋作"徊俊"，王育成先生（1997：46）、陸錫興先生（2012：81）同。張勛燎、白彬先生（2006：545）釋作"回復"，謂墓主人張龍勒葬入墓中之後，即與先世亡人相見，為了使子孫興旺，不得再回到家中與生人接觸。因圖版此處不清，暫從原釋。

【相關問題研究】

1975年春，新疆博物館考古隊在哈喇和卓古墓群發現過十八枚這種類型的小木牌⑥，文字簡略，正面僅書漢文"代人"二字。75TKM97中的三枚在"代人"下面打有一個"×"，上部"用黑墨勾畫出臉形，粗眉大眼，八字鬍短鬚"，與此對照，新發現的木牌正面上部所繪也是臉形，殘存部分正是嘴巴上的短

---

① 王育成《中國古代方術及其對日本的影響》，《中國歷史博物館館刊》1997年第1期。
② 柳洪亮《吐魯番阿斯塔那古墓群新發現的"桃人木牌"》，《考古與文物》1986年第1期。
③ 黃景春《早期買地券、鎮墓文整理與研究》，華東師範大學博士學位論文，2004年。
④ 張勛燎、白彬《中國道教考古（第一卷）》，線裝書局，2006年。
⑤ 陸錫興《考古發現的桃梗與桃人》，《考古》2012年第12期。
⑥ 可見新疆博物館考古隊《吐魯番哈喇和卓古墓群發掘簡報》，《文物》1978年第6期。

鬚。就其實質來說，如本身文字所示，這類小木牌可以說是一種最簡易的木俑，所以砍削成下端尖的小木橛，就是為了便於插入土中，以像直立的人。柳洪亮先生（1986：39）認為新發現的木牌文字表明，同那些木、泥人俑一樣，這些簡易的小木牌也是冥界裏服侍主人的奴僕。而張勛燎、白彬先生（2006：545）則認為此桃人當屬代家中生人受注之解注用品，其性質與內地東漢墓及敦煌魏晉墓中的人參相同。75TKM91 中的四枚木牌和75TKM90 中的九枚木牌反面寫有粟特文字母，庫爾班·外力先生（1981：63）分別譯釋了二枚，前者拼寫的是漢語"人"或"代人"，後者拼寫的是古代突厥語 Kiši，"意為人、僕人或妻子"①。柳洪亮先生（1986：40）指出：結合上述文字分析，以取"僕人"之意最為恰當。1975 年春發現的十八枚木牌，其中十七枚屬於十六國高昌（今吐魯番地區）設郡時期及其稍後，一枚屬於麴氏高昌（公元499—640 年）時期。

---

① 庫爾班·外力《吐魯番出土公元五世紀的古突厥語木牌》，《文物》1981 年1 期。

【圖版】

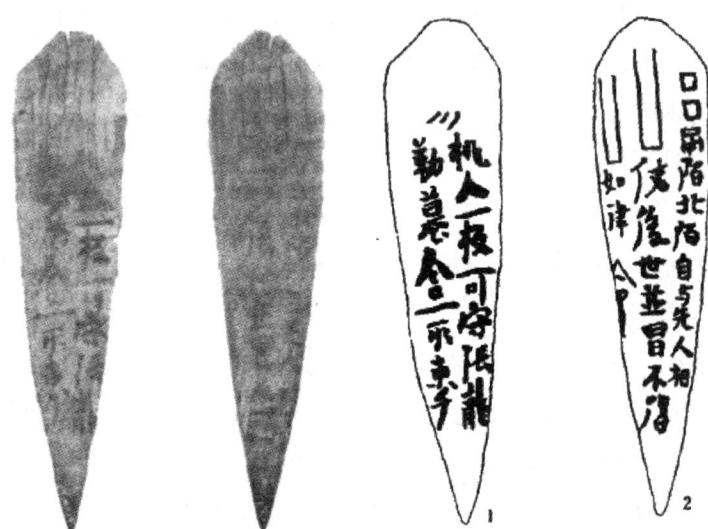

圖6：桃木牌正面、反面照片　　圖7：桃木牌正面、反面文字摹本

（圖6-7分別引自《考古與文物》1986年第1期頁39圖一：2，1；頁40圖二：1，2）

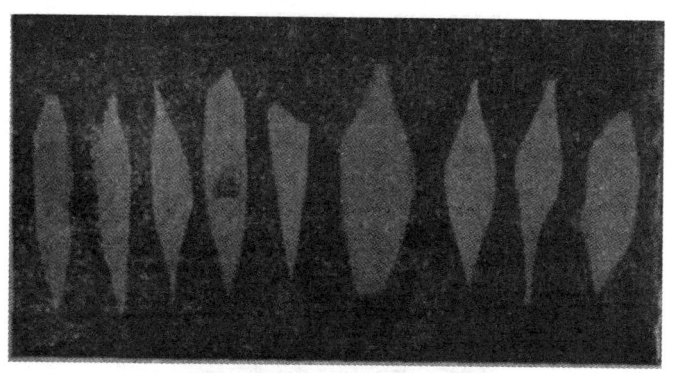

圖8:"代人"木牌正面(75TKM90:1、2、3、6、8、10、12—15〈a〉)

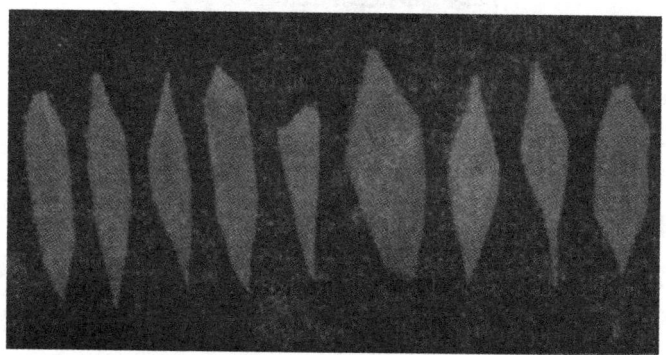

圖9:"代人"木牌反面(75TKM90:1、2、3、6、8、10、12—15〈b〉)

(圖8-9分別引自《文物》1978年6期頁13圖二四、二五)

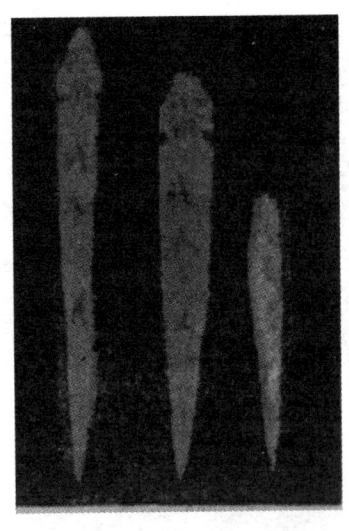

圖10："代人"木牌反面（75TKM97：3-5）（引自《文物》1978年6期頁14圖二八）

東漢時期的鎮墓文一般包括以下七要素：（1）時間；（2）入葬者薄命早死；（3）天帝使者告天神地祇，為死者解謫；（4）死者與活人"生死異路，不得相妨"；（5）鉛人代人，神藥壓鎮；（6）解注，保祐後人；（7）如律令[①]。而魏晉南北朝時期的鎮墓文則主要有三種模式：（1）時間+某某身死+今下斗瓶、

---

① 可見：（1）吳榮曾《鎮墓文中所見到的東漢道巫關係》，《文物》1981年第3期。（2）張勛燎、白彬《中國道教考古（第一卷）》，線裝書局，2006年，頁258-261。（3）呂志峰《東漢鎮墓文考述》，《東南文化》2006年第6期。（4）關磊《漢晉十六國時期鎮墓瓶流變研究》，中央民族大學碩士學位論文，2011年，頁63-64。

五穀、鉛人,用當復地上生人。青烏子告北辰詔令:死者身受其央(殃),罰不得兩加。移央(殃)轉咎,遠与他鄉。(2)時間+某某身死+適值八魁九坎+天注、地注、年注、歲注、月注、日注、時注,生死異路,千秋萬歲,不得相注忤+如律令。(3)某某+汝自薄命蚤終,壽窮算盡,死見八魁九坎。太山長閱,汝自往應之。苦莫相念,樂莫相思。從別以後,無令死者注於生人。祠臘社伏,徼於郊外。千年萬歲,乃復得會+如律令①。而本文所討論的四種簡牘鎮墓材料,除了多在結尾處有"如律令"字樣,格式與同時期一般類型的鎮墓文相差甚遠,就其內容而言,並不是典型的鎮墓文。此四種鎮墓材料,從其主要功能來看:東漢熹平元年潭超人形木牘是潭超請示神靈的上言,東漢末期朱書木牘是驅鬼文,東晉"松人"解除木牘是為王洛子及其家人解除禍殃,高昌桃人木牌是為張龍勒保護墓舍。這四種材料中,除了第二種外其他三種都包含代人材料。第一種是世人向神靈的請示,第二種主要是驅鬼,第三、四種主要是解注。從更寬泛的角度講,後三種都有驅鬼的因素。另,本文沒有涉及的建初四年"序寧病簡"則是為序寧解疾禱神,與第一種材料相類。

---

① 關磊《漢晉十六國時期鎮墓瓶流變研究》,中央民族大學碩士學位論文,2011年,頁67。

里耶秦簡更名方所見字詞關係演變補考

趙 岩*

摘 要：里耶秦簡更名方所記一些字詞關係的變化，僅是這些字詞關係在戰國至秦代所發生的複雜變化的一部分。更名方所記"吏如故，更事"，從幾種簡牘用字習慣的不同可以得到印證，不過需注意義為身份的｛事｝在秦代仍用"吏"記錄。里耶秦簡多用"諸"記｛諸｝，但存在用"者"記錄虛詞｛諸｝的情況，這說明更名方所記"者如故，更諸"的闡釋還需更多材料來明確其含義。更名方記載"大如故，更泰守"，但"泰"字對"大"字的替代並不局限於｛太守｝一詞。

關鍵詞：里耶秦簡；更名方；字詞關係；演變

里耶秦簡8—461號簡，又名"更名方"。據該木方中的記載，人們記錄一些詞語時，同一詞以往用某字，而書寫木方的

---

* 趙岩，東北師範大學文學院 副教授 吉林長春130024。本文的寫作得到國家社科基金青年項目"新公佈三種秦簡字詞研究"（14CYY024）及東北師範大學中央高校基本科研業務費（15QN036）的資助。

時代規定用某字。這些字詞關係的變化引起了學者們的重視，尤其是陳侃理對其中字跡不清的若干條有所解釋後，使我們對相關問題更加清晰①。不僅如此，相關研究也使利用字詞關係的時代特徵判定一些相關出土文獻的年代有了更多的證據②。然而，以往對更名方所記字詞關係變化的時代及其進程的考察，還有可以進一步補充的地方。本文選擇其中的三條進行申說，希望能促進相關問題的研究。

一、{事}

陳侃理推測"更名方"載"吏如故，更事"，即記錄官吏之{吏}如舊日一樣用"吏"字，記錄事務之{事}則改用"事"字③。趙平安曾指出：戰國秦文獻多用"吏"記{事}，秦代文獻用"事"記{事}④。與木方所記相合。

放馬灘秦墓竹簡《日書》乙種多用"事"記{事}，如：

（1）成日：可以謀事，可起眾及作，有為殹，皆。（放日乙21壹）

---

① 陳侃理《里耶秦方與書同文字》，《文物》2014年第9期。
② 如田煒《談談北京大學藏秦簡〈魯久次問數於陳起〉的一些抄寫特點》，《中山大學學報》2016年第5期。
③ 陳侃理《里耶秦方與書同文字》，《文物》2014年第9期。
④ 趙平安《雲夢龍崗秦簡釋文注釋訂補——附論"書同文"的歷史作用》，《新出簡帛與古文字古文獻研究》，商務印書館，2009年，頁377。

(2) 以少，病有瘳，市旅折，事君不遂，居家者家毁。（放日乙242）

僅1例用"吏"記｛事｝，如：

(3) 平日：可取（娶）妻、祝祠、賜客，可以入黔首，作吏（事）吉殹。（放日乙16壹）①

《嶽麓書院藏秦簡》（叁）中用"吏"記｛事｝見有多例，如：

(4) □【譖（潛）】謂同：同和不首一吏（事）者，【而言〈音（意）〉毋（無）坐殹（也）】？（嶽麓叁145）

(5) 洋精（清）絜（潔），毋（無）害，敦毃（愨）；守吏（事），心平【端禮】。（嶽麓叁148）

用"事"記｛事｝僅一見，即：

(6) 與從事廿一年庫計，劾繆（謬）弩百。（嶽麓叁97）

《嶽麓書院藏秦簡》（叁）記載的司法文書時代最晚的在始皇二十五年（前222），因此，其大體代表了戰國末期秦國的用字情況。放馬灘秦墓竹簡《日書》乙種雖部分用字、用詞習慣體現了秦代早期的情況，但作為非文書類文獻，仍保留了大量

---

① 該"吏"字整理者一般釋為"事"字（參甘肅省文物考古研究所編《天水放馬灘秦簡》，中華書局，2009年，頁88；陳偉主編《秦簡牘合集（肆）》，武漢大學出版社，2014年，頁38），這裡據圖版改釋。放馬灘秦墓竹簡《日書》甲種16號簡第一段載："平日：可取（娶）妻、祝祠、賜客，可以入黔首，作事吉。"與例(3)簡形成異文。一般認為放馬灘秦墓竹簡《日書》甲種的抄寫年代晚於乙種，從這一異文來看至少對於"建除"篇來說這種說法是成立的。

戰國時期的用字習慣。因此，用"吏"或"事"記｛事｝應該是戰國時期用字習慣的反映。

里耶秦簡中多用"事"記｛事｝，如：

（7）視事卅八日。（里耶6—16）

（8）左公田丁敢言之：佐州里煩故爲公田吏，徒屬，事苔不備，分負各十五石少半斗，直錢三百一十四。（里耶8—63）

唯記錄身份義時，用"吏"字記｛事｝①，如：

（9）下，定當坐者名、吏（事）、里、它坐、訾、能入貲不能，遣詣廷。（里耶8—198+8—213+8—2013）

出現義爲身份的｛事｝的幾枚簡雖未標註具體年代，但部分簡從所載的一些信息可以推知。里耶8—198+8—213+8—2013號簡見有遷陵丞昌，而"昌"在始皇二十九年（前218）至三十二年（前215）擔任遷陵縣丞②，因此，該簡的年代也在始皇二十九年（前218）之後。

例（7）中的｛事｝義爲事務，是名詞，例（8）中的｛事｝義爲治理、任事，是動詞。例（9）簡中的｛事｝雖也是名詞，但義爲身份，大概與其他類型的｛事｝意義不同，故用"吏"記事，這是木方的記載所未顯現的。

《嶽麓書院藏秦簡》（肆）所載律令中多用"事"記｛事｝，

---

① 據田煒的統計，里耶秦簡中用"吏"記｛事｝有3例，用"事"記｛事｝有105例，但未言明用"吏"記｛事｝的3例的具體情況。據我們的統計，用"吏"記｛事｝僅出現在記錄身份義時，《里耶秦簡（壹）》中共有5例。

② 趙岩《里耶秦簡專題研究》，吉林大學博士後研究報告，2014年。

如：

（10）亡不仁邑里、官，毋以智（知）何人殹（也），中縣道官詣咸陽，郡【縣】道詣其郡都縣，皆轂（繫）城旦舂，樟作倉，苦，令舂勿出，將司之如城旦舂。其小年未盈十四歲者，樟作事之，如隸臣妾然。（嶽麓肆24—26）

（11）匿戶弗事、匿敖童弗傅，匿者及所匿，皆贖耐。逋傅，貲一甲。其有物故，不得會傅，為匿之。（嶽麓肆78—79）

（12）尉卒律曰：縣尉治事，毋敢令史獨治，必尉及士吏與，身臨之，不從令者，貲一甲。（嶽麓肆139）

但有兩處用"吏"記﹛事﹜，如：

（13）傅律曰：隸臣以庶人為妻，若辠司寇、隸臣妻懷子，其夫免若冗以免，已拜免，子乃產，皆如其已免吏（事）之子。女子懷夫子而有辠，耐隸妾以上，獄已斷而產子，子為隸臣妾，其獄未斷而產子，子各如其夫吏（事）子。（嶽麓肆160—162）

例（13）中的"吏"，整理者釋為"對待，驅使"①，陳偉指出：實當指身份，同於"名事里"之"事"②。我們同意陳偉的意見，一方面，從語境來看，例（13）中的"已免吏（事）"指免除"司寇"、"隸臣"等之後的身份，"夫吏（事）"則指丈夫的身份，另一方面，這正與里耶秦簡中用"吏"記"事"的

---

① 陳松長主編《嶽麓書院藏秦簡（肆）》，上海辭書出版社，2015年，頁167。
② 陳偉《嶽麓秦簡肆校商（貳）》，簡帛網 http://www.bsm.org.cn/show_article.php?id=2504，2016-03-28。

用法相合。實際上，在年代較早的睡虎地秦墓竹簡中已出現了一些記錄身份義的"吏"，如：

（14）後節（即）不備，後入者獨負之；而書入禾增積者之名、吏、邑里於廥籍。（睡虎地《秦律十八種》25）

（15）可定名、吏、里，所坐論云可（何），可（何）辠赦，或（又）覆問毋（無）有，遣識者以律封守，當騰騰，皆為報，敢告主。（睡虎地《封診式》6—7）

不過整理者均釋為"事"，《秦簡牘合集》沿用了此釋文，而從圖版看實為"吏"字。這說明用"吏"字記錄身份義，在戰國時期的秦國即如此，秦代則繼承了這一演變。

二、{諸}

陳侃理據周波對義為諸多的{諸}的用字習慣的討論，推測"更名方"載"者如故，更諸"①。這應該是正確的。

放馬灘秦墓竹簡《日書》乙種中{諸}出現兩次，皆用"諸"記{諸}，如：

（1）上多下少，事君有初毋（無）後，賈市、行販皆然，唯利貞辠（罪）、蠱、言語，諸群凶之物盡去。上多下甚少，為逐有辠（罪），賈市喪，行販折。下婁多者，為上立（位），賈市、行販有，諸群美皆吉。（放日乙243，288）

---

① 陳侃理《里耶秦方與書同文字》，《文物》2014年第9期。

里耶秦簡中多用"諸"記{諸},如:

(2) 諸徒隸當為吏僕養者皆屬倉。(里耶8—130+8—190+8—193)

(3) 諸官為秦盡更。(里耶8—461)

但有兩例可見用"者"記{諸}[①],如:

(4) 居者(諸)深山中,毋物可問,進書為敬。(里耶8—659+8—2088)

(5) 前所謁者(諸)柏,柏幸之,不敢亡(無)賜。(里耶8—823+8—1997)

值得注意的是,兩種情況中的{諸}其實語義不同。用"諸"記{諸},{諸}義為眾,用"者"記{諸},{諸}是介詞,義為於。例(4)(5)從內容來看是私人信件,其年代我們還無法辨別,所以里耶秦簡出現的這兩種情況,到底是因為私人書寫不似公文那麼嚴格,還是這兩例私人信件書寫於規定之前,還是介詞{諸}不在"者如故,更諸"的範疇,我們還無法確認。因此,"者如故,更諸"一句,可以明確的是,記錄"眾、各個"義,改為用"諸"字。至於相當於"於"的{諸}是否同時改用"諸"字,目前還只能存疑待考。

---

① 有學者認為里耶秦簡皆用"者"記{諸},失察。

三、{太守}

陳侃理推測"更名方"載"大如故，更泰守。"意在區分"大"、"泰"二字的用法，規定在記錄太守的{太}時改用"泰"字，不再寫作"大守"。並指出："嶽麓秦簡中約抄於秦王政二十五年或稍早的'芮盜賣公列地案'讞書寫作'大守'。《里耶秦簡》（壹）中原釋出'泰守'13處，最早的紀年是秦始皇二十八年，兩見。'大守'僅在同一塊木牘（8—67號）上出現兩次，且書寫時間應在木方所載規定下達之前。"① 這一分析基本是準確的。

需補充的是，里耶秦簡中，"泰守"的始見年代至少可提前到始皇二十七年（前220）二月，如：

（1）廿七年二月丙子朔庚寅，……縣亟以律令具論當坐者，以言名夬泰守府。（里耶16—5）

因此最晚到始皇二十七年（前220）二月秦人已開始使用"泰守"記錄{太守}一詞。而用"大守"記錄{太守}直到始皇二十六年（前221）年初的時候仍可見到，如：

（2）廿六年十二月癸丑朔辛巳，尉守蜀敢告之：大（太）守令曰：秦人□□□矣（候）中秦吏自捕取，歲上物數會九月朢（望）大（太）守府，毋有亦言。問之尉，毋當令者。敢告

---

① 陳侃理《里耶秦方與書同文字》，《文物》2014年第9期。

之。(里耶8—67+8—652)

秦曆以十月為歲首,故十二月為年初。由此"泰守"完全替代"大守"是在始皇二十六年(前221)十二月至二十七年(前220)二月之間實現的。大西克也指出:"'泰'字的開始使用是統一時期的文字政策。"① 我們同意這一意見,"泰守"替代"大守"應該是在秦統一後,最晚在始皇二十七年(前220)二月之前。

"泰"、"大"二字的分工不僅於此。大西克也還列表描述了里耶秦簡中"大"、"泰"的用法,除了用於記錄｛太守｝一詞,"泰"字還用於記錄｛大王｝、｛太上皇｝(皇帝的父親的稱謂,秦簡中特指秦莊襄王)、｛大父｝(祖父)、｛大半｝(三分之二)、｛大抵｝、｛泰山｝、｛太原｝等,而"大"字除了用於記錄｛太守｝一詞,還用來記錄｛御史大夫｝(官職名)、｛大夫｝(爵位名)、｛大男子/女子/男/女｝、｛大隸臣/妾｝、｛大奴/婢｝、｛大車｝(牛車)、｛大府｝、｛大事｝、｛大心｝及表大小的｛大｝等詞②。可以補充的是"泰"還用於記錄｛大凡｝(總計),如:

(3)廿八年遷陵隸臣妾及黔首居貲贖責作官府課。泰(大)凡百八十九人。(里耶7—304)

"大"也可見相同用法,如:

---

① 大西克也《從里耶秦簡和秦封泥探討"泰"字的造字本義》,《簡帛》(第8輯),上海古籍出版社,2013年,頁141。
② 大西克也《從里耶秦簡和秦封泥探討"泰"字的造字本義》,《簡帛》(第8輯),上海古籍出版社,2013年,頁140。

(4) ☐戶。大凡☐（里耶8—1740）

楚簡中也見有"大凡"，如：

(5) 大凡四十乘又三乘。（曾乙121）

(6) 大凡六十又四真。（曾乙140）

因此，結合前文對"泰守"代替"大守"過程的討論，例(4)中的"大凡"大概與"大守"一樣是秦統一前的寫法，且至少在秦楚兩地都通行。後來隨著"泰"的興起才如例(3)所見被寫作"泰凡"。"大父"、"大半"等都經歷了這樣的更替而被寫作"泰父"、"泰半"。

在《嶽麓書院藏秦簡》（肆）中，"大"、"泰"二字呈現與里耶秦簡中類似的分工，不過可見更多的構詞方式，如：

(7) 金布律曰：出戶賦者，自泰庶長以下，十月戶出芻一石十五斤；五月戶出十六錢，其欲出布者，許之。十月戶賦，以十二月朔日入之，五月戶賦，以六月望入之，歲輸泰守。（嶽麓肆118—119）

(8) 寺車府、少府、中府、中車府、泰官、御府、特庫、私官隸臣，免為士五（伍）、隱官，……（嶽麓肆33）

(9) 泰廄城旦不將司從馬，亡而得者，斬其左止，復為城旦。（嶽麓肆49）

(10) 泰匠有貲贖責（債）弗能入，輒移宮司空，除都厱（嶽麓肆270）

例(7)中的"泰庶長"即"大庶長"，為秦爵位名稱。同簡可見"泰守"，因此簡文必書寫於秦代，"泰庶長"應是秦代的書寫習慣。例（8）（9）（10）中的"泰官"、"泰廄"、"泰匠"均爲官署名稱。類似的官署名稱還見於秦璽印封泥文字，或用"大"，或用"泰"，大西克也做過討論，認爲此類官署名稱中用"泰"字晚於用"大"字①，我們同意這一意見。

那麽"泰"、"大"用字分工不同形成的原因是什麽呢？大西克也對此有過討論，他認爲"泰"、"大"的區别使用與國家制度及表示對象的尊卑密切相關，{御史大夫}、{大夫}作爲官名、爵位名不用"泰"字，是因爲"大夫"用"夫₌"合文表示，{泰半}用"泰"字，是紀念度量衡的統一②。我們認爲這一問題還可進一步申說。大部分用"泰"的詞語都屬於稱謂、爵名、官名、官署名、郡名、山名等，與國家制度有關聯。但{大男子/女子/男/女}、{大隸臣/妾}、{大奴/婢}等用"大"字，應與地位高低無關，{大半}等用"泰"字記録，從紀念度量衡統一的角度解釋，也有些牽强，因爲類似的還有{大抵}、{大凡}等詞用"泰"字記録。從秦簡來看，{大男子/女子/男/女}、{大隸臣/妾}、{大奴/婢}存在對應的{小男子/女子/男/女}、{小隸臣/妾}、{小奴/婢}，{大}、{小}的差别在秦國最初體現在身高，後來體現在年齡，二者有一定的界限，並因爵位不同而有所不同。因此，{大男子/女子/男/女}、{大隸

---

① 大西克也《從里耶秦簡和秦封泥探討"泰"字的造字本義》，《簡帛》（第8輯），上海古籍出版社，2013年，頁144—147。

② 大西克也《從里耶秦簡和秦封泥探討"泰"字的造字本義》，《簡帛》（第8輯），上海古籍出版社，2013年，頁141、143。

臣/妾}、{大奴/婢}中的"大"語素義明顯也是大小之大，只不過構詞後有所特指罷了。至於{大車}，特指牛車，大概源於牛車多用於承載較大重量的物品，因此"大"的語素義還是大小之大。故上述詞語用"大"而不用"泰"，恐怕是因為其語素義比較顯豁，一般可理解為身高高、年齡大或重量大。而{大王}、{太上皇}、{大父}、{大抵}、{大凡}、{大庶長}、{泰山}、{太原}等詞中的{大（泰，太）}與{太守}一詞中的{太}一樣，語素義相對不明顯，且沒有對應的{小某}，一般人不會且很難從字面上認識、提取其意義，故在秦朝時受"泰守"代替"大守"的影響，也用"泰"字替換"大"字。

　　木方的記載對於字詞關係的歷史考察意義是重大的，但通過以上的分析，我們看到木方對於一些字詞關係的記述較為簡單，僅是這些字詞關係在戰國至秦代所發生的複雜變化的一部分，想要瞭解這些變化的全部，還是要從出土文獻材料入手，進行全面的分析。

從"冥"的俗字看漢簡的幾個文字問題

路方鴿*

摘 要：精準的釋文對研治簡牘至關重要。以"冥"字爲例，經考辨，居延簡之"宜"、"冒"、"寅"和香港中文大學文物館藏簡牘"序寧簡"中的"宜"的字形均是"冥"的俗字，而且"冒"字隸定有誤，與圖版不符。這些"冥"字在簡文中指黑暗、傍晚，或者借作"瞑"，表示閉上眼睛義。

關鍵詞：居延簡；冥；俗字

精準的釋文對研治簡牘至關重要。由於出土的簡牘材料"篇殘簡斷，字蹟漫漶，文字有正俗之別，語言有古今之異，所以簡牘考釋歷來稱難。而簡牘草字字形省簡，魯魚相混，尤其難治"[①]。以"冥"字爲例，漢簡中除了寫成"冥"字外，還有

---

* 路方鴿，浙江理工大學史量才新聞與傳播學院 講師 杭州 310018。本文的寫作得到浙江省社科聯研究課題（項目編號：2014N150）的支持。
① 陸錫興《漢代簡牘草字編》，上海書畫出版社，1989年，"代序"，頁24。

一些俗字寫法，但往往被研治者所忽略。兹就這個問題做一番考辨。

一、"冥"的俗字寫法

"冥"在傳世文獻中習見"冥"、"冥"、"寅"、"寅"、"寅"、"寅"等多個俗字寫法，它們都是在"冥"字的基礎上增加或改寫筆畫而成。唐慧琳《一切經音義》卷十二《大寶積經》音義"諸冥"條云："今經文多從宀（音綿）從具作寅，非也，失之甚矣。"又《干禄字書·平聲》載："寅冥，上通下正。"張涌泉先生也指出："'寅'爲'冥'的常見俗字。……'冥'字俗書又有作'寅'、'冥'等形的。"① "冥"之俗字用例甚多，兹不贅舉。

"冥"在簡帛碑刻中的俗字寫法就更多了。清邢澍在其《金石文字辨異》中列舉了12個字形②，羅振鋆、羅振玉在《增訂碑別字》中也搜集了14個字形③。這些"冥"的俗字字形大體可以分成兩類：

其一，"冥"字的上部構件可從"穴"，寫成"寅"、"寅"等字形。如：

---

① 張涌泉《漢語俗字叢考》，中華書局，2000年，頁456。
② 《石刻史料新編》，臺北新文豐出版公司，1982年，頁21672。
③ 《石刻史料新編》，臺北新文豐出版公司，1982年，頁21880。

作"寠"。《隸釋》卷一《韓勑修孔廟後碑》:"天地窈寠,精皇炳辟。"① "窈寠"即"窈冥",遙遠,極遠義。

作"宴"。《隸釋》卷四《司隸校尉楊孟文石門頌》:"下則入宴廥寫輪淵。""宴"字下洪适注:"字冥。"② "寠"、"宴"均是"冥"的俗字寫法,"冥"在句中指深、幽深義。又如卷六《郏令景君闕銘》:"被病喪身,歸于幽寠。"洪适注:"寠即宴字。"③ "幽冥"同義連用,指地府、陰間。

其二,"冥"字的下部構件可以寫成"貝"、"具"等形。這類字形較多,除了上文提到的"寠"、"宴"外,還有"賓"、"賓"等等。如"賓"字,《金石萃編》卷三十四《姜蒃造像記》:"蒃情慕柬門,心憑賓福。"④ "賓"即"冥","冥福"謂死者在陰間所享之福。

特別注意的是,"冥"的下部構件還可省作"目",寫成"宵"字。如《隸釋》卷十二《李翊夫人碑》:"魂魄孤兮獨煢煢,陳衸祠兮返所生,幽不見兮存厥荆,嗟曰退兮適宵=。"⑤ 碑文中"="爲重文符號,"宵="即"宵宵";然據韻律,"煢"、"生"、"荆(刑)"在上古均爲耕部,"宵"屬宵部,韻不相協;

---

① [宋]洪适《隸釋》,中華書局,1986年,頁22。
② [宋]洪适《隸釋》,中華書局,1986年,頁50。本石碑中從"宀"、"穴"之字皆被拉長。"冥"類"寠"。
③ [宋]洪适《隸釋》,中華書局,1986年,頁70。
④ 《石刻史料新編》,新文豐出版公司,1982年,頁586。其中"柬"當爲"東"。
⑤ [宋]洪适《隸釋》,中華書局,1986年,頁144。

其實這裏的"宜"字也是"冥"字的俗寫體,"冥"亦屬耕部,"冥冥"指陰間。《漢書·外戚傳上·孝武李夫人》:"去彼昭昭,就冥冥兮;既下新宫,不復故庭兮。"① "就冥冥"義同"適冥冥",指到陰間去。

又可以寫作"真"。如《敦煌漢簡》1291 號簡"一封冥安長印",其中"冥"字,圖版爲 ,字形結構從"冖"從"真","冥安",地名。又如北魏《元□妃吐谷渾氏墓誌銘》之"寘"、北魏《懷令李超墓誌銘》之"寘"②,《金石萃編》均錄作"寘",然結合文意,兩者均爲"冥"。

清邢澍曾在"宜"字下出案語曰:"漢碑或變宜,或變寘,或變寔,或變寏,皆譌體也。"③ 以上諸字實爲"冥"的俗字寫法④。

以下,我們將利用"冥"的俗字寫法來解決漢簡中的幾個字形問題。

---

① [東漢]班固《漢書》,中華書局,1962 年,頁 3955。
② 這兩個字形轉引自《碑別字新編》,秦公《碑別字新編》,文物出版社,1985 年,頁 397。
③ 《石刻史料新編》,臺北新文豐出版公司,1982 年,頁 21672。
④ 從"冥"旁的字也有相類的俗字寫法。如張涌泉先生已揭"槙"是"榠"的俗字。(頁 456)又如"螟",《隸釋》卷三《楚相孫叔敖碑》:"拭序在朝,壄無蠈蠈"。(頁 38)"蠈"即"螟",蛀食稻心的害蟲。如"溟"字,有溟(北魏《山暉墓誌銘》)、(北魏《賈瑾墓誌銘》)等形,"瞑"字,有瞋(隋《董美人墓誌銘》)等形。"溟"和"瞑"的俗字形轉引自《碑別字新編》,"溟",頁 246;"瞑",頁 287。

二、居延簡"窅"和"冒"考

①◇□縣，南首，□偃，口吟，目窅，手捲，足展，身完，毋兵刃木索◇（居延漢簡①，562·15）

②◇□內郡蕩陰邑焦里田亥告曰：所與同郡縣□◇

◇□死亭東內中，東首，正偃，目冒，口吟，兩手捲，足展，衣◇

◇□當時死，身完，毋兵刃、木索迹。實疾死，審皆證◇（居延新簡，EPT58·46）

以上簡文內容相似，屬於吏卒死亡爰書，詳細地記錄了死者死時的情狀。其中例①"目窅"和例②"目冒"應該表示相同的意思，但"窅"和"冒"的字形和意義卻令人費解。《中國簡牘集成8》在例①後出注曰："目窅，眼睛下陷。"②

檢圖版，"窅"字對應 ，隸定不誤，"冒"字圖版較爲模糊，細辨之，其上爲"穴"，中間類似"日"、"目"之形，底

---

① 本文所引簡牘的版本分別爲：甘肅省文物考古研究所、甘肅省博物館、中國文物研究所、中國社會科學院歷史研究所《居延新簡——甲渠候官》，中華書局，1994年。甘肅省文物考古研究所《敦煌漢簡》，中華書局，1991年。謝桂華、李均明、朱國炤《居延漢簡釋文合校》，文物出版社，1987年。陳松長《香港中文大學文物館藏簡牘》，香港中文大學文物館，2001年。圖版字形如無特別說明，均出自各本圖版。

② 中國簡牘集成編輯委員會《中國簡牘集成［標註本］》（第8冊），敦煌文藝出版社，2001年，頁223。

部爲"六",顯然和釋文"冒"字不符。

我們發現,上揭"𥇡"與《李翊夫人碑》之"𥇡(冥)"字形相同,冒與"冥"之寘幾近相同,因此,我們大膽推測,這兩個字形就是"冥"的俗寫體。"目𥇡"和"目冒"即"目冥"。

那麼,"冥"在簡文中作何解釋?簡文中"正偃"指仰臥,"口吟"指嘴巴閉著,"兩手捲"指兩手捲曲,"足展"指腳伸展,這些都是在描述死者的樣子。根據文獻記載,死者死時通常閉上雙目,稱爲"瞑目"或"目瞑",因此簡文中"目冥"也應該理解成"目瞑","冥"通"瞑",指閉上眼睛。《說文·目部》:"瞑,翕目也。"又"眳,目冥遠視也。"段注:"冥當作瞑,目雖合而能遠視也。"略舉三例"瞑",以表示死人瞑目或臨死時不瞑目的狀態。例如:

③丁未,王縊。諡之曰靈,不瞑,曰成,乃瞑。(《左傳·文公元年》)①

④天下各有所欲乎,然而各有所恨,必有目不瞑者爲有所恨,夫天下之人,死皆不瞑也。(《論衡·死僞》)②

⑤新死氣盛,本病苦目出,宣子撫之早,故目不瞑,口不

---

① [清]阮元《十三經注疏(附校勘記)》,中華書局,1980年,頁1837。
② [東漢]王充著,黃暉校釋《論衡校釋》(附劉盼遂集解),中華書局,1990年,頁893。

闇。少久氣衰，懷子撫之，故目瞑口受唅。(《論衡·死僞》，893)①

上引三例中"瞑"皆指閉眼睛。雖然早期傳世文獻在表示該義時多使用"瞑"，但也有少量"冥"字用例，如：

⑥夫新砥礪殺矢，彀弩而射，雖冥而妄發，其端未嘗不中秋毫也。(《韓非子·外儲説左上》)②

"冥而妄發"猶言閉着眼睛隨意射箭，"冥"指閉上眼睛，詞義較然。

綜上，上引兩例簡文中的"睿"和"冒"兩字釋爲"冥"，"目冥（瞑）"狀眼睛閉上貌，更符合句型結構和句義。

三、香港中文大學文物館藏簡牘"睿"考

①為皇母序寧禱社，七月十二日乙丑序寧，頭壑目顛，兩手以抱，下入黃泉，上入倉（蒼）天，【皆序寧】持去，天公所對，生人不負責（債），死人毋適（謫），卷（券）書明白，張氏請子社。(228號)

②七月廿日癸酉，令巫下脯酒，為皇母序寧下禱，皇男皇婦共為禱大父母丈人田社，男殤女殤司命，皇母序寧，今以頭壑目睿，兩手以捲脯酒下，生人不負責（債），死人毋適（謫），

---

① ［東漢］王充著，黃暉校釋《論衡校釋》（附劉盼遂集解），中華書局，1990年，頁893。
② ［清］王先慎著《韓非子集解》，中華書局，1998年，頁269。

券刺明白。(237號)

該批簡被稱爲"序寧簡",凡14枚,是爲序寧生前和死後所做的禱告。根據已有的研究,"序寧簡"可分成兩類,其禱文由不同的巫師書寫完成,一類帶有"卷(券)書明白"字樣,文中使用"頭望目顛",另一類帶有"券刺明白"字樣,文中使用"頭堅目窅"。由此可知,"頭望目顛"和"頭堅目窅"雖用字不同,但句義相同。這裏我們只討論"顛"和"窅"。

檢圖版,"顛"和"窅"隸定不誤。擇取幾家有代表的觀點轉述如下:

陳松長先生認爲:"'窅'為深遠貌。……亦可引申為遠望的意思。……'顛',饒先生指出:《說文·目部》:'瞋,張目也',顛或借為瞋。因此,'目窅'或'目顛',似均是張目遠視之意。所謂'頭堅目窅',似應是遙禱神靈的一種具體儀式或表情的描寫。"①

劉樂賢先生指出:"'目窅'的'窅'字可能是'冥'的俗體。……'目冥'或'目顛'似是指目光惑亂,看不清楚。簡文'頭堅目窅',似是描述病情症狀。"②

范常喜先生認爲:"'頭望目顛'和'頭堅目窅'均當是形容序寧死容的詞語。……'目顛'義爲'眼睛迷惑不清'。……

---

① 陳松長《香港中文大學文物館藏簡牘》,香港中文大學文物館,2001年,頁100。

② 劉樂賢《讀〈香港中文大學文物館藏簡牘〉》,《江漢考古》2001年第4期。

'目眚'又見於居延漢簡，可能是指死者死後'眼睛凹陷緊閉'的樣子。"①

劉樂賢先生又指出："'眚'字古代有'突出'之意義，……'目眚'指眼睛突出。"②

學界漸趨認爲"目顚"、"目眚"以及前後文是對序寧死時樣子的描述，且有些學者已指出"目眚"與居延簡之"目眚"用法相同，但沒有突破原有的釋義。我們認爲該批簡之"眚"亦是"冥"的俗字，"冥"通"瞑"，"目瞑"指眼睛閉着，狀死者的情狀，第二部分中已有詳論，可參。至於"顚"的用法，暫付之闕如。

四、居延新簡"胃"考

①即日昏時到吞北，所騎馬更取驛馬一匹，其歸吞遠隧。其夜人定時，新沙置吏馮章行殄北警檄來，永求索放所馬，夜胃，不能得。還騎放馬行檄，取駒牢隧内中去。（EPF22·195-197）

關於此簡"胃"字和居延新簡EPT58·46號簡"胃"字，籾山明先生有較詳細的闡釋，他認爲"胃"就是遼行均《龍龕手鑒》卷四中的俗字"瞷"。"册書的'胃'就是這個'瞷'字，

---

① 范常喜《香港中文大學藏東漢"序寧禱神簡"補釋》，《文化遺產》2014年第6期。

② 劉樂賢《簡帛劄記二則》，《簡帛研究二〇〇四》，廣西師範大學出版社，2006年。

正字作'瞢',是'目不見'或'黑暗'的意思。這樣的話,'冐冥'可以理解爲從'眼睛看不見'轉而指'閉目'的狀態,'夜冐'指'夜裏看不見'或'夜裏眼睛不起作用'的狀態。'夜冐不能得'是'夜裏看不見逮不着馬'的意思。"① 用後世生僻字"瞢"釋"冐",稍嫌不妥。李洪財先生認爲"冐"當爲"罝"字,因"書寫草率而與'目'形近同","夜罝","可以理解爲夜裏捕捉"②。

其實,該簡文"冐"字也是"冥"字,取"冥"之黑暗義。《説文·冥部》:"冥,幽也。"又《日部》:"昏,日冥也。"知"冥"之本義爲幽暗、昏暗。文獻用例如:

②己卯,晦,震夷伯之廟。晦者何?冥也。(《春秋公羊傳·僖公十五年》)何休注:"晝日而冥。"③

③冥冥而行者,見寢石以爲伏虎也,見植林以爲後人也,冥冥蔽其明也。(《荀子·解蔽》)④

④晝則多旌,夜則多火,晦冥多鼓,此善爲設施者也。(《淮南子·兵略》)⑤

---

① 籾山明著,趙平安、張溪渝譯《居延新簡"駒罷勞病死"册書——爲漢代訴訟研究而作(續)》,《簡帛研究譯叢》(第二輯),湖南人民出版社,1998年,頁184。
② 李洪財《漢簡草字整理與研究》,吉林大學博士學位論文,2014年,頁235。
③ [清]阮元《十三經注疏(附校勘記)》,中華書局,1980年,頁2254。
④ [清]王先謙撰,《荀子集解》,中華書局,1988年,頁404。
⑤ 何寧《淮南子集釋》,中華書局,1998年,頁1096。

⑤方其隆時，感動天地，侵迫陰陽，月朓日蝕，晝冥宵光，地大震裂，火生地中。（《漢書·張敞傳》）顏師古注："冥，闇也；宵，夜也。"①

在上引簡文中，"夜冒（冥）"的前面依次使用了表示傍晚和夜間的時刻名詞"昏（昏）時"和"人定"，可知，簡文中出現的行動都發生在晚上，因此，"夜冒（冥）"就可以理解成夜間黑暗、昏黑。

五、居延新簡"寅"考

①虜四五攻壞燔燒第㭉隧以南，盡昏寅，煙火不絕。又即日平旦，萬歲部以南煙火不絕。（居延新簡，EPF16·44-46）

《中國簡牘集成12》在例①後出注曰："昏，即昏字，寅，冥暗。"②

該簡記錄了一天內邊塞遭遇的兩起煙火事件，"即日"指當天、同一天；其中"盡昏寅"句，"盡"在漢簡中常用在時間名詞或處所名詞前，表示到、迄。"昏"同"昏"，《廣韻·元韻》："昏，亦作昏。"結合簡文，"昏"當取昏暗、黃昏、傍晚等表示時間義，如此則"寅"也應當與時間有關。檢辭書，

---

① ［東漢］班固《漢書》，中華書局，1962年，頁3217、3218。
② 中國簡牘集成編輯委員會《中國簡牘集成［標註本］》（第12冊），敦煌文藝出版社，2001年，頁40。

"寘"沒有"冥暗"義，多用作"填"的古文，表示填塞義，《說文·穴部》："寘，塞也。"《玉篇·穴部》："寘，今作填。"此義顯然和簡文不符，當另尋它解。

查圖版，"寘"對應爲![字形]，隸定成"寘"似乎不誤，但根據簡文文意以及"冥"之俗字寫法，我們認爲該字同樣是"冥"字。

"冥"本義爲幽暗、昏暗，引申出傍晚、天黑時分義。"昏冥"一詞乃同義連言，指黃昏、傍晚。文獻用例如：

②吏卒檄，白："樓不可上。"奇曰："我不惡也。"時亦昏冥，遂上樓，與婦人棲宿，未明發去。（《風俗通義·怪神》"世間多有精物妖怪百端"條)①

③宣皇帝諱推寅立。南遷大澤，方千餘里，厥土昏冥沮洳。謀更南徙，未行而崩。（《魏書》卷一《序紀》）②

④無常之法如風中幢，聚會之時而便傾倒；無常之法亦如黑月，漸就缺盡轉近昏冥。（蕭齊曇景譯《摩訶摩耶經》卷上）

新簡"昏冥"義亦如是，"盡昏冥"猶言一直到傍晚。

傳世文獻中也有"寘"和"冥"訛混的記載。揚雄《太玄》卷三"物寘然盡滿厥意"，司馬光《集注》云："王本

---

① ［東漢］應劭著，王利器校注《風俗通義校注》，中華書局，2010年，頁425。
② ［北齊］魏收《魏書》，中華書局，1974年，頁2。

'實'作'冥',今從宋、陸、范本。"① 換言之,王本把"實"誤作"冥"。還有"瞑"和"瞋"訛混的用例,蓋因"冥"和"真"形體相近,詳參王念孫《讀書雜志·管子第八》"瞑目"條和《淮南内篇第十二》"瞑目勃然攘臂拔劍"條。

以上,我們通過利用"冥"之俗字寫法,校釋了漢簡中五個有疑問的文字,以期對簡牘釋文修訂和相關的研究提供一些參考。

---

① [漢]揚雄著,[宋]司馬光集注,劉韶軍點校《太玄集注》,中華書局,1998年,頁78。

聞一多《周易義證類纂》新證平議
——以出土文獻為參照的考察

黃甜甜*

摘　要：聞一多是二十世紀古文獻新證的代表性人物，本文以《周易義證類纂》為研究對象研究。從"明正讀"、"正訛字"、"去衍文"和"鉤沉文化背景"四方面分析聞一多《周易》新證的特色。重點分析其新證的思路與方法，同時以出土文獻為參考，平議其新證結論的得失。

關鍵詞：古文獻新證；聞一多；出土文獻

"古文獻新證"泛指二十世紀以來在古典文獻研究中，尤其是先秦兩漢文獻的研究中，以出土材料為參考，發明新義、補證舊說的諸多考證。① 一般認為王國維、林義光、于省吾、聞一

---

* 黃甜甜，華中師範大學文學院　講師　武漢　430079。
① 二十世紀"古文獻新證"的系統總結可參考馮勝君《二十世紀古文獻新證研究》，齊魯書社，2006年，頁 11–15。

多和郭沫若等人是"古文獻新證"的早期代表人物。《周易》卦爻辭的新證是"古文獻新證"的重要組成部分，聞一多《周易義證類纂》則是《周易》卦爻辭新證中有代表性的著作①。此書繼承清人重實證的考據方法，走出了傳統經學迷信經傳注疏的蔽障，立足文字訓詁，參考出土文獻，結合文化風俗，對《周易》卦爻辭進行分類，就卦爻辭本義或提出新說，或補證舊說。

《周易》卦爻辭的詮釋是整個易學研究的基礎。二十世紀七八十年代以來，馬王堆帛書和上博簡《周易》等出土材料的整理刊佈與研究，豐富並深化了我們對卦爻辭的認識。有必要以此為契機，反思評價二十世紀以來《周易》卦爻辭新證的方法和結論，從而推動整個易學研究。本文嘗試以出土文獻為參考，分析《周易義證類纂》新證的具體思路，平議其論證的得失。

一、明正讀

結合大量出土材料來看，聞一多《周易義證類纂》最具卓識的新說當是將爻辭中常見的"有言"讀為"有愆"。《周易》

---

① 聞一多《周易》卦爻辭新證的成果主要見於《周易義證類纂》和《周易雜記》，本文暫以前者為研究對象。《周易義證類纂》最早在1941年10月發表於《清華學報》第13卷第2期，收入1948年開明書店版《聞一多全集》乙集《古典新義》，亦見於湖北人民出版社1993年版《聞一多全集》第10卷。本文據商務印書館2011年版《古典新義》。

卦爻辭中多次出現"有言"：

(1)《需》九二：需于沙，小有言，終吉。

(2)《訟》初六：不永所事，小有言，終吉。

(3)《漸》初六：小子厲，有言，無咎。

(4)《明夷》初九：君子于行，三日不食，有攸往，主人有言。

(5)《震》上六：震不于其躬，余其鄰，無咎。婚媾有言。

前人對"言"的解釋一般是"言語"、"言辭"。聞一多主張"有言"讀為"有愆"：

案言皆讀為愆。言辛古當同字，《說文》曰："辛，辠也，讀若愆。"《詩·雲漢》"昭假無贏"，馬瑞辰釋其無贏為無過，余謂語與《烈祖》"昭假無言"同，無言即無愆，愆亦過也。字或徑作愆。《抑》"不遐有愆"，猶《下武》"不遐有佐（差）"，《泉水》"不瑕有害"，有愆亦謂有過。又或作遣。卜辭"叀羿不益，隹之有遣"（《後下》三·一〇），"屮祟，……亡終遣"（北大藏骨），金文"大保克敬，亡遣"（大保簋），"王饗酒，遹禦，亡遣"（遹簋）。遣即譴字。愆譴音義不殊，當系同語。《論衡·累害篇》曰："孔子之所罪，孟軻之所愆也"，所愆猶所譴矣。《易》凡言"有言"，讀為有愆，揆諸辭義，無不允洽。《需》九二曰："需于沙，小有言，終吉"，"言"與"吉"對文以見義，猶《蠱》九三"小有悔，無大咎"也。《象》曰：

"需余泥，災在外也"，語例與上爻同，"衍""災"互文，"中""外"對舉也。《訟》初六曰："不永所事，小有言，終吉"，《象》曰："不永所事，訟不可長也，雖小有言，其辯明也"，謂雖暫涉獄訟，小有災禍，而終得昭雪。"言"與"吉"亦對文。《明夷》初九曰："君子于行，三日不食，有攸往，主人有言"，言君子處悔吝之中，久不得食，苟有所適，其所主之家亦將因以得禍也（主字義詳《經義述聞》）。《震》上六曰："震不於其躬，於其鄰，無咎，婚媾有言"，己身無咎而婚媾有過，即"震不於其躬，於其鄰"之謂，此與《漸》初六"小子厲，有言，無咎"，皆"有言""無咎"對舉，與《需》《訟》之"有言，終吉"，詞例亦同。①

上述幾條爻辭中"言"與"吉"往往對文，從卦爻辭的體例分析，"有言"屬"占斷辭"，因此傳統的解詁無法體現占斷的意味。聞一多發現爻辭中"言"與"吉"常常對文"有言"與"無咎"常常對舉，《詩經》、卜辭和金文中多見"有愆"的說法。而且"言"與"愆"音近，因此"言"課讀為"愆"。此說的文字學證據是，《說文》認為"言"字"从口辛聲"，"辛"可讀若"愆"。"言"的字形分析不一定可信，但其讀法放諸爻辭辭例，文意暢通，占斷辭的意味得以顯現。

"有言"讀為"有愆"，也被後來大量出土資料步步證實。

---

① 聞一多《古典新義》，頁56—57。

新蔡葛陵卜筮簡中出現過和《周易》爻辭意義和用法完全相同的"有言"：

　　□是以謂之有言。其兆無［咎］（新蔡零232）

　　為君先少有外言感也，不為憂。君將有志成也☒（新蔡甲三10）①

有研究者發現與"有外言感"相同的位置上，還出現過"有外喪"、"有外慼"和"有見祟"等，這些說法也見於天星觀和包山等楚地卜筮簡之中，皆表示不好的占兆。"言"和"愆"很可能是一對音義皆近的同源詞，"愆"更多地用於日常語言，而"言"則作為專用術語保留在卜筮辭中。②

實際上，卜筮用語中以"言"表示"愆"這種用字習慣有古老的來源。殷墟花園莊東地甲骨卜辭中早已出現過"有言"和"無言"的說法，何景成先生主張"言"讀為"愆"，根據是卜辭"無言"的前後辭例與金文中"亡譴"完全對應。"亡譴"見於大保簋等銘文，聞一多也已經參考過，銘文如下：

　　王伐彔子耴。叡氒反，王降征令于大保，大保克敬亡（無）𠭯（譴），王衍（侃）大保，易（錫）休余土，用茲彝對令。（《集成》4140）

其中，裘錫圭先生讀"衍"為"侃"，表示喜樂。"亡𠭯"

---

① 釋文參考了武漢大學簡帛研究中心、河南省文物考古研究所編著《楚地出土戰國簡冊合集（二）》，文物出版社，2013年。
② 秦樺《利用出土文獻校讀〈周易〉經文》，復旦大學碩士學位論文（指導老師：陳劍），2008年。

多見於西周金文，也作"亡譴"，楊樹達最早明確當讀為"無愆"，表示沒有災禍，沒有過失的意思，大保簋中也是這種意思。再來看何先生文中所論的卜辭：

壬卜：子舞戕，亡言，丁侃。（花東 181）

兩句相比較，大保簋"亡譴，王侃"和卜辭"亡言，丁侃"句式完全一致，文意相近，卜辭"亡言"讀為"無愆"當無異議①。這才進一步佐證爻辭"有言"確實當讀作"有愆"。

于省吾在討論古文字考釋中通假關係的判定時，曾總結出"律例兼備"的說法。"律"指古音的近同，"例"指文獻中的相同例證②。在聞一多的時代，根據爻辭"有言"和《詩經》"有愆"，乃至金文"亡譴"詞義的相近，"言"與"愆"古音的近同，只能證明"言"讀作"愆"存在音理和詞義的可能性，當時並沒有材料能夠證實"言"讀作"愆"這種用字習慣。新蔡葛陵卜筮簡中"言"的語境只是進一步證明其詞義指的是不好的占兆。只有花東卜辭同句內"無言"與"某侃"相鄰的句式，與金文中同句內"亡譴"和"某侃"相鄰的句式完全對應上，"言"讀作"愆"這種用字習慣才算真正被證實。

---

① 何景成《古文獻新證二則》，載《出土文獻與先秦經史國際學術研討會論文集》，香港大學，2015 年，頁 287-291。
② "律例兼備"說出自林澐《古文字研究簡論》，吉林大學出版社，1986 年，頁 118。方法論上的詳細闡發參見洪颺《古文字考釋通假關係研究》，福建人民出版社，2008 年，頁 4-10。

二、正訛字

《萃》卦六二爻辭"引吉無咎，孚乃利用禴"，聞一多認為"引"字是"弘"字之誤。說法如下：

> 案引疑當為弘，字之誤也。"弘吉"吉卜術語，卜辭屢見之。《爾雅·釋詁》曰："弘，大也。"六二"弘吉無咎"猶九四"大吉無咎也"。①

聞一多之所以懷疑"引"字乃"弘"字訛誤，一則因為他認為卜辭中"弘吉"這樣的占卜術語常見；二則《爾雅》有古訓"弘，大也"；三則《萃》九四爻辭是"大吉無咎"。既有卜辭的證據，又有古訓為據。但是，這條推證的前提存在錯誤，古文字"引"與"弘"區分明顯，卜辭所謂"弘吉"實為"引吉"。于豪亮先生指出"《爾雅·釋詁》：'引，長也。'《釋訓》：'子子孫孫，引無極也。''引吉'就是'長吉'，和'大吉'的含義並不相同。"② 而且馬王堆帛書《萃》六二亦作"引吉"③，進一步說明今本"引吉"確實不誤。

這一條新證無法成立，根本原因還在於沒有認識到"引"

---

① 聞一多《古典新義》，頁55。
② 于豪亮《說"引"字》，《考古》1977年第5期；收入《于豪亮學術文存》，中華書局，1985年。
③ 釋文參見裘錫圭主編《長沙馬王堆漢墓簡帛集成》第3冊，中華書局，2014年，頁29。

字古義，其次是甲骨文的誤釋。據卦爻辭文意改訛字，如果沒有充足的內證和旁證，輕易改字，應當警惕。《周易義證類纂》中類似的改字還有不少條，都需要經過全面審核，才能判斷成立與否。

三、去衍文

《坤》卦六二爻辭"直方大不習無不利"，聞一多懷疑"大"字是衍文。

《熊氏經說》曰："鄭氏古《易》云，坤爻辭'履霜'，'直方'，'含章'，'括囊'，'黃裳'，'玄黃'協韻，故《象傳》《文言》皆不釋大，疑大字衍。"案大蓋下文不之訛衍。①

聞一多立說的根據是坤卦的爻辭"履霜"、"直方"、"含章"、"括囊"、"黃裳""玄黃"共押陽部韻，這是根據卦爻辭內部體例而論。其次，《大象傳》《文言》沒有解釋"大"字，以傳論經，似乎間接支持了六二爻辭本無"大"。"大"是下文"不"字訛衍之說，更是臆測。懷疑有衍文，根本原因還是聞一多認為"直方大"連讀，文意難通。

實際上，現有出土資料中，《坤》卦六二爻辭都有"大"。帛書本作"直方大不習無不利"，阜陽漢簡殘本作"……大不習

---

① 聞一多《古典新義》，頁35。

無……"。而且，馬王堆帛書《二三子》雖有殘缺，但仍然保留對"大"些許的解釋：

《卦》曰：直方大，不習，無不利。孔子曰："□□□□□□□或也；直者，□避也；方者，□；大者，言亓直或之容焉（?），☒也，置無不□□，故曰'無不利'。"①

因此，聞一多"衍文"的說法難以取信。解決"直方大"文意難通的途徑可能在於句讀，倘若全句讀為"直方，大，不習，無不利"，② 不失為一種好的辦法。句讀也是《周易》卦爻辭詮釋不可忽略一個因素。

四、鉤沉文化背景

由歷史和文化風俗背景詮釋《周易》卦爻辭，這種方法由來已久。"古史辯"的代表人物顧頡剛《周易卦爻辭中的故事》一文是這方面的代表性文章。與顧頡剛側重鉤沉商周古史背景的方法不同，聞一多的卦爻辭新證常常參考《周禮》《左傳》，甚至術數類典籍所載文化風俗，揭示出卦爻辭背後隱藏的風俗文化③。我們以聞一多對《師》卦初六爻辭新說為例：

---

① 釋文參見裘錫圭主編《長沙馬王堆漢墓簡帛集成》第3冊，頁48。
② 廖名春《周易經傳十五講》，北京大學出版社，2012年第2版，頁66。
③ 《周易義證類纂》有"關心靈事類"下的"占侯"子類集中了這方面的新說，其他見於"餘錄"。

案《周語》下伶州鳩對景王曰："[武]王以二月癸亥夜陳，未畢而雨。以夷則之上宮畢，當辰。辰在戌上，故長夷則之上宮，名之曰羽，所以藩屏民則也。王以黃鐘之下宮，布戎於牧之野，故謂之厲，所以厲六師也。乙太蔟之下宮，布令於商，昭顯文德，底紂之多罪，故謂之宣，所以宣三王之德也。反及嬴內，以無射之上宮，布憲施捨於百姓，故謂之嬴亂，所以優柔容民也。"《史記·律書》曰："六律為萬事根本焉，其於兵械尤所重，故云望敵知吉凶，聞聲效勝負，百王之道也。武王伐紂，吹律聽聲，推孟春以至於季冬，殺氣相並，而音尚宮。"《周禮·大師》曰："大師，執同律以聽軍聲而詔吉凶。"鄭《注》曰："大師，大起軍師。"《注》又引《兵書》曰："王者行師出軍之日，授將弓矢，士卒振旅，將張弓大呼，大師吹律合音。商則戰勝，軍士伍；角則軍擾多變，失士心；宮則軍和，士卒同心；徵則將急數怒，軍士勞羽則兵弱，少威明。"（賈《疏》以為武王《兵書》。）《六韜·五音篇》曰："武王問太公曰：'律音之聲，可以知三軍之消息，勝負之決乎？'太公曰：'夫律管十二，其要有五音宮商角徵羽，此真正聲也，萬代不易。五行之神，道之常也，金木水火土，各以其勝攻也。其法，以天清淨無陰雲風雨，夜半，遣輕騎往至敵人之壘，去九百步外，徧持律管，當耳大呼驚之，有聲應管，其來甚微。角聲應管，當以白虎。徵聲應管，當以玄武。商聲應管，當以朱雀。羽聲應管，當以勾陳。五管聲盡不應者宮也,當以青龍。此五行之符,佐勝之征,成敗之機。武王曰:'善哉!'太公曰:'微妙之音,皆在外候。'武王曰:'何以知之?太公曰:'敵人驚動則聽之。聞枹皷之音者角也,見火光者徵也,聞金鐵矛戟之音者商也,聞人嘯呼之音者羽也,寂寞無聲者宮也,此五音者聲色之符也。"案《六韜》之說,多所增飾,然行師吹律以候吉凶之術,固當自古有之。《左傳·襄公十八年》曰:"楚師伐鄭,……晉人聞有楚師。師曠曰:'不害,吾驟歌北風,又歌南風,南風不競,多死聲,楚必無功。'"服賈杜注俱以歌風味吹律,又其一驗也。《師》初六曰"師出以律,否藏,凶"者,律即六律之律,否,晁氏云荀劉一行並作不,《晉語五》"夫師,郤子之師也,其事臧",韋注"臧,善也,謂師有功",此言師出驗之六律而不善,故其占凶也,爻辭多說殷周間事,此言"師出以律",證以《周語》以下所載武王事,是行軍吹律,候驗吉凶,蓋周初已然矣。《史記·律書》"六律為萬事根本,其於兵戎尤所重",《索隱》曰:"《易》稱師出以律,是於兵戎尤重也。"此釋律為六律,最為有見,而自來注家,咸未道及,余故略徵往籍,為證成其說如此。①

"師出以律"之"律",王弼和孔穎達等都訓為"法",即律法,紀律。聞一多通過鉤沉繫聯《史記》、《周禮》、《左傳》

---

① 聞一多《古典新義》,頁34–35。

和《六韜》的相關記載，主張"師出以律"是吹律聽聲以占卜兵事的方術。其實，這種方術由來已久，劉釗先生曾指出卜辭"師惟律用"之"律"和《師》卦初六爻辭"師出以律"之"律"，都是音律之"律"，反映的都是吹律聽聲以占卜兵事的兵陰陽①。

前面我們所舉聞一多《周易》卦爻辭新證的幾則例子有都出土文獻材料來驗證對錯。"師出以律"之"律"，究竟指"律法"，還是指"音律"，目前沒有絕對的證據。考慮到兵陰陽的存在和甲骨卜辭的旁證，我們自然傾向於後者。

聞一多有意識地鉤沉典籍，發現卦爻辭背後可能的數術等文化風俗背景。這樣一種問題意識對於研究卦爻辭的訓詁，乃至研究卦爻辭的來源意義重大。《周易》經典化以後，後人的詮釋往往注重對卦爻辭所隱含義理的追尋，忽視了卦爻辭中眾多的歷史和文化風俗背景。站在今人客觀的學術立場上，鉤沉卦爻辭背後可能隱藏的歷史和文化風俗背景，才能更好去研究卦爻辭的來源和構成。

---

① 劉釗:《卜辭"師惟律用"新解》，載張永山主編《胡厚宣先生紀念文集》，科學出版社，1998年，頁140-143；後收入劉釗《古文字考釋叢稿》，嶽麓書社，2004年。

先秦兩漢典籍異文與共時和歷時文本之間關係析論

——以《老子》諸本異文的層次性為例

趙 培[*]

摘 要：本文試圖從異文研究的理論構建入手，提出"共時文本"和"歷時文本"的概念，並詳細討論二者和異文之間的關係。在此基礎上，以簡帛《老子》諸本為例，將其異文分為：漢語系統性變化所致異文、傳播方式所致異文和文本系統異文三個層次。

關鍵詞：異文層次；《老子》；共時文本；歷時文本；先秦兩漢

通過分析諸本異文情形來判定早期文獻的存在面貌和流播過程是目前文獻研究的主要手段之一。論者在研究見諸於傳世文獻的出土材料時，便更加倚重異文比勘法。這樣的研究始終

---

[*] 趙培，北京大學中文系博士生　北京　100871。

缺少了對"前提"的論證，即從邏輯上系統分析文本的存在形態及傳播過程，進而討論這些過程和異文的出現之間的關係①。鑒於此，我們認為有必要提出"共時文本"和"歷時文本"的概念，以求立體式的呈現物件文本在整個文本網絡中所處的位置。本文即是在"共時文本"和"歷時文本"的理論框架下來分析先秦兩漢文本的整體存在狀態及異文的產生機理。我們認為異文對勘法必須以共時和歷時文本的研究分析為前提，否則其結論將是難以令人信服的。

---

① 按：系統性的對異文進行分類研究，清代學者已做了不少。王念孫《讀〈淮南子〉雜誌書後》一文中臚列了六十二種古書異文出現的情況，參見《讀書雜誌》，江蘇古籍出版社 2000 年影印道光十二年刻本，第 962—976 頁。清代學者的異文分類以傳世文獻為根據，已基本上囊括了異文的種類。十餘年前，北美漢學家 Martin Kern（柯馬丁）教授在其 "Methodological Reflections on the Analysis of Textual Variants and the Modes of Manuscript Production in Early China"（《方法論反思：早期中國文本異文之分析和寫本文獻之產生模式》）一文中，結合出土材料，將異文分為九個類型，Journal of East Asian Archaeology（《東亞考古學報》）4.1—4（2002），頁 155-156 。同篇文章中，Kern 教授通過異文分析，提出了他關於中國早期文本是經過不斷的口傳抄寫輪替複合生成的觀點。針對此觀點，夏含夷教授在《先秦時代"書"之傳授——以清華簡〈祭公之顧命〉為例》一文中有討論，文中通過比對清華簡《祭公之顧命》和《逸周書·祭公》一篇，列舉出十餘個抄寫錯誤類的字，認為"無論如何，我們現在有確切的證據說明中國古代書籍的傳授過程包括從底本到鈔本的書面上的抄寫。這不是說在古代知識社會上口述技能沒有起傳授作用。但是，書面的抄寫好像是古書的主要的傳授方法。"此文收入氏著《興與象：中國古代文化史論集》，上海古籍出版社，2012 年，頁 178 。趙培《簡帛〈老子〉編述與傳佈問題宏微觀——兼談對於出土文獻文本研究的幾點認識》一文第四部分"略談關於出土文獻文本研究的幾點認識"對兩位元教授的說法有所補充，認為異文所反映出的問題不僅關涉到文本傳播過程，同時亦和不同地區的用字習慣有關係，見謝維揚、趙爭主編《新出土文獻與古書成書問題研究》，中西書局，2015 年，頁 255-261。

一、共時文本

所謂共時文本，即某一時期存在的同一文本的多種形態。這些文本或屬於同一個系統，或屬於不同的系統，不包括當時流傳或出土的更早期文本。我們所謂的"共時"文本需要具備這樣的特點：它們正處在從產生到下一代文本出現的過程當中。新一代文本出現後，就會出現新一代的"共時文本"。考慮到文本生成過程的緩急有別，這裏面必然會有交叉重合的可能。例如甲、乙、丙原為共時文本，而當乙的新一代文本戊出現時，甲的新一代文本尚未出現，那麼甲、戊就是共時文本，而這個時候仍然存在的乙文本，已不屬於新的共時文本序列。丙文本的情況亦然。圖示如下：

圖一："共時文本"邏輯示意簡圖

如上所論，圖中共有三組"共時文本"，分別為："甲乙丙"、"甲戊己"和"丁戊庚"。至於在"甲戊己"共時之時依然存在的乙本和丙本,則不屬於這個共時序列,在"丁戊庚"共時之時依舊存在的甲、乙、丙本也不屬於此時的共時序列,而只是之前的一個共時序列。

二、歷時文本

歷時文本,即同一個流傳系統的文本所呈現出來的各自和整體的面貌。歷時文本,關鍵不在於文本內容上區別的大小,它們首先必須屬於同一個流傳系統。如圖一中的"甲丁"、"乙戊"和"丙己庚",就分別是三個不同的歷時文本系統。值得注意的是,即便是"甲"和"丙"比"丙"和"庚"的文本內容還要接近,但"甲"和"丙"仍非同一個歷時文本系統。所謂"歷時",亦沒有一個具體時間上的限制,但凡屬於同一個系統,那麼就屬於這個系統中的歷時文本。這樣,歷時文本系統中就必然存在很多一源多支的情況,需要我們在主系統外,再分出次系統和再下一級的系統。圖示如下:

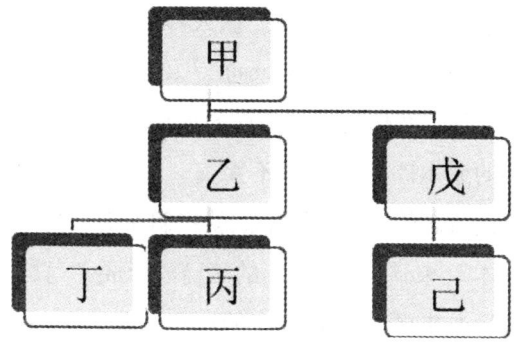

圖二："歷時文本"邏輯示意簡圖

如圖所示，"甲乙丙"、"甲乙丁"、"甲戊己"都屬於同一個歷時文本系統，而"乙戊"、"丙丁"則分別組成了一個共時文本系統。

共時文本系統往往屬於多個歷時文本發展過程中的某個狀態截面，若仔細考察共時文本系統的每個文本自身的歷時系統，它們基本上同出一源。

三、共時、歷時文本和文本異文之間的關係

傳統的文獻研究，傾向於首先確定文本的起源（或來源）及其作者（或編者）。近來，有學者認為，傳統關於文獻起源和作者問題的假設是值得懷疑的。以《詩經》為例，柯馬丁教授認為"我們從接觸詩歌的那一刻起，接觸的就已經是詩歌的接受、闡釋和重構。兩千多年來，從來就沒有什麼原本（original text)的本義(original meaning)供人尋繹,新發現的出土文獻也沒能讓我們回到本源(ad fontes)"①。這種說法正確與否,尚需要進一步討論。我們認為開放性的形成過程②,跟中國學者一直以來追問的原本問題或許並不衝突,因為最早生成的那個文本,即是我們所謂的原篇或原本。就我們所討論的"歷時文本"和"共時文本"來講,《詩經》的諸篇的形成究竟是一個開放性的過程,還是本來已有一個確定的原本,都是可以放入此分析框架中的。

若確實存在一個已經確定的原本,那麼其演進過程中的所有文本就可以構成一個分支頗多的《詩經》篇章的"歷時文本"系統。若《詩經》諸篇的形成是一個開放性的過程,那麼它的相關文本從一開始就在一個"共時文本"的框架內。我們並不是說《詩經》諸篇都具有絕對的同時性,而是說其文本的存在形態可以用"共時文本"的系統去考察。

(一) 共時文本和異文的關係

就一個"共時文本"系統而言,其中不屬於一個"歷時文本"系統者的文本之間,造成文本異文的因素主要是文本系統本身的差異,如圖一中的"甲"、"乙"和"丙"。屬於同一個"共時文本",且又屬於同一個"歷時文本"者,它們之間文本

---

① 柯馬丁《詩經的形成》,《"中國古典文獻的閱讀和理解——中美學者對話"國際學術討論會論文集》,頁 102–103。
② 按:關於"開放性的文本形成過程"的具體論證,請參柯馬丁教授的《詩經的形成》一文。

異文的出現，其實屬於"歷時文本"的問題，主要涉及到整理者（傳承者）的思想傾向、語言本身的變化（如從西周到春秋戰國，用字條件的變化導致不同區域書寫方式上的差異等）、文本傳播途徑等方面的問題，如圖二中的"丙"和"丁"。

文本的形成方式，以及與之相關的原本和作者等問題，與我們對共時文本的分析直接相關。從流傳的角度來看，共時文本又可以分為"源共時文本"和"流共時文本"。以《詩經》諸篇為例，若其形成是一個開放性的過程，那麼，這裏就確實存在一個"源共時文本"，它們之間的文本差異源自文本成形過程中對材料的選取和組合方面的不同。如果圖三中的"甲庚辛"為三個最早文本，那麼它們就是一個"源共時文本組"①。當然，此種情況，亦可能被認作根本不同的文本（雖為同題作文，但實屬不同的文章）②。若先秦文獻是一元多流式的，那麼所謂"源共時文本"其實就只是一個原本。這樣的一個系統，從整體上講就是一個"歷時文本"系統，其中的"共時文本"只能是"流共時文本"。這種情況下，"甲庚辛"就是一個"流共時文本"組，而它們之前還必然有一個原本。

---

① 按：有著開放性形成更過程的"源共時文本組"，從其形成的時候開始，可能已受到語言系統的區域性差別的影響。
② 李峰教授在《清華簡〈耆夜〉初讀及其相關問題》一文中，認為清華簡《蟋蟀》和毛詩《蟋蟀》不是一首詩歌，而是同名而異題的兩首詩歌。但他仍將兩詩放入一個單線流傳系統中，並未就"同名而異題"展開討論。原文請詳參臺灣"中央研究院"第四屆國際漢學會議論文集《出土材料與新視野》，頁461–491。

(二) 歷時文本和異文的關係

"歷時文本"主要是因為文本的歷時性遞傳造成的,所以"歷時文本"群內諸文本之間的異文主要是跟語言系統的時代性或區域性變化以及文本的傳播途徑等因素有關。比如漢語從商周到春秋戰國,再到秦漢的歷時性變化,文本的口傳和抄寫等。當然若更具體一點,它們涉及到歷代官方的文化政策、文獻整理者個人的學術素養(比若說對古文字的辨識水準等)、各個學派的文獻創作和編纂實踐,以及文本的物質載體等等因素。

(三) 共時文本、歷時文本和異文分析

我們從邏輯層面將文本分作"共時文本"和"歷時文本"兩類,是為了強調異文分析必須以弄清楚這兩個方面的情況為前提。實際上,在處理先秦兩漢文本的時候,我們遇到的問題會更為複雜。每一個文本,存在於"共時文本"和"歷時文本"交織而成的文本網路中,必須全面考察。

先前的研究,鮮見有詳細考慮文本的共時性和歷時性問題,其主要原因是我們發現的可做分析的文本有限。若只發現了一個可以和傳世文獻對讀的文本,似乎根本無法判定該文本在文本系統中的位置,遑論共時和歷時文本群了。再者,直接的對比異文,也的確能夠說明一些問題,尤其是涉及到一些傳佈系統比較簡單明瞭的文本時。比如說,因為文獻整理者的古文字釋讀水準不夠,而將"命"認作"令",將"悳"認作"直",將"肯"認作"屑",還有諸如對被整理文本中的類似重文、重句符號的判斷有誤,而使傳世文本中的文句本不通順等等,這

些問題一經比勘便可明瞭，似乎無需多論①。但是涉及到有著複雜傳佈系統的文本時，簡單直接的比勘，往往將立體的問題平面化，使我們忽略掉很多信息，甚或作出錯誤的判斷。

現試以單綫狀態的"共時文本"和"歷時文本"為例，來分析這一問題。所謂"單綫"，就是暫時忽略掉枝節的次生系統。圖示見圖三。

如圖三所示，同一橫向的"A、B、C、D、E"行文本為"共時文本"，同一縱向的"1、2、3、4、5"列文本為"歷時文本"。如上所及，此圖只呈現單綫系統的情況，忽略掉了"共時"和"歷時"文本中的枝節系統。圖中"甲丁"和"丙己乙"分別為兩組歷時文本，"丁己"和"乙戊"分別為兩組共時文本。假定我們目前只發現了"甲"和"乙"兩個本子，經過比較，發現有文本異文。在此種情況下，先前的研究，往往就直接認定，這些異文均屬於兩個文本系統之間的區別特徵。這樣的做法，其實是將所有的異文放在了同一個平面上來看，忽略了異文的層次性。

---

① 按：傳佈系統比較簡單的文本，可以《逸周書》為例，此處所舉數例，取自北京師範大學民俗典籍文字中心黃甜甜《由清華簡三篇論〈逸周書〉在後世的改動》一文，此文後刊入《中華文史論叢》2016年第2輯。

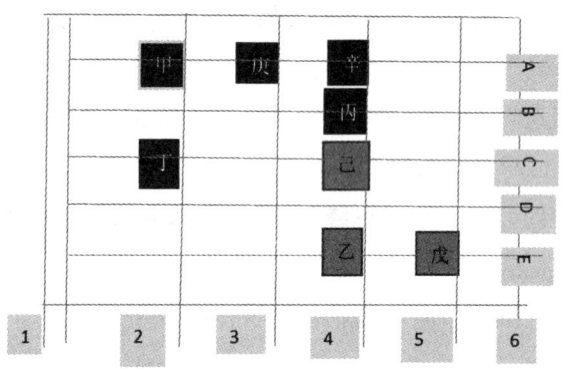

圖三：單綫狀態的"歷時文本"與"共時文本"簡圖

仔細觀察此圖，我們會發現，如果把"甲"本換做"丁"本，將"乙"本換做"己"本，那麽根據我們前文的分析，共時文本"丁"和"己"之間出現的異文，可以反映出當時兩個文本系統之間的區別。但是"甲"和"乙"比較，能否得到同樣的結論，就很難說了。因爲"甲"到"丁"，"己"到"乙"還存在著歷時性的變化。我們很容易想到，文本之間的部分異文，或許是在歷時性演變的過程中發生的，那麽這些異文就包括了很多層面的信息，我們稱之爲"異文層次"。只有盡可能的弄清楚異文的層次，我們才能通過對異文來考察早期文本存在的真實面貌及其傳播方式，以及它們所涉及到的更多古代文化層面的問題。

當然，如果我們手中的兩個本子是"丙"和"乙"，那麽關注點就可以主要放在跟語言的歷時性變化和文本傳佈過程相關的因素上了。尚需注意的是，即便是單綫歷時演變的文本，其異文也存在著層次性，因爲文本是在不斷的被傳播、再傳播，流傳過程的時間跨度必然直接給異文注入了"時間層次"的特質，這些都是需要剝離開來分析的。

四、實例舉析：《老子》四種文本中異文的研究

2012年12月，《北京大學藏西漢竹書》（貳）由上海古籍出版社出版發行，加上之前公佈的馬王堆帛書甲、乙本，郭店竹簡甲、乙、丙，我們可以利用的簡帛《老子》已達四種，共六類形態。六類簡帛文獻，就時間上言之，從戰國中期到前漢中葉。四種六類的《老子》文本，文史哲各界學者均有討論，除了古文字釋讀辨析外，大家的研究多本於異文。研究者普遍認爲，異文能夠帶我們弄清楚諸種《老子》文本的早晚、《老子》文本早期傳本的結構，《老子》文本的流變，以及通過簡帛《老子》去厘清傳統研究中長期攻而未克的義理方面的討論等諸多問題。研究至今，相關論説繁不勝舉，但卻未見有關於異文

比勘方法本身的討論①。結合前文的分析，在繁複錯綜的文本網絡中，隨意捻出兩個或更多文本來進行比較，得出的結論是須要重新檢驗的。

若將刻本、現代印本和譯本考慮進來，《老子》的版本恐難計數。簡帛四種之外，跟《老子》文本的形成及其早期文本結構和流佈相關的傳本主要有：傅奕古本、范應元古本、嚴遵本、河上公本和王弼本、想爾注本、索紞本。帛書《老子》甲乙篇和郭店《老子》甲乙丙篇發現後，關於簡帛文本和傳世文本之間的關係，學者多有討論，茲不贅言②。現從共時文本和歷時文本的角度，來重新審查先前的研究，在此基礎上討論《老子》諸本異文的層次。

---

① 按：相關研究中最具代表性的論述有收入陳鼓應主編《道家文化研究》（第十七輯）（三聯書店，1999年）的多篇論文；收入艾蘭、魏克彬編，邢文編譯《郭店老子：東西方學者的對話》（學苑出版社，2002年）的專篇論文；高晨陽《郭店楚簡〈老子〉的真相及其與今本老子的關係—與郭沂商討》（《中國哲學史》1999年第3期）；丁四新《郭店楚墓竹簡思想研究》（東方出版社，2000年）一書中的先闢論述；寧鎮疆《〈老子〉"早期傳本"結構及其流變研究》（學林出版社，2006年）；虞萬里《由簡帛〈老子〉重論其書之形成和篇章分合》（《中國文化》2013年第37期，此文亦為樊波成《老子指歸校箋》一書之序言）。〔德〕瓦格納著、楊立華譯《王弼〈老子注〉研究》（江蘇人民出版社，2008年）一書第二編的第一章"王弼的《老子》校定本"部分有關於傅奕古本和范應元本以及其他諸本之間關係的詳細論證。關於北大簡《老子》文本，韓巍《西漢竹書〈老子〉的文本特徵和學術價值》一文有詳細論述，收入北京大學出土文獻研究所編《北京大學藏西漢竹書（貳）》，上海古籍出版社，2012年。

② 趙培《簡帛〈老子〉編述與傳佈問題宏微觀——兼談對於出土文獻文本研究的幾點認識》，文中第三部分"簡帛《老子》的編述與傳佈試論"有關於諸家討論的述評，《新出土文獻與古書成書問題研究》，中西書局，2015年，頁242-247。

(一) 從歷時文本角度來看《老子》文本的系譜模型

1998年5月，郭店《老子》國際研討會在美國達特茅斯大學（Dartmouth College）召開，布朗大學（Brown University）的羅浩（Harold D. Roth）教授提出了關於簡帛本《老子》和傳世本《老子》之間關係可能存在的三種模型，之後，中國學者就此問題又多有補充①。羅浩教授在文中加注，強調其模型"並非譜系圖，而是一般的圖示"。在西方的文獻學和古典學研究傳統中，關於文本譜系的研究已比較成熟。羅浩教授強調，模型圖中的單獨的版本，只是它所在的一系文本的代表，而並非指代它本身。或者說，是文本（text），而非版本（record）。也就是說，羅浩教授很清楚，每一個單獨的版本都只是歷時文本的某種存在狀態，而不能完全等同於這個系列的文本本身。

詳言之，中西方學者所建立的系譜圖，究其內在差別，或在於對一些基本概念的界定上有所不同。西方學者所謂的系譜圖，基本上強調其邏輯性，即所謂的文本（texts）圖，而非版本（records）圖。中國學者往往將版本（records）等同於首纂本（ancestral redaction，即文本的第一個版本），兩者當然是不

---

① 按：羅浩教授所概括的三種模型分別為："輯選"模型、"來源"模型和"並行文本"模型。詳參《郭店〈老子〉對文研究的方法論問題》，收入艾蘭、魏克彬編，邢文編譯《郭店老子：東西方學者的對話》，學苑出版社，2002年，頁59-81。之後，李存山先生在其《〈老子〉簡、帛本與傳世本關係的幾個"模型"》一文中，又補充了兩個模型，詳參《中國哲學史》2003年第3期，頁73-74。除此之外，朱大星先生又在前兩者的基礎上，將敦煌五千言本考慮進來，概括了"模型六"，詳細情況參氏著《敦煌本〈老子〉研究》，中華書局，2007年，頁337。

同的，因為傳世文本（received text）所對應的版本，跟首纂本之間是經過了歷時性變化的①。也就是說，西方文獻研究者，本於其傳統所建立的系譜圖，從根本上已經將文本的歷時性變化等問題放在圖模型之外來討論②。

下面我們以模型三為例，通過比較來分析之前模型圖的局限（參下圖）。羅浩教授的"模型三"，已經提示我們了一點，那就是從歷時性角度來看，簡帛文本並不一定早於傳世文本，雖然從目前所見到的物理載體來看，簡帛本有著絕對的時間優勢。但是，如果我們建立一個如"圖五"一樣的模型圖，那麼我們就能夠清晰的判斷，其實這類早晚的問題，在漢代以後依然不能成立，我們不能輕言簡帛本就一定早於河上公本。實際上，越來越多的學者意識到，文本層面的早晚問題，在材料有限的情況下，必然是一個沒有意義的偽問題。

---

① 關於此處所提到的西方文獻學的概念及內涵，請參羅浩《郭店〈老子〉對文研究的方法論問題》一文，《郭店老子：東西方學者的對話》，頁63-64。

② 按：就我們這一部分所討論的問題而言，除了前面提及的情況之外，更直接的一個問題是，目前可見的王弼本、河上公本、傅奕本、想爾注本、嚴遵本是否就是這些文本的"真本"，若果不是，它們跟"真本"之間又有多遠的距離（西方文本批評的主要研究目的就是考察"真本"的面貌，典型作品為瓦格納《王弼老子注研究》，目的即是為了考察王弼注解《老子》時所用的本子的面貌，也就是我們所謂的王弼本的"真本"）。這就要求我們首先要做文本批判的工作。為避免枝節，本文暫不討論此問題。

先秦兩漢典籍異文與共時和歷時文本之間關係析論 ·229·

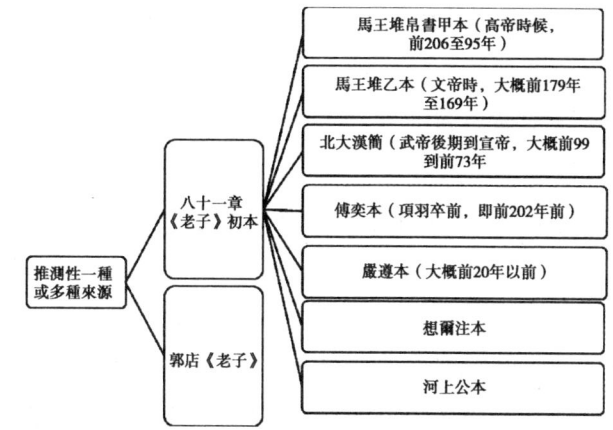

圖四：羅浩關於《老子》文本的系譜模型三①

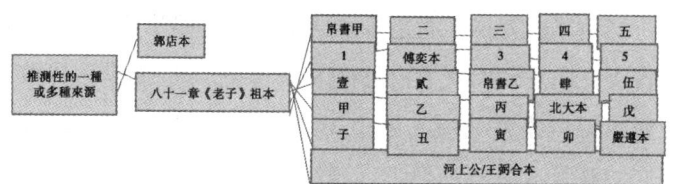

圖五：共時和歷時框架下的《老子》文本譜系圖②

---

① 按：圖四基本框架依照羅浩教授的"模型三"，補充了各文本可知的大概存在時期，增入了北大漢簡的信息。另外，原圖中安排了《管子·內業》一支，因不在此文討論範圍，故省去。據瓦格納研究，我們目前所用的所謂王弼本，是將王弼注混同於河上公本正文的本子，故其和河上公本為同一系統。參見瓦格納著，楊立華譯《王弼〈老子注〉研究》，頁301。

② 按：另外一點需要點明，這裏的圖五是一個靈活的存在。圖中所呈現的關係，並不是說，《老子》諸本一定各成系統而不存在屬於單綫系統的歷時文本，而只是將諸本之間關係的可能性放到最大。在我們完成異文分析之後，可以根據我們的研究，對其進行調整。比如說，如果經過比對，我們發現北大漢簡本和馬王堆帛書乙本的文本形近度比較高，結合"圖五"，我們就可以大膽推測馬王堆帛書乙本或許就是北大簡本的歷史文本"肆"，或其複製傳抄本。所以，我們的模型圖是一個可以根據異文分析結果調整變動的。

(二)《老子》諸本文本異文的層次性例析

關於簡帛《老子》四種及傳世諸本的異文對比，目前以《北京大學藏西漢竹書（貳）》書中所附韓巍老師整理的《〈老子〉主要版本全文對照表》最為全面①。經過對諸本異文的分析，韓巍老師指出，北大簡《老子》跟郭店本、帛書甲乙本、嚴遵本、傳世王弼及河上公本、傅奕古本、想爾注本均互有異同，且又有自身的獨特之處。他認為北大簡本的文本形態介於帛書甲乙及傳世本之間，而更接近於帛書本。雖然韓巍老師清楚的認識到，"我們不能簡單將漢簡本視為任何一種傳世文本的直接前身"、"漢簡本中的很多實例，有力的證明古書文本演變不是一條簡單的直綫，而是多條綫索互相交錯形成的複雜網絡，一種古書在同一個時代存在多個版本系統乃是常態，其中只有少數版本得以流傳至今或見於文獻記載"、"古書文本的演變，既有同一個版本系統的傳承、延續，也有不同系統之間的交互影響"②，但其文中並沒有就諸文本異文的層次性進行更為深入的分析。

王弼本《老子》第64章，前一部分對應郭店甲本簡25到26和北大漢簡本的第27章，後一部分對應郭店甲本簡10到13

---

① 韓巍《〈老子〉主要版本全文對照表》，收入北京大學出土文獻研究所編《北京大學藏西漢竹書》（貳），上海古籍出版社，2012年，頁173-205。

② 韓巍《西漢竹書〈老子〉的文本特徵和學術價值》，《北京大學藏西漢竹書》（貳），頁224-225。

及郭店丙本簡11到14和北大漢簡本的第28章①。其後一部分，是郭店本中唯一可見的甲本和丙本有重出內容的單元。現以王弼本第64章為例，就其所反映出的異文層次展開討論。

漢語不同於其他字母文字，其音形義之間有著複雜的對應系統。從"字"和"詞"對應的角度來講，一個歷時文本系統，可能跨越了幾個不同的字詞對應系統②。所以，我們所找到的文本"異文"中，有一部分其實屬於語言書寫系統本身的差異，這種差異能夠在兩個系統中的多數重出文獻中有反映。我們似不能按照一般的認識將其認定為文本本身的異文。從文本層面言之，我們認為這類異文近乎"假異文"（或言"廣義的異文"）。此類所謂的"假異文"，我們將其放在異文層次的第一層，稱之為"漢語系統性變化所導致的異文"。

第一層異文：漢語系統性變化在異文上的體現

以《老子》諸本為例子，郭店本所反映的是戰國文本的一種存在狀態，馬王堆、北大漢簡本所反映的是漢代文本的兩種

---

① 按：此處所謂的"前一部分"指從"其安易持"到"始於足下"，後一部分指從"為者敗之"到"而不敢為"。
② 按：就這一系統來講，還要強調一點，那就是漢字中始終有一部分字是極其穩定的，這種穩定除了字形外，還指其字詞對應關係基本上是穩定的。在我們異文比較圖中，始終沒有被黑體的那部分字，很多就可以被放在這一範圍內。這種穩定性，從某種程度上始終和音義關係造成的假借現象之間存在著一種張力，對後者有著一種天然的約束。

存在形態。西周比較統一的漢字系統，到了春秋戰國，已出現了比較明顯的區域性特徵。戰國時期的語言表達和書寫系統到秦漢又有了很大的變化。其中最明顯的文字形態層面上，已經過了戰國文字、秦代篆隸和漢隸。我們既要考察戰國時期共時層面的差異，亦需關注，這種共時層面的差異如何延續到下一個階段，也即秦漢或者更晚的時期。

要之，第一個層面的異文，也已蘊藏了頗多共時和歷時層面的信息。當我們比較郭店甲本和馬王堆甲本《老子》的時候，我們需要清楚的意識到，它們不在一個共時文本系統中。我們首先應該找到一個跟馬王堆帛書本有聯繫，且又跟郭店甲本進行共時比較的載體，此載體即漢代文本所傳自的戰國文本（圖六中的A）。

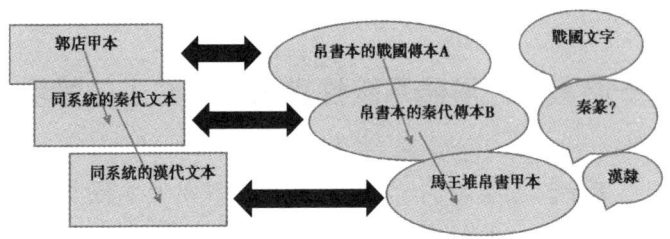

圖六：郭店甲本和馬王堆甲本共時與歷時關係及文字形態示意圖①

---

① 按："帛書本的秦代傳本"是否使用秦篆書寫的問題，劉玉才師指出，漢隸書寫系統雖承秦篆，但所寫經書文本多來自古文。楊蒙生指出"以現今所見秦國及秦代文字材料看，除詔書、秦刻石、秦公簋等外，鮮見大規模系統用秦篆書寫者"，故此處所列"秦篆"並非實指。實際上，這裏的圖示，僅用來條理邏輯，為了說明第一層異文的出現原因，並非描述事實。

当然，我們並沒能見到帛書本的戰國傳本 A，或許根本不可能見到，但是我們可以尋繹出它的很多特徵。我們認為作為漢代文本的帛書《老子》，其漢隸的書寫系統上承秦篆，反映的基本上是戰國時候秦系文字的特徵。如圖六，我們假定中的 A 文本，其用字當屬於秦系文字。春秋戰國或更早期，秦系文字自身的特點，則可以通過秦系的青銅器銘、陶璽文、簡牘文字等材料來分析勾畫，這為我們從共時層面進行文本比較和異文分析提供堅實的基礎。

1. 共時層面的區域性用字形體差異在戰國文本上的反映

如上所析，我們試圖從共時層面來比較戰國文本之間的異文。比較的一方是郭店本，而另外一方則是帛書、漢簡、傳世諸本的戰國傳本。這些假定的戰國傳本的文字特徵，是通過其他材料得出來的。以王弼本《老子》第 64 章為例：此類字至少包括 13 組：[1]

（1）第一句："枽"和"持"

---

[1] 按：此處所舉十數例，所及字形對應的詞義均合於《老子》第 64 章用義。表中只列字形和對應的簡號或器物名稱，省去辭例。金文編號，悉本《殷周金文集成（修訂增補本）》（中國社會科學院考古研究所編，中華書局 2007 年版）。其他參考文獻有：滕壬生《楚系簡帛文字編（增訂本）》（湖北教育出版社 2008 年版）；王輝、楊宗兵等編《秦文字編》（中華書局 2015 年版）；孫剛纂《齊文字編》（福建人民出版社 2010 年版）；湯志彪編《三晉文字編》（作家出版社 2013 年版）；施謝捷《吳越文字彙編》（江蘇教育出版社 1998 年版）。字形表中不再一一注明出處。

戰國文字中的"持",秦、楚、齊三地習慣寫法上有別:①

秦系	楚系	齊系
寺	時	寺
石鼓文·獵碣·田車	會章鎛 00085	陳喜壺 09700

(2)第二句和第五句:"無"、"無"和"亡"

秦系			東方諸國			
毋	无	無	亡			
			楚	三晉	齊	吳越
睡虎地·雜18	睡虎地·為42	秦公鐘 00263	新蔡楚簡3·117、120	中山王大鼎 02840	壐彙 3666	亡(無)疾越王鐘 00171

---

① 按:齊系及秦早期文字中,"持"字皆寫作"寺"。從諸本對校來看,馬王堆帛書甲本已直接用"持"字形來表示持義,說明秦後期持義所對應的字形已寫作"持"。楚系文字則習慣用"時"來表示持義。

（3）第五句："古"、"故"

秦系	楚系		齊	三晉
故	古		古	㝬
兩詔銅橢量 / 放馬灘地圖	包山2·82	望山1·49	古文孝經	中山王方壺09735

（4）第五句："失"、"遊"

秦系		楚系	
失		遊	
睡虎地115	龍崗136	上博·從（甲）·8	包山2·80

（5）第六、七句："慎"、"訫"

秦系	楚系		三晉	齊系
慎	訫		忞	昚
睡虎地·為35	上博·從4	上博·紂16	邾公華鐘00245	璽彙4325

(6) 第六、七句："女"、"如"

秦系	楚系		三晉	齊	燕
如	女	如	女	如	女
睡虎地·效54	上博·容16	信陽1·04	????壺09734	璽彙3924	璽彙0565

(7) 第六、七句："始"、"忖"、"訋"

始的諧聲字"治"的區域分佈特徵：①

秦系	楚系	
治	忖	絧
龍崗秦簡251	新蔡乙4·110、117	上博·容43

---

① 按：此組所列字形，就其對應字義而言，龍崗和上博簡對應的為"治"，而新蔡簡對應的則為"始"。因"治"字義所對應字形的區域性習慣比較明顯，而"始"和"治"又屬於同一個諧聲系列，故而"治"、"始"相較。"始"字形的對應情況可借"治"字觀之。

(8) 第六、七句"矣"、"壴"①

秦系	楚系			齊系		三晉
矣	矣	悬	壴	戾	尼	戾
睡虎地·封84	郭·魯2	郭·成5	郭·性49	郭·語二	郭·語三	中山王鼎

(9) 第八句: "貨"、"䞈"

比較區域性的"化"系列差異: "化"、"䲨"、"蟲"②

秦系	楚系			
化	䲨	蟲	䖝	過
泰山刻石	郭·語一68	郭·唐21	郭·老子甲32	郭·語叢三52

---

① 秦文字用"矣"表示語氣詞"矣"。上博《緇衣》、郭店《語叢二》、《語叢三》等用、表示"矣",屬於齊系文字特徵。詳參張富海《說"矣"》一文,《古文字研究》,第二十六輯,中華書局2006年,頁502-504。

② 按:"化"系列和"貨"系列字的關係和"治"和"始"一樣,故借"化"來觀"貨"。

（10）第八句："過"、"迡"

秦系	楚系	
過	迡	怸
（睡虎地字形）	（包山字形）	（上博字形）
睡虎地・秦115	包山2・105	上博・性32

（11）第九句："輔"、"専"、"榑"

秦系	楚系	齊系	三晉
輔	榑	榑	輔
（關沮字形）	（郭店字形）	（叔夷鎛字形）	（中山方壺字形）
關沮秦簡 332・14	郭・太1	叔夷鎛 00285	中山方壺 09735

（12）第九句："然"、"肰"

秦系	楚系			齊系			三晉
然	肰			虡			然
（睡虎地）	（上博）	（信陽）	《說文》古文	古孝經	（郭店）		（中山王鼎）
睡虎地・效92	上・容21	信1・01	《說文》古文	古孝經	郭・語一		中山王鼎 02840

（13）第九句："勿"、"物"

秦系	楚系	三晉
物	勿	勿
睡虎地 69	上博·性自命出 6	中山王鼎 02840

如上所論，十三組字試圖呈現的是由郭店甲丙本和我們假定的帛書、漢簡、傳世諸本的戰國傳本，這兩個共時文本之間的文字異文。就此共時層面來講，郭店甲丙本《老子》有著明顯的楚系文本特徵。但是楚地出土的文本並非全然屬於楚系，如（8）中所示的郭店《語叢二》和《語叢三》中的"矣"和"矤"，屬於齊系文本特徵①，這反映出了戰國時候知識的傳佈範圍已非常廣泛。

另外，以"寺"（持）字為例，按照我們的比較，秦系和楚系早期應該都是以"寺"來表示"持"義。如果秦系文字自身沒有發生歷時性的變化，那麼我們現在見到的漢代文本，應該寫作"寺"，這跟實際情況並不一樣。由此可以看出文字系統歷時性的變化在文本異文中的反映。

---

① 郭店及上博簡竹書中相關篇章的齊系文字特徵，見馮勝君《論郭店簡〈唐虞之道〉、〈忠信之道〉、〈語叢〉一~三以及上博〈緇衣〉為具有齊系文字特點的抄本》，北京大學博士後研究工作報告，2004 年。

諸如"故"、"無"、"失"、"慎"、"矣"、"過"、"輔"、"然"、"物"等，秦楚兩系戰國時候所用字形已有差異，我們在之後的秦漢文本當中依然能夠發現這種差異的存在。這些差異現象告訴我們，早期文本的歷時傳播有著一定的穩定性。

還有一點，共時性的文本比較更使我們看到，早期文本系統的複雜和流傳過程中文獻散佚的嚴重。以"故"字為例，三晉"故"義的表達所用的字形為"旃"，不同於秦楚的"故"和"古"，但是這種區分，我們已難在後世異文中尋得。齊系所用的"虞"字亦是如此。

2. 漢語用字形體的時代性變化：構成古今字關係的本字和後起字

漢語作為一個語言系統，自有其穩定和變動的內涵，其中，對漢字字形的選擇和使用是具有歷史特徵的。戰國文字區域性差異中，從整體上言之，是因為西周文字在各個諸侯國的不同使用過程，或言經歷了不同的再標準化過程之後所出現的現象。上文中我們強調的是區域性用字的差異，這一部分則歸總出另一類文字，儘管這些文字的字形發生了變化，但屬於語言自身被使用過程中出現的問題，並不具有明顯的區域性差別。如王弼本《老子》第64章第六、七句中的"冬"，及是當時"終"字形的寫法。"冬"、"終"的不同，亦屬於語言系統自身的調適變化，而非文本性異文。這類異文也應該屬於異文的第一個層面。第46章中，這類異文還有：第一句的"亓"和"其"；第三句的"臺"和"台"；第六、七句的"亙"和"恒"、"冬"

和"終";第八句的"穀"和"浴"、"尋"和"得"、"孨"和"學"等。

第二層異文:傳佈方式致異及戰國文本的抄寫和口傳複合性特點

《老子》文本基本上是以不同的獨立小單元組合而成,我們所見到的本子屬於不斷的口傳和抄寫複合過程中的一種形態,其中蘊藏了文本演進過程中的各種可能性,那些組成整體的獨立小單元亦是如此。就王弼本64章首句而言,其對應的郭店本隸定後内容為"亓安也,易朱也;亓未菲也,易悔也;亓霩也,易畔也;亓幾也,易後也。"這裏的的八個"也"字,顯示出了極其濃厚的口傳色彩[1]。而這種口傳痕跡,在帛書本和漢簡本中,尚不同程度的有所保留,而傳世諸本,因其書面語言意識更強,而已見不出這樣的痕跡[2]。我們認為,這樣的有著明顯的口傳特徵的"異文",不屬於文本自身的異文範疇[3],應該看做是傳播過程中,非文本因素混入了文本當中。屬於歷時文本系

---

[1] 按:關於"也"字的口傳色彩,趙團員有兩點補充意見:"首先,也為語氣詞;其次,"也"字的連續使用,削弱了韻腳字的表現。一般情況,上古韻文中,同一個語氣詞前的字都是韻腳字或都不是韻腳字,此處明顯不是。"團員兄不吝指教,於茲致謝忱!

[2] 詳參附錄一:"王弼本《老子》第64章諸本異文逐句比較表"中關於諸本"第一句"的比較。

[3] 這裏的"文本"用的是西方校勘學所謂的文本概念。

統的問題，我們將其劃分為異文的第二個層次。

除了上舉第一句之外，類似的異文還能在其他句中發現。第二句，傅奕本"為之乎其未有，治之乎其未亂"中的"乎"；第四句，郭店甲、丙和帛書乙本中的"之"；第六、七句，郭店甲、帛書乙、漢簡本和傅奕本句尾的"矣"；第八句，傅奕本句中的"以"；第九句，傅奕本句尾的"也"等。

另外，文本的口傳方式直接導致了所謂的"通假字"和"異體字"的使用①，記誦的達意性特徵又導致了詞義相近的詞相互替換現象的出現。這樣的現象，在64章的異文中亦有不少，我們將其放在一起舉出，不再細分。

第一句中的"兆"和"菲"、"悔"和"謀"、"霍"和"脆（脃）"、"幾"和"微"、"散"和"後"，以及"畔"、"泮"、"破"和"判"；第三句中的"合"和"會"以及"層"、"成"和"重"；第三句中的"抱"和"裹"以及"乍"、"作"、"生"和"起"；第三句中的"累"、"羸"、"絫"、"壘"和"藁"；第四句中的"遠"和"遊"；第五句中的"故"和"則"；第八句中的"遝"和"複"；第九句中的"能"和"敢"、"萬"和"堉"。

---

① 按：我們這裏所謂的通假字和異體字，是就共時性的通假和異體而言，而非習慣的以今例古所云之"通假字"與"異體字"。另外，亦有學者將此類異文的出現歸結為抄寫者的有意而為，我們認為首先抄寫者本人的態度無從考辨，再者從很多"本用"的字形被改寫成音近通假字，我們看不出抄手為何畫蛇添足。

第三層異文：真正關涉到文本系統的核心異文

剝離掉上面兩個層次的異文之後，我們終於走到了真正的系統性異文面前。就《老子》第 64 章這樣一個小的單元而言，第三個層次的異文其實是很少的。五十多處異文，經過我們上面的分析，屬於這個層面的異文只有兩處。

第一處在第三句：王弼本、河上公本、傅奕本的"千里之行"，帛書甲本、漢簡本、嚴遵本作"百仞之高"，帛書乙本作"百千之高"①。

第二處在第六、七句：王弼本的"民之從事，常於幾成而敗之。慎終如始，則無敗事"兩句，帛書甲乙本、漢簡本、河上公本、嚴遵本、傅奕本基本同之，郭店丙本近似之，作"斩冬若訂，則無敗事壴。人之敗也，亙於亓虘成也敗之"，郭店甲本則自成系統，只有一句"臨事之紀，斩冬女忖，此亡敗事矣"。

第一處異文，將我們目前可見的文本群劃分為涇渭分明的兩組，為我們更進一步討論諸本內部之間親疏遠近提供了一個非常有效的標準。

---

① 詳參附錄一："王弼本《老子》第 64 章諸本異文逐句比較表"。

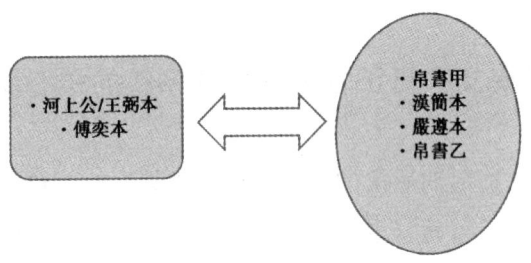

圖七：第三句異文區別出的《老子》文本組示意圖

第二處異文，啟發我們思考《老子》文本在傳播過程中的重纂、輯選、編述等多種可能導致核心異文出現的情況。除了考慮文本的傳播過程外，這樣的極具區別性特徵的異文還讓我們不得不重新思考《老子》文本的形成過程。

（三）小結

上文我們分析目前異文研究中所存在的邏輯漏洞，同時提出"共時文本"和"歷時文本"的異文分析理論。我們試圖在更合乎實際情況的邏輯框架內重新審核先前的研究，並以《老子》諸本的異文為例，用歷時與共時文本分析理論來進行剝離異文層次的實踐。

漢語自身獨特的歷史發展過程，及其音形義之間錯綜複雜的關係，構成了文本異文的第一個層面。這一層面的異文是可以獨立於單一文本之外而存在的（存在於同等條件下的眾多其它漢語文本中）。

文本的流佈過程，主要包括口耳授受和當面傳抄。前者造成了文本中假借字的普遍存在，又因為記誦的原因，同義或近義字詞句的替換現象也時有發生；後者因為抄手個人的性格、抄寫態度、知識水準、用字習慣等因素，造成了異體字、形近誤字、字句脫落或重複等問題。這些現象一起構成了異文的第二個層次。

剝離出前兩個層次的異文後，真正的系統性異文，也即第三個層次的異文也就清楚了。這類異文的存在，使得抄寫和口傳基本上失去了說服力。但如果是輯選或者重纂，這類異文又似乎少了些。我們前文通過共時文本和歷時文本理論，重構的"模型三"（圖五）不妨視為目前行之有效的思考模式。

五、餘論

前文試圖從異文研究的理論構建入手，嘗試推動文本比較研究的縱深發展。關於異文問題的研究之所以一直如此平面化，是因為出土文本太少的緣故。我們用《老子》文本為例來討論這一問題，最根本的原因是《老子》是目前可校出土文本最多的文獻。但《老子》實際上一個非常獨特的文獻：篇章短小、韻律較嚴，且其每一章基本獨立。很明顯，這樣的文獻不足以支撐我們對先秦兩漢整體文本現象的討論。

我們認為，《老子》諸本異文所呈現出的層次性，應該引起早期文本研究者的關注。以《老子》文本的異文層次為基礎，我們可以慢慢地梳理出先秦兩漢時期各類文獻異文的層次，及其所蘊含的語言文化諸方面的信息。

附錄一：王弼本《老子》第64章諸本異文逐句比較表

第一句：

出處	內容
王弼本	其安易持，其未兆易謀，其脆易泮，其微易散。
郭店甲	亓安也易朱也亓未菲也易悔也亓霝也易畔也亓幾也易後也。
帛書甲	亓安也，易持也；□□□□易謀□
漢簡本	其安易持也，其未兆易謀也，其脆易泮也，其微易散也。
帛書乙	
河上公本	其安易持，其未兆易謀，其脆易破，其微易散。
嚴遵本	其安易持，其未兆易謀，其脆易破，其微易散。
傅奕本	其安易持，其未兆易謀，其脆易判，其微易散。

第二句：

出處	內容
王弼本	為之於未有，治之於未亂。
郭店甲	為之於亓亡有也，絧之於亓未亂。
帛書甲	
漢簡本	為之其無有也，治之其未亂也。
帛書乙	
河上公本	為之於未有，治之於未亂。
嚴遵本	為之未有，治之未亂。
傅奕本	為之乎其未有，治之乎其未亂。

第三句：

出處	內容
王弼本	合抱之木，生於毫末；九層之台，起於累土；千里之行，始於足下。
郭店甲	會□□□□□□末；九成之臺，乍□□□；□□□□□□足下。
帛書甲	……毫末；九成之臺，作於羸土；百仞之高，台於足□。
漢簡本	合抱之木，作於毫末；九成之臺，作於絫土；百仞之高，始於足下。
帛書乙	……木，作於毫末；九成之臺，作於虆土；百千之高，始於足下。
河上公本	合抱之木，生於毫末；九層之台，起於累土；千里之行，始於足下。
嚴遵本	合抱之木，生於毫末；九重之臺，起於壘土；百仞之高，始於足下。
傅奕本	合裒之木，生於毫末；九成之臺，起於累土；千里之行，始於足下。

第四句：

出處	內容
王弼本	為者敗之，執者失之。
郭店甲	為之者敗之，執之者遠之。
郭店丙	為之者敗之，執之者遊之。
帛書甲	□□□□□□□□□□□

出處	內容
漢簡本	為者敗之，執者失之。
帛書乙	為之者敗之，執者失之。
河上公本	為者敗之，執者失之。
嚴遵本	為者敗之，執者失之。
傅奕本	為者敗之，執者失之。

第五句：

出處	內容
王弼本	是以聖人無為故無敗，無執故無失。
郭店甲	是以聖人亡為古亡敗，亡執古亡遊。
郭店丙	聖人無為古無敗也，無執古□□□
帛書甲	□□□□也，□無□；無執也，故無失也。
漢簡本	是以聖人無為，故無敗也；無執，故無失也。
帛書乙	是以耵人無為□□□□□□□□□□。
河上公本	聖人無為故無敗，無執故無失。
嚴遵本	故聖人無為則無敗，無執則無失。
傅奕本	是以聖人無為故無敗，無執故無失。

第六、七句

出處	內容
王弼本	民之從事，常於幾成而敗之。慎終如始，則無敗事。
郭店甲	臨事之紀，斳冬女叴，此亡敗事矣。
郭店丙	斳冬若訂，則無敗事壴。人之敗也，互於亓叞成也敗之。

先秦兩漢典籍異文與共時和歷時文本之間關係析論

出處	內容
帛書甲	民之從事也，恒於亓成事而敗之。故慎終若始，則囗囗囗囗。
漢簡本	民之從事也，恒於其成事而敗之。故慎終如始，則無敗事矣。
帛書乙	民之從事也，恒於亓成而敗之。故曰慎冬若始，則無敗事矣。
河上公本	民之從事，常於幾成而敗之。慎終如始，則無敗事。
嚴遵本	民之從事，常於幾成而敗之。慎終如始，則無敗事。
傅奕本	民之從事，常於幾成而敗之。慎終如始，則無敗事矣。

第八句：

出處	內容
王弼本	是以聖人欲不欲，不貴難得之貨；學不學，復眾人之所過。
郭店甲	聖人谷不谷，不貴難尋之貨；孝不孝，遵眾之所迡。
郭店丙	是以囗人欲不欲，不貴戁尋之貨；學不學，遵眾之所迡。
帛書甲	囗囗囗囗欲不欲，而不貴難得之㞿；學不學，而複眾人之所過。
漢簡本	是以聖人欲不欲，不貴難得之貨；學不學，而複眾人之所過。
帛書乙	是以即人欲不欲，而不貴難得之貨；學不學，複眾人之所過。
河上公本	是以聖人欲不欲，不貴難得之貨；學不學，複眾人之所過。
嚴遵本	是以聖人欲不欲，不貴難得之貨；學不學，複眾人之所過。

出處	內容
傅奕本	是以聖人欲不欲，不貴難得之貨；學不學，以複眾人之所過。

第九句：

出處	內容
王弼本	以輔萬物之自然，而不敢為。
郭店甲	是古聖人能尃萬勿之自肰，而弗能為。
郭店丙	是以能槫壔勿之自肰，而弗敢為。
帛書甲	能輔萬物之自囗，囗弗敢為。
漢簡本	以輔萬物之自然，而弗敢為。
帛書乙	能輔萬物之自然，而弗敢為。
河上公本	以輔萬物之自然，而不敢為。
嚴遵本	以輔萬物之自然，而不敢為。
傅奕本	以輔萬物之自然，而不敢為也。

附錄二：王弼本《老子》第 64 章對應郭店甲本、丙本內容逐句隸定表

句序	郭店甲本
1	亓安也易朱也亓未兆也易悔也亓悔也易畔也亓幾也易後也。
2	為之於亓亡有也，絧之於亓未亂。
3	倉囗囗囗囗囗末；九成之臺，乍囗囗囗；囗囗囗囗囗足下。
4	為之者敗之，執之者遠之。

句序	郭店甲本
5	是以聖人亡為古亡敗，亡執古亡遊。
6	臨事之紀，斳冬女忄，此亡敗事矣。
7	
8	聖人谷不谷，不貴難尋之貨；孿不孿，遺眾之所迸。
9	是古聖人能尃萬勿之自肰，而弗能為。

句序	郭店丙本
4	為之者敗之，執之者遊之。
5	聖人無為古無敗也，無執古□□□
6	斳冬若訂，則無敗事𠃓。
7	人之敗也，互於亓𠭥成也敗之。
8	是以□人欲不欲，不貴難尋之貨；學不學，遺眾之所迸。
9	是以能榑墦勿之自肰，而弗敢為。

據清華簡校讀《史記》一則

岳曉峰*

摘要：據近出清華簡（陸）《鄭文公問太伯（甲本）》"荊俑（寵）"一語，對《史記·鄭世家》"寵子五人，皆以罪蚤死"之標點進行校讀，改"寵"屬上讀。並對《左傳》杜預注的相關內容進行了分析。

關鍵詞：清華簡；校讀；《史記》；杜預

《史記·鄭世家》云："初，鄭文公有三夫人，寵子五人，皆以罪蚤死。公怒，溉逐群公子。"② 按"寵"與"子五人"不連讀，此句當改讀爲："初，鄭文公有三夫人，寵，子五人皆以罪蚤死。公怒，溉逐群公子。"改讀理由如下：

一、早死五子皆爲三夫人之子，而非特指文公寵愛之子。

---

*岳曉峰，浙江大學人文學院 博士後 杭州 310058。本文爲浙江省博士後科研項目擇優資助課題"楚簡詞彙研究"（157697）階段性成果。

② ［漢］司馬遷《史記》，中華書局，1982年第2版，頁1766。

《鄭世家》下文就有大夫石癸諫文公曰："且夫人子盡已死，餘庶子無如蘭賢。"石癸即已指出夫人子盡已死，餘下的均爲庶子。因此，"寵"與"（三夫人）子五人皆以罪蚤死"斷開，方能與石癸所云夫人之子盡死相對應。而若讀爲"寵子五人"，"寵"作定語，則五子未必盡爲夫人之子，也可包含庶子而得寵者。《鄭世家》所據《左傳》宣公三年文："（鄭）文公報鄭子之妃曰陳媯，生子華、子臧。子臧得罪而出。誘子華而殺之南里，使盜殺子臧於陳、宋之間。又娶於江，生公子士。朝於楚，楚人酖之，及葉而死。又娶於蘇，生子瑕、子俞彌。俞彌早卒。洩駕惡瑕，文公亦惡之，故不立也。公逐群公子，公子蘭奔晉，從晉文公伐鄭。"《鄭世家》所云三夫人，當即陳媯、江女和蘇女。梁玉繩指出："五子中二人以罪見殺，一人早卒，一人爲楚酖死，其一子瑕見存，文公惡之，則非五人俱有寵也，亦非皆以罪早死也。"① 楊伯峻亦云："此五人子則是矣，寵則未也。"② 梁、楊二人已質疑"寵子五人"與實際情況有所不符，惜未進一步深究。

《左傳》昭公十三年云："初，（楚）共王無冢適，有寵子五人，無適立焉。"此處的"寵子"相對於"冢適"而言，爲

---

① ［清］梁玉繩《史記志疑》，中華書局，1981年，頁1041。
② 楊伯峻《春秋左傳注》，中華書局，2009年第3版，頁674。按：楊注亦云："'皆早死'不確，蓋僖三十三年楚尚'將納公子瑕'也。"三夫人之五子，四子已死，其中二人以罪死，故《鄭世家》所謂"皆以罪蚤死"、"夫人子盡已死"或當舉其大概而言之，非實指。

受共王寵愛的兒子，未必皆爲夫人之子①。而《鄭世家》之"五子"是相對於三夫人而言，乃夫人之子，且不必皆得寵，故不能逕據《左傳》昭公十三年之文判定《鄭世家》亦當"寵子五人"連讀。

二、文公寵愛之對象爲夫人，而非夫人之子。新出清華簡（陸）《鄭文公問太伯（甲本）》簡10-11云："今及吾君，弱幼而滋長，不能莫（慕）吾先君之武徹莊功，色<孚>涇〈淫〉媱于庚（康），䐡（獲）皮（彼）荆俑，爲大亓（其）宫，君而狎之，不善哉。"②"吾君"即文公，簡文爲文公過分寵倖女色，所以執政大臣太伯臨終之前還不忘勸誡他。其中"荆俑"一語，整理者認爲"俑"讀作"寵"，"荆"乃楚之別稱，故文公所寵愛者，即爲楚女芈氏③。結合文意，"俑"通"寵"之說可信。《左傳》僖公二十二年曰："丙子晨，鄭文夫人芈氏、姜氏勞楚子於柯澤。"杜預注："鄭文公夫人芈氏楚女，姜氏齊女也。"杜注之楚女正與簡文"荆寵"對應。孔穎達正義則進一步指出："二者共以'夫人'冠之，蓋俱是夫人。禮無二適而有兩夫人者，當時僭恣不如禮也。"《左傳》載文公不如禮而有兩夫人，《鄭世家》云文公有三夫人而寵之，都與簡文中太伯勸諫文公不要太過狎近寵倖婦人的文意相呼應。

---

① 楊伯峻云"（共王）嫡配爲秦嬴，無子"。見《春秋左傳注》頁1350。
② 《鄭文公問太伯》有甲、乙兩本，內容基本相同，本文選用甲本簡文。爲行文方便，簡文均用寬式隸定。
③ 李學勤主編《清華大學藏戰國竹簡（陸）》，中西書局，2016年，頁123。

另,《左傳》僖公二十四年富辰諫周襄王曰"鄭有平惠之勳,又有厲宣之親,棄嬖寵而用三良",杜注:"七年(文公)殺嬖臣申侯,十六年殺寵子子華也。三良,叔詹、堵叔、師叔,所謂尊賢。"杜預將"嬖寵"分别對應申侯和世子子華,似有強行對號入座之嫌。《左傳》僖公七年管仲對齊侯曰:"夫子華既爲大子,而求介於大國以弱其國,亦必不免。鄭有叔詹、堵叔、師叔三良爲政,未可間也。"此處子華與叔詹等"三良"對言,杜預或因此而以"寵"對應子華。顧炎武則認爲:"《解》引殺子華,未當,古人只是大概言耳。又以用三良爲尊賢,亦未合。《正義》曰:'此見鄭伯之賢,王當尊之。'"① 楊伯峻注云:"嬖寵爲一詞,杜分言之,未當。"② 顧、楊之說有理。"嬖寵"當泛指嬖佞受寵之人,未必實指某人;而"三良"亦僅表良臣多而已。《鄭文公問太伯(甲本)》簡11-12接著亦云:"君女(如)由皮(彼)孔叔、佚之夷、帀(師)之佢鹿、堵之俞彌,是四人者,方諫吾君於外,茲詹父內謫於中,君女(如)是之不能茅(懋),則卑(譬)若疾之亡(無)醫。""由"訓用。其中"詹父"、"堵俞彌"、"師之佢鹿"當與《左傳》叔詹、堵叔、師叔有關③。簡文太伯除規勸文公勿沉溺女色外,還勸他要多任用叔詹等良臣,正可與"棄嬖寵而用三良"之文意對應。

---

① [清]顧炎武撰,徐德明等校點《左傳杜解補正》,上海古籍出版社,1981年,頁32。
② 見楊伯峻《春秋左傳注》,頁424。
③ 李學勤主編《清華大學藏戰國竹簡(陸)》,頁124。

因此,"嬖寵"也可指婦人如"荆寵"之類,所以杜注以"寵子子華"訓"寵"亦未可信。

綜上所述,文公所寵愛者爲三夫人,而夫人之五子中四子已死,未死者又見惡於公,因此文公才遷怒而逐出子蘭等群公子。

"皆"的語法功能研究
——以出土醫書和傳世醫書為中心的考察
程文文*

摘要：醫書不同於其他類型的文學作品，具有較强的口語性。通過考察出土醫書和傳世醫書中"皆"的範圍指向和語義指向，發現了一些新的語法特點："皆"的範圍指向表示的人和事物是群體或者一系列動作行為的集合體；"皆"在形容詞謂語句和主謂謂語句中語義指向同一層面謂語部分，在動詞謂語句和名詞謂語句中指向上位層面的主語和下位層面的謂語或賓語，偶爾可以指向補語和狀語。

關鍵詞：醫籍文獻；皆；範圍指向；語義指向

《馬氏文通》將古代漢語的"皆"類詞稱為約指代字[①]。楊

---

* 程文文，重慶師範大學文學院　講師　重慶 400715。本文的寫作得到 2016 年度重慶師範大學博士科研啟動項目（16XWB010）、重慶市社會科學博士項目（2016BS071）的資助。

① 呂叔湘《馬氏文通讀本》，上海教育出版社，1986 年，頁 253。

樹達先生認為："代字所以代名，當以能獨立用為原則。"① 因此，他將"皆"類詞定為表數副詞。趙元任、周法高等先生也將"皆"類詞歸入副詞，現今語法學界一般也認為是範圍副詞，把"皆"界定為範圍副詞是符合古漢語實際的。本文討論醫籍文獻中"皆"的用法，不在於判定它的詞性，而是在前人研究的基礎上選取口語性較強的出土醫書和傳世醫書，對"皆"的範圍指向和語義指向進行系統的考察和分析。20 世紀以來，出土了大量的口語性較強的簡帛醫藥文獻，本文依據的出土簡帛醫藥文獻主要為：本文的出土醫籍和傳世醫籍語料包括：（1）馬王堆醫書②，這十五種佚醫書為：《足臂十一脈灸經》、《陰陽十一脈灸經甲本》、《脈法》、《陰陽脈死候》、《五十二病方》、《卻穀食氣》、《陰陽十一脈灸經乙本》、《導引圖題記》、《養生方》、《雜療方》、《胎產書》、《十問》、《合陰陽》、《雜禁方》、《天下至道談》；（2）江陵張家山醫簡③，《脈書》和《引書》；（3）武威漢代醫簡④；（4）阜陽本草簡《萬物》；（5）《脈經》⑤；（6）《傷寒論》⑥。這些醫藥文獻不僅對中醫藥學具有重

---

① 楊樹達《馬氏文通勘誤》，中華書局，1962 年，頁 52-53。
② 馬王堆漢墓帛書整理小組《馬王堆漢墓帛書（肆）》，文物出版社，1985 年。
③ 張家山二四七號漢墓竹簡整理小組《張家山漢墓竹簡》，文物出版社，2001 年。
④ 甘肅省博物館、武威縣文化館《武威漢代醫簡》，文物出版社，1975 年。
⑤ （晉）王叔和撰，梁亞奇校注《脈經》，學苑出版社，2007。
⑥ （漢）張仲景述，錢超塵等整理《傷寒論》，人民衛生出版社，2005 年。

要的意義，而且在語言學和文字學方面也有著重要的價值。本文試對簡帛醫籍和傳世醫籍文獻中的"皆"進行全面性的封閉式研究，定性、定量分析，對醫籍的語言現象作專題調查。

本文所引簡帛文獻材料，按慣例使用了以下符號：（ ），表示前一字是通假字、異體字、古今字，括弧內寫出相應的本字、通行字和正字；【】，表示簡帛原有脫字，整理者根據上下文意補出的字；□，表示無法釋出和辨識的殘缺字，一字一"□"。本文在舉例時，保留一些自造字，力爭嚴謹。

一、"皆"和主語在同一層面

（一）主語+"皆"+動詞謂語

"皆"修飾動詞謂語，醫籍文獻有52例。具體用法如下：

1. 主語+"皆"+動詞

醫籍文獻有29例。在這種結構中，範圍副詞"皆"可修飾及物動詞也可修飾不及物動詞，及物動詞後面不帶賓語；"皆"的主語為名詞或名詞短語，可由兼語短語、名詞或代詞充當。"皆"的範圍指向主語，語義指向謂語動詞。如：

（1）十二日厥陰病衰，囊縱，少腹微下，大氣皆去，病人精神爽慧也。（《傷寒論·傷寒例》）主語為名詞

（2）取蕃（礬）石、桃毛【各】一，巴叔（菽）二，【三】物皆冶，合。（《馬王堆帛書·雜療方》24）主語為數量短語

(3) 寸脈下不至關，為陽絕；尺脈上不至關，為陰絕。此皆不治，決死也。(《傷寒論·平脈法》) 主語為代詞

(4) 凡發汗，欲令手足皆周至，縶縶一時間益佳，但不欲如水流離。(《脈經·病可發汗證》) 主語為兼語短語

例 (1) "皆"前面的主語為名詞"大氣"，"皆"修飾不及物動詞"去"。"皆"範圍指向主語"大氣"，指的是人體的"元氣"，"元氣"是可以切割，是複數，"皆"所涵蓋的範圍是"大氣"這個群體；"皆"的語義指向域為謂語"去"這一行為。例 (2) "皆"的主語為數量短語"三物"，"三物"是指上文的"蕃（礬）石、桃毛、巴叔（菽）"，是複數，因此，"皆"範圍指向主語"三物"；"皆"修飾及物動詞"冶"，"冶"的賓語前置，"皆"語義指向域為謂語動詞"冶"，表示"冶"之全。例 (3) "皆"的主語為代詞"此"，"此"指代"上文的"寸脈下不至關和尺脈上不至關"這一現象或"陽絕、陰絕"症狀，"皆"的範圍指向主語"此"；"皆"修飾不帶賓語的及物動詞"治"，語義指向"不治"，強調如果"陽絕和陰絕"都"不治"，結果必死無疑。"此皆不治"表假設，所以"不治"是語義的焦點所在。例 (4) "皆"的主語是兼語短語中"令"的賓語，即兼語"手足"，"皆"範圍指向兼語"手足"；"皆"修飾不及物動詞"至"，語義指向謂語動詞"周至"，表示"至"之全。

2. 主語+"皆"+連動短語

醫籍文獻有 4 例。這種結構中，"皆"的主語由名詞或代詞

充當,範圍指向主語;"皆"修飾連動短語,連動短語與單個的動詞相比動作行為更將具有在時間上的具體性、連續性,一般也是語義的焦點所在,"皆"的語義指向域為連動短語。如:

(5) 四肢皆見脈為亂,是神損也。(《脈經·診損至脈》)

(6) 盛人脈澀小,短氣,自汗出,曆節疼,不可屈伸,此皆飲酒汗出當風所致也。(《脈經·平中風曆節脈證》)

例(5)"皆"的主語為名詞短語"四肢","四肢"是複數名詞,因此,"皆"範圍指向主語"四肢";"皆"修飾連動短語"見脈為亂",連動短語具有時間上的連續性,也是"皆"的語義指向所在。例(6)"皆"的主語為代詞"此","此"代表"盛人脈澀小,短氣,自汗出,曆節疼,不可屈伸"一系列症狀,這些症狀是一系列動作行為的集合體,也是"皆"的範圍指向域所在;"皆"修飾連動短語"飲酒汗出當風",表示主語"此"指代的動作行為是由"飲酒汗出當風"造成的,連動短語表示原因,也是"皆"的語義指向所在。

3. 主語+"皆"+動詞+賓語

醫籍文獻有15例。這種結構中,"皆"的主語一般為名詞,名詞短語或代詞,主語物件為事物或動作行為的集合體,往往是複數,"皆"的範圍指向主語;"皆"修飾帶賓語的及物動詞,因此,"皆"的語義指向動詞的賓語。如:

(7) 夫十二經皆有動脈,獨取寸口,以決五臟六腑死生吉凶之候者,何謂也?(《脈經·辨尺寸陰陽榮衛度數》)

(8) 餘皆仿此。(《脈經·平帶下絕產無子亡血居經證》)

(9) 諸下利，皆可灸足大都五壯，商邱、陰陵泉皆三壯。(《脈經·病可灸證》)

例（7）"皆"前面的主語為數量短語"十二經"，範圍指向主語"十二經"；"皆"修飾的謂語動詞後面帶了賓語，"皆"語義指向為賓語"動脈"，"動脈"具有著重表達動詞"有"的語義範圍，是句子表達的語義焦點所在。例（8）"皆"的主語為"餘"，意思為"其它的"，表示複數，也是"皆"的範圍指向；"皆"修飾動賓短語"仿此"，代詞"此"指代上文的動作行為，語義指向域為代詞"此"，強調主語都要仿照上文提及的動作。例（9）"皆"的主語"商邱、陰陵泉"，也是"皆"的範圍指向；"皆"的謂語動詞為"灸"，"灸"為了避免重複省略了，由於及物動詞不是語義焦點所在，故可以承接上文省略，因此，"皆"的語義指向域為賓語"三壯"。原句中賓語"三壯"前省略了動詞"灸"，強調"商邱、陰陵泉"需要灸"三壯"，賓語成了語義的焦點所在，謂語動詞的省略說明了，謂語動詞不是語義的重點，完全可以通過上下文推斷出來，"賓語"是資訊的重點，是"皆"的語義指向域。

4. 主語+"皆"+狀語+動詞+賓語

醫籍文獻有4例。"皆"的主語往往為名詞短語或代詞，是一系列症狀的集合體，"皆"範圍指向主語；"皆"和修飾的謂語動詞之間插入了狀語，狀語往往是致病的原因或病情的來源，也是語義焦點所在，因此，"皆"語義指向狀語。如：

（10）病有賁豚，有吐膿，有驚怖，有火邪，此四部病皆從

驚發得之。(《脈經·平胸痹心痛短氣賁豚脈證》)

例（10）"皆"的主語為"四部病"，"四部病"指代上文的"賁豚、吐膿、驚怖、火邪"四個症狀，"皆"的範圍指向域為主語"四部病"；"皆"與動詞謂語之間插入了狀語"從驚發"，語義指向狀語短語"從驚發"，強調導致主語產生某種病態的原因為"驚"。

（二）主語+"皆"+形容詞謂語

"皆"修飾形容詞謂語，醫籍文獻出現26例。"皆"的主語為名詞或名詞短語，或表示一系列症狀，或表示身體的一些經脈，"皆"範圍指向主語；"皆"修飾形容詞謂語，"皆"語義指向謂語，表示主語都具有的性質狀態。如：

（11）下利，三部脈皆平，按之心下硬者，急下之，宜大承氣湯。(《傷寒論·辨可下病脈證並治》)

（12）七診雖見，九候皆順者，不死。(《脈經·辨三部九候脈證》)

（13）手足皆細，是下損，十歲。(《脈經·診損至脈》)

例（11）"皆"的主語為"三脈"，範圍指向主語"三脈"；"皆"修飾形容詞謂語"平"，語義指向謂語，表示主語"三脈"都具有謂語所顯示的"平"這一特點。例（12）"皆"的主語為"九候"，範圍指向主語；"皆"語義指向形容詞謂語"順"，表主語"九候"無一例外的具有謂語"順"這一特點，人將不會死亡，若"不順"，則必死無疑。例（13）"皆"的主語是"手足"，"手"和"足"是複數，也是"皆"的範圍指向域；"皆"修飾形容詞謂語"細"，表示"手足"均具有謂語"細"這一特點，是語義焦點所在。

（三）主語+"皆"+名詞謂語

"皆"修飾名詞謂語，簡帛醫籍中共 10 例。"皆"的主語可由名詞短語、主謂短語、代詞充當，"皆"的範圍指向域是主語；"皆"修飾名詞謂語，名詞謂語可由數詞、代詞或名詞充當，但語義指向主語或名詞謂語。

主語+"皆"+數詞，醫籍文獻有 3 例。這種句式中，"皆"的主語由代詞或主謂短語充當，謂語是數詞、代詞或名詞，"皆"的範圍指向主語，語義指向謂語，如：

（14）禹步以利股閒，前厥以利股郄（膝），反挚以利足蹢，指以利足氣，敦鍾（踵）以利匈（胸）中，此物皆三而已。（《張家山漢簡·引書》102）主語為代詞

（15）摩之皆三，幹而止。（《武威漢代醫簡》65）主語為主謂短語

（16）引踝痛，在右足內踝，引右股陰筋；在外踝，引右股陽筋；在【左】足內踝，引左股陰筋；在外踝，引左股陽筋，此皆三而已。（《張家山漢簡·引書》44）主語為代詞

例（14）"皆"範圍指向主語"此物"和數詞"三"，"此物"指代"禹步、前厥、反挚、指和敦鍾（踵）"，強調這些動作行為對人體某些部位是有利的，"三"在古代是虛指，代表"多次"，表示動作行為重複多次，具體多少次不是重點。"皆"語義指向主語"此物"，語義的焦點在於具體的動作行為，因而

主語是語義表達的重點。例（15）"皆"的主語為主謂短語"摩之"。"皆"範圍指向為數詞"三"，"三"在古代是虛指，表複數，語義指向主語"摩之"，強調"摩之"這一動作行為，至於這一動作行為重複多少次則無關緊要，且文中也沒有也沒有具體的數字說明，僅僅用了一個虛指的"三"而已。例（16）"皆"的主語為代詞，"皆"指代上文的動作行為"引右股陰筋，引右股陽筋，引左股陰筋，引左股陽筋"，"皆"的範圍指向為"此"指代的動作行為和數詞"三"，語義指向均為主語"此"指代的動作行為，因為數詞三本是虛詞，代表的次數為多次，"此"所代表的動作行為到底重複多少次，不是語義的重點所在。

（四）主語+"皆"+代詞／名詞

醫籍文獻有7例。這種句式中"皆"的主語可由名詞或代詞充當，一般是複數，"皆"的範圍指向主語；"皆修飾名詞謂語，名詞謂語一般由名詞或代詞充當，是語義焦點所在。如：

（17）夏脈太過與不及，其病皆何如？（《脈經·心小腸部》）

（18）脈，陽盛則促，陰盛則結，此皆病脈。（《傷寒論·辨脈法》）

（19）凡得病厥，脈動數，服湯藥更遲；脈浮大減小；初躁後靜，此皆愈證也。（《傷寒論·傷寒例》）

例（17）"皆"的範圍指向為"其病"，"其病"是指"夏脈太過與不及"；語義指向"何如"，是詢問病情怎麼樣，當出現某種病情時,人們關注的焦點是這種病該怎麼治療,所以"何如"便成了語義焦點所在。例(18)"皆"範圍指向代詞"此","此"指代人體經脈的兩種情況"陽盛則促,陰盛則結";"皆"語義指向名詞謂語"病脈"。在這個例子中"皆"直接修飾名詞謂語,表明"皆"兼有係詞的作用,但它究竟不是係詞。例(19)"皆"的主語為代詞"此",此指代上文的"凡得病厥,脈動數,服湯藥更遲;脈浮大減小;初躁後靜"這些症狀,"皆"範圍指向主語"皆"代指的上文這些症狀;"皆"修飾名詞謂語"愈證",不是語義焦點,人們生病時,關注的是症狀,而不是"症狀之名",因此,"皆"範圍指向主語"此"代表的一系列症狀。

二、"皆"和主語不在同一層面

(一)……,"皆"+動詞謂語

"皆"修飾動詞謂語,醫籍文獻出現99例。具體用法如下:

1. ……,"皆"+動詞

醫籍文獻有41例。"皆"和主語不在同一層面上,"皆"範圍指向上一層面的主語;"皆"修飾動詞謂語時,動詞表示主體所進行的動作行為,是語義焦點所在。如:

(20)若得緩遲者,皆愈;若得數者,則劇。(《傷寒論·平脈法》)

(21)兔(菟)糸(絲)實、滑石各七分,桂半分,凡六

物，皆冶，合，以方寸匕酒飲。（《武威漢代醫簡》10）

（11）當須自欲大便，宜蜜煎導而通之，若土瓜根及豬膽汁，皆可以導。（《脈經·病不可下證》）

例（20）"皆"範圍指向上一層面的"緩遲者"，"者"字結構根據上下文的意思可以判斷為是泛指，表複數；語義指向謂語"愈"，強調"遲緩者"可以痊癒，是語義的重點所在。例（21）"皆"範圍指向"凡六物"，"六物"指上文的"兔（菟）絲（絲）實、滑石，桂"等藥物；"皆"語義指向"冶"，語義的焦點指"冶"之全，而不是"冶"的範圍。例（22）"皆"範圍指向"土瓜根及豬膽汁"；語義指向謂語"可以導"，強調的是"土瓜根及豬膽汁"都"可以導"，"可以導"是"皆"的語義焦點。

2. ……，"皆"+動詞+賓語

醫籍文獻有46例，"皆"範圍指向上位層面主語；"皆"修飾的及物動詞後面帶了賓語，賓語是動作行為涉及的物件，也是"皆"的語義焦點，因此，"皆"語義指向一般為賓語。如：

（23）魂、魄、殼、神，皆見寸口。（《脈經·兩手六脈所主五臟六腑陰陽逆順》）

（24）蛸蜇蠕動，蚑蠉喘息，皆蒙土思，德則為緩，恩則為遲，故令太陰脈緩而遲。（《脈經·脾胃部》）

例（23）"皆"範圍指向前面的並列名詞"魂、魄、殼、神"；語義指向賓語"寸口"，強調"魂、魄、殼、神"所在的位置為"寸口"。例（24）"皆"範圍指向"蛸蜇蠕動，蚑蠉喘息",語義指向"土思"。強調"蒙土思"是"蛸蚐蠕動,蚑蠷喘息"的原因,是語義的焦點所在。

3. ……,"皆"+動詞+補語

醫籍文獻有 2 例。"皆"範圍指向上位層面的主語;"皆"修飾的動詞後面有補語,補充說明動作行為的方式或狀態,"皆"語義指向補語成分。如:

(25)腸中有蟲蚘咬,<u>皆</u>不可取以小針。(《脈經·心手少陰經病證》)

例(25)"皆"範圍指向為主題謂語句"腸中有蟲蚘咬",指的是被蟲蚘咬了的"腸子"。"皆"語義指向補語"以小針",強調若腸被蟲蚘咬傷,不應當"以小針"把腸子裡面的蟲蚘取出來,"以小針"是關注的焦點,"腸中有蟲蚘咬"僅是症狀,出現症狀,人們關注的是如何解決這種不良的現象,所以補語顯然成了語義的焦點所在。

4. ……,"皆"+介賓短語+動詞

醫籍文獻有 6 例。"皆"和修飾的動詞之間插入了介賓短語,"皆"的語義指向介賓短語。如:

(26)是以辛苦之人,春夏多溫熱病,<u>皆</u>由冬時觸寒所致,非時行之氣也。(《傷寒論·傷寒例》)

(27)夫虛實者,<u>皆</u>從其物類始,五臟骨肉滑利,可以長久。(《脈經·平虛實》)

例(26)"皆"範圍指向"辛苦之人",表泛指,是複數,語義指向狀語短語"由冬時觸寒所致",強調原因,是語義的焦點所在。例（27）"皆"範圍指向"虛實者"，表泛指，是複數，語義指向狀語短語"從其物類"，表原因，強調主語狀況發端處，是語義的焦點所在。

5. ……，"皆"+連謂短語

醫籍文獻有4例。"皆"修飾的謂語成分為連謂短語，表示連續的兩個或幾個動作行為，"皆"語義指向連謂短語。如：

（28）脈雙弦者，寒也。<u>皆</u>大下後喜虛。（《脈經·平肺痿肺癰咳逆上氣痰飲脈證》）

（29）奇經八脈者，既不拘於十二經，<u>皆</u>何起何繫也？（《脈經·平奇經八脈病》）

例（28）"皆"範圍指向主語"脈雙弦者"，"脈雙弦者"表泛指，為複數，語義指向"皆"後面的連謂短語"大下後喜虛"，強調主語的動作行為。例（29）"皆"範圍指向"奇經八脈者"，"奇經八脈者"是泛指，表複數，語義指向"皆"後面的連動短語"何起何繫"，強調的"奇經八脈"產生的原因，而不是強調主語。

（二）……，"皆"+形容詞謂語

"皆"修飾形容詞謂語，醫籍文獻僅出現3例。"皆"範圍指向上一層面主語，語義指向形容詞謂語，表示主語都具有的性質狀態。具體用法如下：

（30）□□茲（□）肉肥□□□膏者，<u>皆</u>陰乾，冶，以三指最（撮）一（《馬王堆帛書·養生方》102）

（31）小兒病而囟陷入，其口唇幹，……臥不舉身，手足四

肢垂,其臥正直如得縛,其掌中冷,皆死。(《脈經·平小兒雜病證》)

例(30)"皆"範圍指向"□□兹(牸)肉肥□□□膏者","者"字短語根據上下文判定,"□□兹(牸)肉肥□□□膏者"為複數,表示各種藥物的集合體。"皆"的語義指向形容詞謂語"陰乾",語義焦點為主語的狀態,而不是"陰乾"之全。例(31)"皆"範圍指向上文闡述的所有症狀,即"小兒病而囟陷入,其口唇幹,……臥不舉身,手足四肢垂,其臥正直如得縛,其掌中冷";語義指向形容詞謂語"死",若有上述症狀,便無藥可救,"死"是語義焦點。

(三)……,"皆"+名詞謂語

"皆"修飾名詞謂語,醫籍文獻出現8例。"皆"範圍指向上一層面主語,但如果"皆"的謂語是名詞複數是,"皆"的範圍指向域為主語和名詞謂語。"皆"修飾名詞謂語時,語義指向謂語或數詞;"皆"的謂語是數詞時,數詞往往強調主語動作行為重複的辭書,有時不確指,不是語義焦點,因此,"皆"語義指向主語。

……,"皆"+名詞謂語,醫籍文獻有1例。"皆"範圍指向上位層面主語;語義指向名詞謂語,名詞謂語是對主語的限定和說明。如:

(32)九候之脈,皆沉細懸絶者,為陰主冬,故以夜半死。(《脈經·辨三部九候脈證》)

例(32)"皆"範圍指向"九候之脈"和名詞謂語"沉細

懸絕者";語義指向為名詞謂語"沉細懸絕者",表判斷,名詞謂語是對主語"九候之脈"語義範圍的限定,是語義的焦點。

……,"皆"+數詞,醫籍溫馨有7例。"皆"修飾的謂語為數詞,若謂語是複數,"皆"複數謂語;"皆"語義指向主語,"皆"的上層主語是一系列的動作行為,"數詞"強調動作行為重複的次數,不是語義焦點。如:

(33)清產(顏)以塞〈寒〉水如粲(餐)頃,去水,以兩手據兩顫,尚(上)無(撫)產(顏)而上下榣(搖)之,口譁(呼),皆十而已。(《張家山漢簡·引書》34)

例(33)"皆"範圍指向和語義指向均為"兩手據兩顫,尚(上)無(撫)產(顏)而上下榣(搖)之,口譁(呼)",這一系列的動作行為是語義焦點,數詞僅僅表達動作行為重複的次數。

(四)……,"皆"+主謂謂語

"皆"修飾主謂謂語,醫籍僅出現2例。"皆"範圍指向上一層面主語;語義指向主謂謂語。如:

(34)夫寒痹、症瘕、積聚之脈,皆弦緊。(《脈經·平五臟積聚脈證》)

(35)胃脈沉鼓澀,胃外鼓大,心脈小,緊急,皆鬲偏枯。(《脈經·扁鵲華佗察聲色要訣》)

例(34)"皆"範圍指向"寒痹、症瘕、積聚之脈";語義指向主謂短語"弦緊",強調"弦緊"是"寒痹、症瘕、積聚之脈"的症狀,是語義的焦點。例(35)"皆"範圍指向"胃脈沉鼓澀，胃外鼓大，心脈小，緊急"；語義指向主謂短語"膈偏枯"，強調"膈偏枯"是由"胃脈沉鼓澀，胃外鼓大，心脈小，緊急"造成的。

"皆"和主語不在同一層面。"皆"範圍指向上一層面主語；"皆"的語義指向可為謂語，表示主語群體中的所有個體毫無例外的參與謂語所表示的動作行為；可指向賓語，賓語限定了動詞的語義範圍；可指向補語，該類詞主要補充謂語的動作行為。

三、"皆"前面的主語承接上文而省略

醫籍文獻這種情況比較少見，僅出現3例。"皆"主要修飾動詞謂語，範圍指向和語義指向均為句中賓語。由於"皆"句沒有主語，因此，"皆"往往修飾及物動詞，且動詞後面接賓語，賓語是動詞謂語支配的物件和闡述的焦點。

"皆"+動詞+賓語，這種句式中，"皆"的賓語往往為動量詞，表示動作行為的進行的次數，往往為複數，也是"皆"句強調的重點，因此，"皆"的範圍指向和語義指向均為賓語。

（36）皆有此五病者，有（又）煩心，死。（《馬王堆帛書·足臂十一脈灸經》21）

（37）血雎（疽）始發，（癗）（癗）以熱，痛毋適，□□□□□□雎（疽）□□□□□□□□□□戴（糝）、黃芩、白（蘞），皆居三日。（《馬王堆帛書·五十二病方》289）

例（36）"皆"範圍指向和語義指向均為賓語"此五病

者"，"皆"的主語未知，也許是一個表泛指的主語，，而且不是語義的重點，因而可有可無。從上文可以判斷，"皆"不是指向無關緊要的、可有可無的主語，而是指向賓語"五病者"，染有五種病的人，是複數，表泛指。語義的重點在於有"此五病"的人，而至於有多少人有和具體什麼人具有這五種病則說與不說都無關緊要。例（37）"皆"範圍指向和語義指向均為賓語"三日"，"皆"的主語上文未知，但是上文有個提示"血疽（疸）始發"，能推斷出"皆"的主語應為"人"，不是語義的重點，因而可有可無。"皆"的語義指向即為語義焦點所在，染有"血疽（疸）"病的人，都應當"居三日"，至於到底有多少人得了這種病，不是語義的重點，因而上文交代與否都無關緊要。

四、結語

醫籍文獻"皆"共有 203 例，其中"皆"句有主語的 200 例，佔全部用例的 98.5%；"皆"可以修飾動詞謂語、形容詞謂語、主謂謂語和名詞謂語，"皆"在醫籍文獻中主要修飾動詞謂語共 154 例，佔全部用例（203 例）的 74.4%，其次為形容詞謂語共 29 例，14.2%。"皆"在動詞謂語句、形容詞謂語句和主謂謂語句中範圍指向均為主語，只有在名詞謂語句中"皆"的範圍指向域為主語或名詞謂語；"皆"的語義指向主要為謂語和賓語。當"皆"所在的句子沒有主語時（僅 3 例），"皆"主要修飾動詞謂語，範圍指向和語義指向均為賓語。因此，"皆"的範圍指向可以是主語、謂語和賓語；"皆"的語義指向可為主語、謂語、賓語、補語和狀語短語，"皆"的語義指向與範圍指向相比分佈更廣。

由此可見，"皆"的範圍指向和語義指向並不總是一致的，但是有一定規律可循的。"皆"的範圍指向表示的人和事物必須是群體或者一系列動作行為的集合體，就醫籍文獻而言，若"皆"句有主語，"皆"所在的動詞謂語句、形容詞謂語句和主謂謂語句範圍指向均為主語，名詞謂語句中"皆"同時指向主語和謂語；若"皆"句無主語，"皆"的範圍指向和語義指向均為賓語。語義指向，"皆"的語義指向比較複雜，在形容詞謂語句和主謂謂語句中"皆"指向同一層面謂語部分，在動詞謂語句和名詞謂語句中指向上位層面的主語和下位層面的賓語，偶爾可以指向狀語和補語。

《清華大學藏戰國竹簡（壹—陸）》文字研究綜述

高罕鈺　陶　浩*

摘　要：清華簡自2010年至今共已刊佈了六輯，內容豐富、價值巨大，引起了學界廣泛的重視和討論。其中包括對於文字、歷史、文化等方面的研究，這些研究中最爲基礎且研究成果最爲豐富的當屬文字研究。清華簡的文字研究成果眾多，有對具體的字詞的考釋，也有對相關考釋成果的整理。清華簡文字的研究不僅僅有助於清華簡的釋讀，更有益於推動其他古文字的研究。雖然清華簡的研究已成績斐然，但是文字現象的研究、字詞規律的總結、工具書的編纂等方面還大有可期。本文將對清華簡文字研究的成果進行概括，簡要介紹各家文字考釋的重要觀點，並對清華簡的研究進行展望。

關鍵詞：清華大學藏戰國竹簡；文字研究；綜述

---

* 高罕鈺，浙江大學漢語史研究中心　博士研究生　杭州310000；陶浩，西南大學漢語言文獻研究所　碩士研究生　重慶北碚400715。

清華大學藏戰國竹簡（簡稱"清華簡"），由校友趙偉國捐贈，含殘片約 2500 枚。自 2010 年至 2016 年，共刊佈了六輯，第七輯也已在近期刊佈。清華簡時代約爲戰國中晚期，與上博簡、郭店簡等近似，內容多與經史相關。

李學勤指出簡帛研究主要有兩種趨向：一是古文字學和文獻學的途徑，一是學術史的途徑，二者應當彼此補充，交相爲用。文字學研究是學術史研究的重要基礎，清華簡的刊佈極大推動了楚文字、文化以及歷史研究的發展。本文針對清華簡文字方面的研究從文字釋讀、文字現象、字際關係、利用新材料論證舊文字問題等方面進行扼要綜述，難免有所缺漏，還望方家不吝賜教。

一、《清華大學藏戰國竹簡（壹—陸）》文字研究概況

清華簡的研究成果丰碩，多見於專著、期刊、雜誌以及會議論文中，現如今復旦大學出土文獻與古文字研究中心、簡帛網、清華大學出土文獻與保護中心網等網站上有豐富的討論文章，但是由於並非正式發表，本文中僅擇要者舉例。

（一）綜合研究類

1. 概述清華簡各輯研究成果

李學勤作爲清華簡整理工作的主持者，對清華簡的整理、保護情況進行了比較全面的介紹，其《初識清華簡》一書全面

介紹了清華簡前三輯的整理情況①。劉國忠《走進清華簡》對清華簡的發現、入藏、整理、研究的情況進行了全面的介紹②。

崔廣洲《清華簡〈繫年〉研究概述》③劉建明《清華簡〈繫年〉週年研究綜述》④從史料學、文獻學以及文字學等方面對清華簡《繫年》的文獻內容、性質、整理情況進行了說明。李守奎指出《筮法》的文字端莊工整，文字構型有存古與異域現象，文字與西周金文及三晉文字相類，有較多的文字異寫現象⑤。李均明、馮立昇對《算表》的文字、計算原理、學術價值等進行了概述⑥。劉偉浠全面地梳理了清華簡（伍）的文字考釋成果，分類科學，文獻搜集較爲全面，其中已涉及的文章本文不再贅述⑦。

2. 總結文字考釋成果

李松儒《清華簡〈繫年〉集釋》⑧較全面搜集了 2015 年前

---

① 李學勤《初識清華簡》，中西書局，2013 年。
② 劉國忠《走進清華簡》，高等教育出版社，2001 年。
③ 崔廣洲《清華簡〈繫年〉研究概述》，《大眾文藝》2014 年第 2 期，頁 261-262。
④ 劉建明《清華簡〈繫年〉週年研究綜述》，《安徽廣播電視大學學報》2013 年第 3 期，頁 105-108。
⑤ 李守奎《清華簡〈筮法〉文字與文本特點略說》，《深圳大學學報》2014 年第 1 期，頁 58-61。
⑥ 李均明、馮立昇《清華簡〈算表〉概述》，《文物》2013 年第 8 期，頁 73-75。
⑦ 劉偉浠《〈清華大學藏戰國竹簡（五）〉研究綜述》，《牡丹江師範學院學報》2016 年第 4 期，頁 81-86。
⑧ 李松儒《清華簡〈繫年〉集釋》，中西書局，2015 年。

《繫年》的考釋成果。還有一些涉及清華簡文字整理、考釋的專著，如黃人二的《戰國楚簡研究》①、陳偉《荊楚文庫：楚簡册概論》②、周鳳五《朋齋學術文集（戰國卷）》③ 等。李守奎《漢字學論稿》利用新出楚簡材料與《說文》古文互證，收入了一些古文字考釋成果，並提出了楚文字學的框架和設想④。劉成群《清華簡與古史甄微》⑤、高華平《楚簡文字與先秦思想文化》⑥ 雖側重於史學、思想史等研究但是在楚文字特點、文字與思想文化關係研究等方面取得了一定成果。

王明娟⑦、孫永鳳⑧、李爽⑨、嚴明⑩、劉建明⑪等的碩士論文對清華簡的相關篇目進行了較爲全面的梳理和研究，內容豐富，系統性強，但是主要以梳理總結爲主，作者觀點的闡發相對不足。

（二）文字考釋類

文字考釋是古文字研究的重中之重，也是清華簡研究者關

---

① 黃人二《戰國楚簡研究》，上海古籍出版社，2012 年。
② 陳偉《荊楚文庫：楚簡册概論》，湖北教育出版社，2012 年。
③ 周鳳五《朋齋學術文集（戰國卷）》，國立臺灣大學出版中心，2017 年。
④ 李守奎《漢字學論稿》，人民美術出版社，2016 年。
⑤ 劉成群《清華簡與古史甄微》，上海古籍出版社，2016 年。
⑥ 高華平《楚簡文字與先秦思想文化》，中國社會科學出版社，2016 年。
⑦ 王明娟《清華簡〈說命〉集釋》，安徽大學碩士學位論文，2016 年。
⑧ 孫永鳳《清華簡〈周公之琴舞〉集釋》，吉林大學碩士學位論文，2015 年。
⑨ 李爽《清華簡〈伊尹〉五篇集釋》，吉林大學碩士學位論文，2010 年。
⑩ 嚴明《清華簡〈保訓〉研究》，北京大學碩士論文，2011 年。
⑪ 劉建明《清華簡〈繫年〉研究》，安徽大學碩士學位論文，2014 年。

注的重點,取得了豐碩的成果。清華簡文字考釋成果主要包括對於某個字或某幾個字的考釋以及集釋。新成果數量大、更新快,但是一般相對零散、内容較短,在《古漢語研究》《清華簡研究》《簡帛研究》《簡帛》《簡帛語言文字研究》《江漢考古》《文物》等刊物及網絡上也有豐富的文章。

介紹古文字考釋方法的文章有趙平安《談談出土文獻整理過程中有關文字釋讀的幾個問——以清華簡的整理爲例》①,此外更多的是針對具體字詞的考釋。以下對各輯的文字考釋成果進行簡要介紹。

1. 清華簡(壹)文字考釋主要成果

劉光勝從文本校釋、真僞考辨、成書問題、史實考證及義理研究等方面對清華簡(壹)作了綜合、系統的研究②。《保訓》篇的"中"字是本輯討論的熱點,整理者李學勤認爲"中"是"中正、中道"之意,首次將其與儒家傳統學說相聯繫③。趙平安從文本出發,認爲"中"和"詗"相類是受大命之前必須掌握的東西④。劉光勝認爲《保訓》"假中"的"中"

---

① 趙平安《談談出土文獻整理過程中有關文字釋讀的幾個問題—以清華簡的整理爲例》,《深圳大學學報(人文社會科學版)》2012年第2期,頁44—46。
② 劉光勝《清華大學藏戰國竹簡(壹)整理研究》,上海古籍出版社,2016年。
③ 李學勤《清華大學藏戰國竹簡〈保訓〉釋文》,《文物》2009年第6期,頁74。
④ 趙平安《關於〈保訓〉"中"的幾點意見》,《中國史研究》2009年第3期,頁19—24。

當如李均明所說爲判詞①。李零則認爲是立於地中的旗表②。廖名春較好的總結了學界有關"中"的討論，認爲"中"的義涵爲"和"，中道就是"和諧政治之道"。此外，張峰認爲《程寤》簡8"思"應釋爲"畏"，《尹至》《祭公》篇从"亡"之字當釋爲喪，其說可從③。劉雲對清華簡（壹）中的四個字進行考釋④。廖明春⑤、黃懷信⑥對《金縢》釋文進行了校補。陳民鎮對《尹誥》釋文進行校補⑦。

2. 清華簡（貳）文字考釋主要成果

李守奎《清華簡〈繫年〉文字考釋與構形研究》⑧ 以及《古文字與古史考——清華簡整理研究》⑨ 對清華簡尤其是《繫年》的文字、構型、歷史等進行了探討。董珊《簡帛文獻考釋論叢》收入了作者有關簡帛考釋方面的論文，其中關於清華簡

---

① 劉光勝《〈保訓〉之"中"何解——兼談清華簡〈保訓〉与〈易經〉的形成》，《光明日報》2009年5月18日。
② 李零《說清華簡〈保訓〉篇的"中"字》，《中國文物報》2009第5期。
③ 張峰《清華大學藏戰國竹簡（壹）考釋》，《青海民族大學學報》2012年第2期，頁146-148。
④ 劉雲《〈清華簡〉文字考釋四則》，《考古與文物》2012年第1期，頁85-88。
⑤ 廖名春《清華簡〈金縢〉篇釋文補釋》，《清華大學學報》2011年第4期，頁24-28。
⑥ 黃懷信《清華簡〈金縢〉校讀》，《古籍整理研究學刊》2011年第3期，頁25-28。
⑦ 陳民鎮《〈尹誥〉釋文校補》，《歷史研究》2011年第4期，頁110-114。
⑧ 李守奎《清華簡〈繫年〉文字考釋與構形研究》，中西書局，2015年。
⑨ 李守奎《古文字與古史考——清華簡整理研究》，中西書局，2015年。

的文章主要是《繫年》的文字考釋①。

具體的文字考釋方面，王恩田對《繫年》的第一章及第二章的十個字詞從文字考釋、詞義訓釋的角度進行了分析，但是論證似未充分展開②。金宇祥認爲《繫年》中的"沰"字即古文字"黍"字，並與《左傳》相應的"師于氾"對應③。陳偉提出了14條字詞釋讀的不同看法④。楊博對"京師"一詞進行了詳釋⑤。顏世鉉對《繫年》中的兩個"保"字進行了研究，他認爲"![字]"與"![字]"都是"保"的異體字，在文中分別表示背負以及懷抱之意⑥。蘇建洲對該篇中的七個字提出了不同的考釋意見⑦。

3. 清華簡（叁）文字考釋主要成果

本輯中關於《說命》三篇的研究較多。廖明春、趙晶對《說命上》在諸家考釋的基礎上作出了新的釋文，並將其譯成了

---

① 董珊《簡帛文獻考釋論叢》，上海古籍出版社，2014年。
② 王恩田《清華簡〈繫年〉第一、二章校讀（十則）》，《古籍研究》2016年第2期。
③ 金宇祥《清華簡〈繫年〉"沰"之師初探》，《簡帛》2016年第13輯，頁91-101。
④ 陳偉《讀清華簡〈繫年〉札記》，《江漢考古》2012年第3期，頁117-120。
⑤ 楊博《清華簡〈繫年〉京師解》，《簡帛》2016年第12輯，頁43-49。
⑥ 顏世鉉《說清華竹書〈繫年〉中的兩個"保"字》，簡帛網 http://www.bsm.org.cn/show_article.php?id=1617，2012-1-4。
⑦ 蘇建洲《〈清華大學藏戰國竹簡（貳）·繫年〉考釋七則》，《中國文字研究》2014年第19輯，頁65-73。

現代漢語①。馬楠指出从"旨"得聲諸字往往可以讀爲"厎",簡3"罙(既)亦眉乃備(服)"可讀爲"罙(既)亦厎乃備(服)",簡8"克漸五祀"可釋爲"大戊能漸進五年"②。此外,馮勝君對《赤鵠集湯之屋》中"疾""極"等字詞進行釋讀③。徐在國、李鵬輝認爲《別卦》中的"泰"字應當讀爲"徹","徹""泰"音通④。周鳳五綜合文獻特點、語言環境等角度對《赤鵠之集湯之屋》進行了註解。⑤ 趙平安對《芮良夫毖》的字詞和結構進行了分析⑥,沈培對該篇的"繩準"相關的一段字詞進行了補釋⑦。王薇的碩士畢業論文對《周公之琴舞》的研究現狀進行了總結,其中已列出的研究成果本文不再贅述,論文的第二章對該篇的字詞和釋文進行了一些探討⑧。顏世鉉從音理以及詞義兩個方面認爲本篇"甬啓"當讀爲"更啓"更妥⑨。金

---

① 廖名春、趙晶《清華簡〈說命(上)〉考釋》,《史學史研究》2013年第2輯,頁91-99。
② 馬楠《清華簡〈說命〉補釋三則》,《出土文獻》2012年第3輯。
③ 馮勝君《讀清華三〈赤鵠之集湯之屋〉札記》,《吉林大學古籍研究所建所三十週年紀念論文集》,上海古籍出版社,2014年。
④ 徐在國、李鵬輝《談〈清華簡〉別卦中的"泰"字》,《周易研究》2015年第5期。
⑤ 周鳳五《朋齋學術文集》,國立臺灣大學出版中心,2016年。
⑥ 趙平安《〈芮良夫毖〉初讀》,《文物》2012年第8輯,頁77-80。
⑦ 沈培《試說清華簡跟"繩準"有關的一段話》,《"出土文獻與中國古代文明國際學術研討會"論文集》,中西書局,2015年。
⑧ 王薇《清華簡〈周公之琴舞〉研究》,天津師範大學碩士論文,2014年。
⑨ 顏世鉉《說清華簡〈周公之琴舞〉"甬啓"—兼釋兩則與"庸"音義相關的釋讀》,《出土文獻》2016年第8輯,頁108-120。

鑫對《傅說之命》的文字考釋成果和篇章結構進行了分析①。白於藍②、謝明文③對本輯中的一些疑難字詞進行了考釋。

4. 清華簡（肆）文字考釋主要成果

曹振岳的碩士論文全面地介紹了《筮法》的研究成果，主要分析了起卦、解卦以及數字卦問題，但是文字的考釋方面的成果較少④。程薇認爲"宇"字讀爲"霧"更爲合理⑤。王化平對"虗""肴"等字詞作出了解釋⑥。馬楠認爲《筮法》中的"一"表示數字"七"⑦。廖名春結合《說卦傳》對簡文中"勞""羅"兩卦得名之由進行了分析⑧。子居將該篇內容分爲二十節分別進行討論⑨。蔡飛舟對《筮法》篇釋文提出一些補充意見⑩。

---

① 金鑫《清華簡〈傅說之命〉考釋及初步研究》，西北大學碩士論文，2016年。
② 白於藍《清華大學藏戰國竹簡（叁）拾遺》，《中國文字研究》2014年第20輯，頁19-23。
③ 謝明文《清華簡（叁）札記二則》，《簡帛》2016年第12輯，頁29-35。
④ 曹振岳《清華簡〈筮法〉研究》，曲阜師範大學碩士學位論文，2015年。
⑤ 程薇《試釋清華簡〈筮法〉中的"宇"字》，《深圳大學學報》2014年第3期，頁60-61。
⑥ 王化平《讀清華簡〈筮法〉隨札》，《周易研究》2014年第3期，頁71-76。
⑦ 馬楠《清華簡〈筮法〉二題》，《深圳大學學報（人文社會科學版）》2014年第1期，頁71。
⑧ 廖名春《清華簡〈筮法〉篇與〈說卦〉傳》，《文物》2013年第8期，頁70-72。
⑨ 子居《清華簡〈筮法〉解析》，《周易研究》2014年第6期，頁17-28。
⑩ 蔡飛舟《清華簡〈筮法〉補釋》，《周易研究》2015年第2期，頁10-18。

5. 清華簡（伍）文字考釋主要成果

除了劉偉浠《〈清華大學藏戰國竹簡（五）〉研究綜述》提及的成果之外，孟躍龍結合簡文探討了古代抄本文獻當中重文號的用法①。李均明對該篇中的第三至六句進行詳細分析，總結了有關"利"的諸家觀點，結論是《三壽》篇中的"利"說不一定同孟荀完全一致但是趨向相同②。孫合肥對清華簡所見"堵"字進行了考釋③。石小力對本輯中的訛字進行了研究，但是訛字的界定存在一定的難度，該文中多無定論④。王逸青認爲《命訓》簡13中整理者所釋爲"𩰦"之字，應當讀爲"勑"，訓爲"治"⑤。鵬宇對本輯中"左""綦""寺"等三字詞提出了新的釋讀意見⑥。劉成群梳理了"許"的演變源流，對《封許之命》中的"候于許"進行了解析⑦。黃凌倩對《厚父》以

---

① 孟躍龍《清華簡〈命訓〉"少命＝身"的讀法——兼論古代抄本文獻中重文符號的特殊用法》，《簡帛》2016年第13輯。
② 李均明《清華簡〈殷高宗問於三壽〉"利"說解析》，《國學學刊》2015年第4期，頁8-12。
③ 孫合肥《清華簡"堵"字補釋》，《淮南師範學院學報》2014年第1期，頁24-28。
④ 石小力《清華簡第六輯中的訛字研究》，《出土文獻》2016年第9輯。
⑤ 王逸青《〈清華簡《命訓》〉中的"勑"字》，《出土文獻》2016年第8輯，頁131-138。
⑥ 鵬宇《清華大學藏戰國竹簡（伍）文字訓釋三則》，《管子學刊》2015年第2期，頁106-107。
⑦ 劉成群《清華簡〈封許之命〉"候于許"初探》，《中原文化研究》2016年第5期，頁103-107。

及《封許之命》進行了集釋①。

6. 清華簡（陸）文字考釋主要成果

清華大學出土文獻讀書會②、趙平安③等對釋文進行了補證，雖然分析頗有可取之處，但是未展開，補證的內容也不多。徐在國、黃聖松等以札記的形式對《鄭文公問太伯》中的一些字詞問題進行了探討，但是內容相對零散。王永昌④、王挺斌⑤、孫合肥⑥、子居提出了一些字詞的考釋意見。劉國忠對《管仲》篇的釋讀和編聯進行了介紹⑦。季旭昇梳理了各家對《子儀》篇中"鳥飛之歌"的釋讀成果，重新整理了釋文，對其中的一些疑難字詞進行了考釋，並與《左傳》《毛詩》等進行比對⑧。蘇建洲對本輯中的六個字詞提出了新的意見⑨。孟蓬生認爲"羃"

---

① 黃凌倩《清華伍〈厚父〉〈封許之命〉集釋》，安徽大學碩士學位論文，2016年。
② 清華大學出土文獻讀書會《清華陸整理報告補證》，清華大學出土文獻與保護中心網 http://www.tsinghua.edu.cn/publish/cetrp/6842/2016/20160416052940099595642/20160416052940099595642_.html，2016-4-16。
③ 趙平安《清華簡第六輯文字補釋六則》，《出土文獻》2016年第9輯。
④ 王永昌《清華簡研究二題》，《延安大學學報》2016年第5期，頁82-84。
⑤ 王挺斌《清華簡第六輯研讀劄記》，《出土文獻》2016年第9輯。
⑥ 孫合肥《清簡〈子產〉簡19-23校讀》，《淮南師院學報》2017年第1期，頁1-3。
⑦ 劉國忠《清華簡〈管仲〉初探》，《文物》2016年第3期，頁88-91。
⑧ 季旭昇《〈清華簡·子儀〉"鳥飛之歌"試解》，簡帛網 http://www.bsm.org.cn/show_article.php?id=2536，2016-4-27日。
⑨ 蘇建洲《〈清華六〉文字補釋》，簡帛網 http://www.bsm.org.cn/show_article.php?id=2526，2016年4月20日。

與"罿"同爲捕鳥網,且存在訓釋關係①。還有諸多關於對清華陸的字詞考釋意見,由於很多未深入展開,因此此不贅述。

(三) 利用新材料論證相關問題

1. 以清華簡材料爲切入點,對其他戰國文字進行考釋

如陳劍認爲《上博簡・邦人不稱》中"喾"爲《繫年》中"从首戈(捷)聲"之"截"字異體之省形,可釋爲"捷"②。袁金平以清華簡《繫年》的用字爲切入點,對洹子孟姜壺斷代進行重新分析,認爲洹子即齊國大夫陳成子之弟陳宣子其夷③。李守奎由《繫年》"克反邑商"中的"反"聯想到了小臣單觶中的"反"與包山簡中的"飯"④。李學勤則根據《繫年》對司徒疑簋重新進行了考釋⑤。王輝根據《說命》以及《良臣》材料對"傅說"之名的來源進行了闡述,爲"傅"的得名提供了新證據⑥。李銳認爲《說命》可能並非《尚書・說命》⑦。柯鶴

---

① 孟蓬生《清華簡"叕"字試釋》,《漢語文字研究》2014年第1輯。
② 陳劍《簡談〈繫年〉的"截"和楚簡部分"喾"字當釋讀爲"捷"》,《安徽大學學報》2013年第6期,頁67-70。
③ 袁金平《利用清華簡考證古文字兩例》,《清華大學學報哲學(社會科學版)》2011年第4期,頁44-45。
④ 李守奎《據清華簡〈繫年〉"克反邑商"釋讀小臣單觶中的"反"與包山簡中的"飯"》,《簡帛》2014年第9輯,頁113-129。
⑤ 李學勤《由清華簡〈繫年〉重釋沫司徒疑簋》,《中國高校社會科學》2013年第3輯,頁83-85。
⑥ 王輝《傅說之名再考辨—兼論"鳶"字及其他》,《文史哲》2016年第4期,頁98-164。
⑦ 李銳《清華簡〈傅說之命〉研究》,《深圳大學學報》2013年第11期,頁68-71。

立以《筮法》對《包山楚簡》中的卦義進行了解讀①。馬楠②、牛鵬濤③、徐在國④等則利用清華簡材料，對其他古文字材料進行了考釋。

2. 結合清華簡材料梳理文字的源流演變

如李守奎分析了《楚居》以及其他出土楚文獻中與"樊"相關的文例，並且梳理了"樊"字字形的演變過程⑤。李學勤、郭永秉等對此都有專文進行討論，分別釋爲"丁"和"覆"。趙平安利用清華簡新材料對戰國文字中倒山形的字進行了再探討，認爲當釋爲"亭"⑥，他對"![字]"字源流演變進行了分析，但未作出確切的隸定⑦。朱學斌結合傳世文獻對"衹"與"祇"這兩個字的形音義進行了辨析，對二字的源流進行了梳理，該

---

① 柯鶴立《試用清華簡〈筮法〉解讀包山占卜記録中的卦義》，《簡帛研究（春夏卷）》，廣西師範大學出版社，2016年。
② 馬楠《據〈清華簡〉釋讀金文、〈尚書〉兩則》，《深圳大學學報》2012年第3輯，頁59-61。
③ 牛鵬濤《清華簡〈繫年〉與其他銅器銘文互證二則》，《深圳大學學報》2012年第2期，頁47-49。
④ 徐在國《利用清華簡考釋楚璽一則》，《歷史語言研究》2014年第1輯，頁179-182。
⑤ 李守奎《〈楚居〉中的樊字及出土楚文獻中與樊相關文例的釋讀》，《文物》2011年第3期，頁75-78。
⑥ 趙平安《再論所謂倒山形的字及用法》，《深圳大學學報》2012年第3期，頁51-52。
⑦ 趙平安《戰國文字的來源考辨》，《深圳大學學報》2013年第1期，頁60-63。

簡文中應當隸定爲"祇"①。趙平安以《厚父》爲切入點，指出該篇中保留有非楚文字以及突出的古體特徵，文字書寫工整而富於變化②。

（四）與其他文獻進行對比研究

清華簡中有諸多篇目可與其他出土文獻材料以及傳世文獻中的經、史類著作相對應。

1. 與經史類文獻進行比較研究

與詩類文獻進行對比研究的主要有：李學勤將簡本《耆夜》中《蟋蟀》一詩同《詩經·蟋蟀》進行對比，二者雖有諸多共同點，但用韻、句式不同，說明二者成篇時期及地域多有不同③。李炳海比較了"員""喬"等詞在《耆夜》和《詩經》中的用法，認爲這些詞應當是有意義的實詞④。江林昌比較了

---

① 朱學斌《"祇"和"祇"的源流及分別》，《惠州學院學報》2016年第1期，頁148-152。
② 趙平安《談談戰國文字中值得注意的一些現象—以清華簡〈厚父〉爲例》，《出土文獻與古文字研究（第六輯）》，上海古籍出版社，2015年。
③ 李學勤《論清華簡〈耆夜〉的〈蟋蟀〉詩》，《中國文化》2011年第1期，頁7-9。
④ 李炳海《清華簡〈耆夜〉與〈詩經〉相關詞語的考釋》，《文史哲》2014年第1期，頁75-86。

《祝辭》與先秦巫術咒語詩①。廖名春②、李守奎③等將《周公之琴舞》與《周頌·敬之》進行對比研究，廖明春認爲二者內容基本相同，主要差異在於繁簡、同義互換、音近通用等。簡本更加原始，傳世本更加規範。姚小鷗從《周公之琴舞》的篇名分析入手，說明用"周公"而非"成王"、用"琴舞"而非"誦詩"的原因④。

與《左傳》進行對比研究：孫飛燕、李守奎《清華簡〈繫年〉初探》第三章論述了《繫年》與《左傳》的關係⑤。侯文學則更多地比較二者敘述的不同⑥。李學勤對《繫年》以及《竹書紀年》的體例進行了探討⑦。劉光勝對《繫年》以及《竹書繫年》的文字、體例、敘述內容以及方式等方面進行了研究⑧。陳鴻超以《繫年》爲切入點，從史實層面論證了《左傳》

---

① 江林昌《清華簡〈祝辭〉與先秦巫術咒語詩》，《深圳大學學報》2014年第3期，頁54-58。
② 廖名春《清華簡〈周公之琴舞〉與〈周頌·敬之〉篇對比研究》，《深圳大學學報》2013年第6期，頁64-68。
③ 李守奎《清華簡〈周公之琴舞〉與周頌》，《文物》2012年第8輯，頁72-78。
④ 姚小鷗、楊曉麗《〈周公之琴舞·孝享〉篇研究》，《中州學刊》2013年第7期，頁148-152。
⑤ 孫飛燕、李守奎《清華簡〈繫年〉初探》，中西書局，2015年。
⑥ 侯文學《清華簡〈繫年〉與〈左傳〉敘事比較研究》，中西書局，2015年，頁10。
⑦ 李學勤《由清華簡〈繫年〉論〈紀年〉的體例》，《深圳大學學報》2012年第2期，頁46-48。
⑧ 劉光勝《清華簡〈繫年〉與〈竹書紀年〉比較研究》，中西書局，2015年，頁42-44。

的可靠性，但是二者的編纂思路不盡相同，《左傳》除了對事件本身的闡述還有總結和反思①。沈建華結合《繫年》探討了《左傳》的成書問題②。

與《尚書》進行對比研究：姜廣輝從文字、文本內容角度對《尹誥》的真實性提出質疑③，廖名春④與虞萬里⑤均將《尹誥》與《咸有一德》進行了對比，廖名春認爲《尹誥》是失傳的《咸有一德》，但並非古文《尚書》中的《咸有一德》。李學勤認爲清華簡材料充分證明東晉以後的古文《尚書》沒有歷史根據⑥。馬楠根據《繫年》《皇門》兩篇對《尚書》和幾則金文材料中的内容進行新釋⑦。廖名春將《金縢》《尹至》等篇目與《尚書》進行了對比⑧。馬曉穩的碩士論文輯錄了楚簡中可與今

---

① 陳鴻超《從清華簡〈繫年〉看〈左傳〉的傳書性質及特徵》，《出土文獻》2016年第8輯，頁97-107。
② 沈建華《試說清華簡〈繫年〉楚簡與〈春秋左傳〉成書》，《"簡帛·經典·古史"國際論壇論文》，香港浸會大學，2011年。
③ 姜廣輝《清華簡〈尹誥〉獻疑》，《湖南大學學報》2014年第3輯，頁109-114。
④ 廖名春《清華簡〈尹誥〉研究》，《史學史研究》2011年第2期，頁110-115。
⑤ 虞万里《由〈清華簡·尹誥〉論〈古文尚書·咸有一德〉》，《史林》2012年第2輯，頁32-45。
⑥ 李學勤《清華簡與〈尚書〉〈逸周書〉的研究》，《史學史研究》2011年第2輯，頁104-109。
⑦ 馬楠《據〈清華簡〉校讀〈尚書〉兩則》，《深圳大學學報（人文社會科學版）》2012年第2輯，頁59-60。
⑧ 廖名春《清華簡與〈尚書〉研究》，《文史哲》2010年第6期，頁120-125。

本對讀的文字，將清華簡《金滕》《尹誥》與《尚書》中篇目對讀①。

李靈潔將出土文獻與《禮記》進行了對比，論述了《耆夜》與"飲至禮"、《楚居》同《五帝德》等的關係②。黃德寬從《赤鵠之集湯之屋》的文本内容、結構入手，認爲該文具有小說的文體特徵，有可能改變文學史家先秦無小說的結論③。

2. 與多種文獻材料進行比較研究

馬楠將《繫年》《芮良夫毖》④《良臣》⑤ 等與相關材料進行對比研究，不僅有利於對清華簡相關篇目的釋讀，也對出土文獻的整理有所裨益。其《清華簡〈繫年〉輯證》在彙集傳世文獻資料的基礎上加上作者的案語，對解決古史、文字問題有極大的幫助⑥。

柯鶴立將《保訓》與西周金文中所記錄的冊命相關的内容以及上博簡《昔者君老》《孔子家語》等進行對比，結論是

---

① 馬曉穩《出土戰國文獻〈尚書〉文字輯證》，安徽大學碩士學位論文，2012年。

② 李靈潔《出土文獻所見與今本大小戴〈禮記〉相關文獻研究》，復旦大學碩士學位論文，2012年。

③ 黃德寬《〈赤鵠之集湯之屋〉與先秦"小說"》，《復旦大學學報》2013年第4輯，頁81-86。

④ 馬楠《〈芮良夫毖〉與文獻相類文句分析及補釋》，《深圳大學學報》2013年第1期，頁76-78。

⑤ 馬楠《清華簡〈良臣〉所見三晉〈書〉學》，《中國高校社會科學》2013年第3期，頁93-96。

⑥ 馬楠《據〈清華簡〉校讀〈尚書〉兩則》，《深圳大學學報（人文社會科學版）》2012年第2輯，頁59-60。

"訓"是介於詩與書之間的體裁①。

謝維揚對《說命》三篇所反映的古書成書以及文本流傳問題進行了探討，認爲該文獻對研究《尚書》《國語》的文本流傳有重要意義②。沈培將清華簡《說命》中的六個"若"字句與傳世文獻進行了對比，這些句子具體是比擬句或者是假設句尚有爭議，根據語言特點可以判斷《楚語上》應當是從本篇摘抄和改編而來③。

饒宗頤已引《歸藏》來論述與數字掛相關的問題，在《筮法》《別卦》刊佈後，李學勤將二者從卦名、次序、寫法三個方面與《歸藏》進行比對，二者體例都是"卦皆六畫"，《歸藏》除了與《筮法》八經卦卦名、體例密合，同清華簡《別卦》卦名的寫法也頗爲一致④。

黃國輝首先對《厚父》進行了疏補，從文本創作背景、思想內容、用詞與書寫等幾個角度來判斷該文本寫定時代至遲在西周中晚期。作者用出土文獻對古書真僞和流傳研究進行研究

---

① 柯鶴立《清華簡〈保訓〉中的"訓"及古代傳播"訓"的方式》，《清華簡研究》2013年第1輯，頁74-83。
② 謝維揚《由清華簡〈說命〉三篇論古書成書與文本形成二三事》，《上海大學學報〈社會科學版〉》2016年第6期，24-32頁。
③ 沈培《談談清華簡〈傅說之命〉和傳世文獻相互對照的幾個"若"字句》，《簡帛》2015年第10輯，頁51-60。
④ 李學勤《〈歸藏〉與清華簡〈筮法〉〈別卦〉》，《吉林大學社會科學學報》2014年第1期，頁24-32。

的方法值得肯定和借鑒①。

扈曉冰的碩士學位論文對《金縢》篇進行了研究，對《金縢》篇的異文進行了整理，分析了異文產生的原因②。

將簡帛文獻與傳世文獻對比研究的專著非常豐富，但是涉及到清華簡的相對有限。主要有范長喜《簡帛探微—簡帛字詞考釋与文獻新證》充分利用二重證據法考釋簡帛中的疑難字詞，但是其中涉及清華簡的內容相對較少③。單育辰《楚地戰國簡帛與傳世文獻之對讀研究》，說明了楚地戰國簡帛與傳世文獻對讀在文字考釋方面的重要意義④。陳致《簡帛·經典·古史》收錄了"簡帛·經典·古史"國際研究論壇的相關論文，主要是通過簡帛文獻討論歷史問題兼及文字的考釋。

（五）文字形義關係及字體研究

1. 形義關係研究

陳思鵬的《楚系簡帛中字形與音義關係研究》是探討字形同音義關係的力作，對字形與音義關係進行了概述，條理清晰，例證豐富，但由於出版時間較早，清華簡中的新現象、新材料收入較少⑤。趙明的碩士論文專門針對清華簡字詞關係進行研

---

① 黃國輝《清華簡〈厚父〉新探》，《清華大學學報》2016年第3期，頁61-71。
② 扈曉冰《清華簡〈金縢〉篇研究》，天津師範大學碩士學位論文，2012年。
③ 范長喜《簡帛探微-簡帛字詞考釋與文獻新证》，百家出版社，2016年。
④ 單育辰《楚地戰國簡帛與傳世文獻對讀之研究》，中華書局，2014年。
⑤ 陈思鹏《楚系簡帛中字形與音義關係研究》，中國社會科學出版社，2011年。

究，其體例則與陳文基本相同①。李春桃按古韻三十部梳理了古文中的異體關係②。楊建忠利用古文字資料研究楚文字通假現象以及楚國方言，能夠分時分域進行具體研究③。馮麗梅④、吳優⑤的碩士學位論文對清華簡的通假字和形聲字進行了研究。

其他針對具體字詞進行研究的有：魏宜輝對古文字中"伊"字的形體演變進行了歷時研究⑥。李學勤對《繫年》中通假爲"獲"之字進行了整理⑦。季旭昇結合出土文獻材料，對"息"的形義來源進行了分析，補充了《說文》的釋義不足⑧。

2. 字體研究

李守奎從歷時的角度分析了西周、春秋、戰國時期楚文字的特點及演變，從共時角度探討了楚文字內部以及與三晉、秦、

---

① 趙明《清華大學藏戰國竹簡（壹-肆）字形與音義對應關係研究》，哈爾濱師範大學碩士論文，2015年。
② 李春桃《古文異體關係整理與研究》，中華書局，2016年。
③ 楊建忠《楚系出土文獻語言文字考論》，浙江大學出版社，2014年。
④ 馮麗梅《清華大學藏戰國竹簡（壹—肆）通假字研究》，哈爾濱師範大學碩士學位論文，2015年。
⑤ 吳優《清華大學藏戰國竹簡（壹—伍）形聲字研究》，哈爾濱師範大學碩士學位論文，2016年。
⑥ 魏宜輝《古文字用作"伊"之字考釋》，《中山大學大學學報》2014年第6期，頁55-59。
⑦ 李學勤《釋清華簡〈繫年〉通假爲"獲"之字》，《出土文獻》2011年第10輯，中華書局。
⑧ 季旭昇《從戰國文字談"息"字》，《歷史語言學研究》第7輯，商務印書館，2014年，頁153-167。

齊等文字的差異①。羅運環探討了楚文字自有的演變規律，這些演變與古文字總體變化情況殊途同歸，最終爲秦文字的整合奠定了基礎②。朱歧祥認爲雖然清華簡與一般金文字形有明顯的差異，混有不同時空的字形，但是卻見大量特殊字例和中山國金文相吻合③。李松儒的研究角度比較新穎，從筆畫搭配、特徵字、用字習慣等幾個方面對《管仲》篇進行了研究，並與《湯處於湯丘》進行橫向比較，結論是二者當是同一書手所寫④。馮勝君將《保訓》的字體與三體石經進行對比，二者的風格整體比較接近，他認爲《保訓》的書法風格可能源於齊魯地區，但是文字形體基本是楚文字⑤。

二、清華簡研究的總結與展望

清華簡文字的研究是現今古文字研究的熱點，研究成果層出不窮，加之網絡的發展，更新和傳播十分迅速。文字研究成果與簡帛發掘整理成正相關，清華簡刊佈快、整理水平高，極

---

① 李守奎、白顯鳳《楚文字的歷史發展與地域系統的形成》，《吉林大學社會科學學報》2017年第1期，頁158-174。
② 羅運環《論楚文字的演變規律》，《古文字研究》2000年第22輯。
③ 朱歧祥《由金文字形評估清華藏戰國竹簡》，《楚簡楚文化與先秦歷史文化國際學術研討會論文集》，2011年。
④ 李松儒《清華大學藏戰國竹簡（陸）之〈管仲〉字跡研究》，《書法研究》2016年第4期，頁34-35。
⑤ 馮勝君《試論清華簡〈保訓〉篇書法風格與三體石經的關係》，《清華簡研究》2013年第1輯，頁92-98。

大的推動了古文字研究的發展。在文字的考釋、文字現象的總結、與其他文獻的對比研究、文字形義關係等方面都取得了豐碩的成果，尤以文字考釋爲多。

1. 文字考釋成果多、水平高。李學勤等清華簡整理者高水平的釋文爲清華簡的研究奠定了良好的基礎，諸多高校讀書會合作探討的模式取得了積極的成果，各位專家學者的考釋文章使得清華簡文字研究更加深入，解決了很多文字釋讀以及訓詁問題。

2. 文字現象、規律總結愈加受到重視。清華簡文獻約成文在戰國中晚期，保留了很多原始的文本信息，通過對字形特徵或文本信息的分析，將有助於對其文本性質的探討。豐碩的文字考釋成果爲文字規律、現象的總結奠定了良好的基礎。總體而言，目前對清華簡出現的一些文字現象，如簡化、繁化、異化、同形、訛字也有越來越多的文章進行討論。

3. 推動其他出土文獻的疑難字詞考釋。新材料的刊佈爲古文字的考釋提供了更爲豐富的材料和例證，使得一些之前存疑的考釋意見能有定論，一些此前未能考釋出來的字詞有了新的成果。

4. 促進傳世文獻進行對讀，對文本流傳、異文進行研究，解決了一些重要的文字學以及史學問題，也爲清華簡文字釋讀提供了更爲充分的證據。

雖然清華簡研究已然取得了豐富的成果，但是依然有很多值得深入之處：

1. 加快新材料的整理、保護和刊佈。清華柒已經出版，必會將清華簡的研究推向又一高潮，期待更多新成果的湧現！

2. 加強對於肆至陸輯的文字研究，整理已有的相對零散的考釋成果，形成集釋。現今考釋成果雖多但相對零散，各輯研究成果不均，前三輯的成果相對豐富，而肆至陸輯的研究成果則相對較少。後三輯目前的成果還主要集中在文字考釋層面，且主要是網站上的討論，正式刊佈的文章較少。

3. 深化文字現象以及規律的總結，重視理論體系的建設。除了以文字考釋爲基礎工作外，還應重視理論體系的建設和闡發，借鑒傳統語言學以及語言學研究新成果。與傳世文獻相對照也是出土文獻研究的重要方法，與其他材料的對比研究及非楚文字特徵等的研究尚不夠充分。應當在現如今豐富的文字考釋成果基礎上，更加重視考釋方法和楚文字書寫規律的總結。

4. 重視字詞關係的研究。受到我國傳統語言學中文字本位觀念的影響，字詞界定不明，言文不分，對字詞關係的重視不夠。而豐富的出土材料不僅體現出了戰國時代複雜的字詞對應關係，更對字詞關係的研究有重要的參考價值。

5. 編纂清華簡文字編、通假字、異體字字典等工具書。清華簡每輯都附有文字編便於檢索，此外專門針對清華簡的工具書有沈建華、賈連翔編撰的《清華大學藏戰國竹簡文字編（壹-

叁)》①。雖然古文字方面的工具書種類繁多，但是專門針對清華簡或者收入清華簡相關內容的工具書相對較少，而這些工具書能爲研究清華簡的學者提供極大的便利，因此該項工作值得重視。

---

① 沈建華、賈連翔《清華大學藏戰國竹簡文字編（壹－叁）》，中西書局，2014年。

秦法之啟示

周海鋒*

摘 要：秦制影響中國歷史進程頗巨，秦法促使偏居一隅被東方諸國鄙視的秦國迅速強大起來，並最終一統九州。秦之律令法體系是中華法系的主源之一。秦法之優點被後世充分借鑒，其不足也引起之後的統治者注意。法治與君主專制之間不可調和的矛盾，常使得帝制時代的法令成為統治者施暴的工具。

關鍵詞：秦法；睡虎地秦墓竹簡；嶽麓秦簡

檢閱傳世典籍，見到的只有對秦法武斷冰冷的判斷，這些判斷陳陳相因者居多，獨具慧眼者為少。眾所周知，漢代人對之前的文獻進行過系統的整理，從某種意義上講，今人所見的漢之前的傳世文獻均不能以第一手材料視之。我們或者可以稱之為"前漢文獻的漢代生成"。我們無意質疑司馬遷、班固作為

---

*周海鋒，湖南大學嶽麓書院 博士後 長沙 410082。本文寫作得到中國博士後科學基金第 61 批面上資助，項目編號為：2017M612545。

一流史家所具有的不虛美、不隱惡及秉筆直書等良好品質，也會對賈誼、陸賈、晁錯、桓譚、王充、仲長統、崔寔等政論家給予秦法秦朝的評判保持應有的審慎。然無論我們如何小心翼翼，想從傳世史料中將秦代的面貌釐清，註定會事倍功半。人是社會的產物，身居其中的史家也必會受整個社會思潮的影響。漢代史學家在書寫秦史時，從史料選取到是非判定均無可避免地帶有勝利者那種居高臨下的目光，今天的研究者若一味依賴漢人筆下的秦史對某些問題作出評判，難免會產生偏差。值得慶幸的是，沉寂地下兩千多年的秦代文獻陸續出土，為秦研究提供了千載難逢的良機。在出土的秦文獻中，尤以法制材料居多且寶貴。秦能一統天下，利器有二，一為兵，二為法，然最根本的推動力是法。要弄清秦之興衰成敗，以法制作為切入點應是可取的。秦法有何值得借鑒之處[1]？又有哪些無法克服的弊端？對今天的法制建設有何啟示？文章將就以上問題略抒一己之見，以求友聲於同好。

一、秦法可取之處

秦原本只是西方邊陲為周王室養馬的弱小部落，經過多年努力才被周天子賜予子爵，然東方諸國均以"夷狄"視之。雄才大略的秦穆公知才善任，苦心經略多年後終於使得秦國影響

---

[1] 文中所言秦法指自商鞅以後秦國以及秦代所實行法律之總稱。

力波及中原，但很快隨著雄主的離去，國運也迅速轉盛為頹。內有接二連三的政變，外有三晉兵鋒的威脅，秦國一度到了崩潰的邊緣。秦孝公挽狂瀾於既倒，納商鞅，革舊制，行新法，國以富強，民以殷實，秦國一夜間成為六國畏懼的"虎狼之國"。可見，秦由弱變強的歷史與新法的推行進程是一致的。也可以說，沒有商鞅變法，秦稱雄六國的可能性是極小的，更不用談統一天下了。

商鞅變法的成功及法治理念能在秦國長期實踐下去，原因是多方面的，但最重要的是為數眾多體系嚴密的法律條文均非憑空想象出來，而是針對秦國的實際情況量身訂做。而且，這些律令條文不時得以修訂，以適應新的國情。從這個意義上講，秦孝公和商鞅只是變法的首倡者而已，後繼者們與他們共同完成了秦國的變法。秦法能成功緣於其諸多可取之處，具體而言，大致有以下幾點。

(一) 法不阿貴，一斷於法

商鞅學派提出的"壹刑"、"刑無等級"等主張在《商君書‧賞刑》中可見一斑，"所謂壹刑者，刑無等級，自卿相、將軍以至大夫、庶人，有不從王令、犯國禁、亂上制者，罪死不赦。"[①] 需要指出的是以上理論並非只是設想而已。秦孝公時，太子嬴駟犯法，秦國上下尤其是保守貴族們都睜大眼睛看商鞅如何處置。結果是太子的老師公孫賈被處以黥刑，太傅公子虔

---

① 蔣禮鴻《商君書錐指‧賞刑》，中華書局1986年，頁100。

亦處以肉刑。後來,公子虔因再次犯法被處以劓刑。朝臣之貴莫過於儲君,太子犯法商鞅照懲不貸,商鞅之法的確迥異於西周以來流行的"刑不上大夫"那一套。屈於改革者的銳勢,保守派不得不奉行新法。新法能得以順利推行,與變法初期懲治太子集團是分不開的。這一"法不阿貴"的原則,一直延續到王朝的終結期。趙高誣陷李斯,想置之於死地,但不是採取直接的暴力手段,而是費勁心機,尋找捏造李斯的犯罪證據,甚至用嚴刑拷打、欺詐等手段逼迫他服罪。這一史實也從側面證明了,"法治"觀念在秦人腦海中已根深蒂固。又劉邦與關中百姓"約法三章"而秦民歡躍,秦地百姓並非喜歡劉邦及其軍隊,而是"約法三章"給他們提供的安全感,因為秦人已經習慣依法辦事。

(二) 高度的適用性

睡虎地秦律中有一種被稱為"貲"的刑罰,即對犯法者進行經濟上的懲罰。貲罰的對象主要有盾、甲和絡,關於接受處罰者是繳納實物還是金錢問題學術界有不同的看法。黃展岳、高敏、劉海年等均認為被罰者繳納的是金錢,石子政則認為貲刑在執行時一般要求直接繳納甲、盾等實物,折算為金錢繳納只是特例①。臧知非亦持繳納實物說,並在石子政的基礎上有了進一步論證②。宋豔萍則認為,貲刑經歷了一個從繳納實物到金

---

① 石子政《秦貲罰甲盾與統一戰爭》,《中國史研究》1984 年第 2 期。
② 臧知非《貲刑變遷與秦漢政治轉折》,《文史哲》2006 年第 4 期。

錢的變化過程，進而演變為漢代的罰金制度①。無論被罰者最終上繳的是貨幣還是鎧甲、盾牌等實物，"貲甲"、"貲盾"等詞彙大量出現在秦律及里耶文書中都暗示著律文是為統一戰爭服務的。

又為了鼓勵軍民建戰功，秦國甚至構建了一套多達二十級的軍功爵制。爵位越高，享受的權益就越多，不更（下數第四級）以上爵位的可以免服徭役。此外，爵位還可以用以抵罪或為奴隸贖身。這一措施極大地激發秦人建立功勳的熱情，以至於出現《史記·商君書》中所言"有功者顯榮，無功者雖富無所芬華"的現象②。

（三）重懲首惡及團體犯罪，重犯罪動機

秦法另一個值得借鑒之處在於重懲首惡元兇。如對嫪毐謀反案的處理，嫪毐被夷三族，而追隨他的舍人們僅被處以遷刑。又如《法律答問》："夫盜三百錢，告妻，妻與共飲食之，可（何）以論妻？非前謀殹（也），當為收；其前謀，同罪。"③ 意思是說：丈夫盜竊三百錢，告知其妻，妻和他一起用這些錢飲食，妻應如何論處？妻子事先沒有與丈夫一起謀劃盜竊之事的話，作收藏財物論處（即不算犯罪）；如果參與謀劃，則與丈夫

---

① 宋豔萍《張家山漢簡法律文書研究綜述——從〈二年律令〉中的"貲"看秦漢經濟處罰形式的轉變》，中國文物研究所編《出土文獻研究》第6輯，2004年。
② 《史記·商君列傳》，中華書局1982年，頁2230。
③ 睡虎地秦墓竹簡整理小組《睡虎地秦墓竹簡·法律答問》，文物出版社1990年，頁97。

同罪。又如:"甲謀遣乙盜殺人,受分十錢,問乙高未盈六尺,甲可(何)論?當磔。"意思是說:"甲主謀派乙盜劫殺人,分到十錢,問乙身高不滿六尺,甲應該如何論處?應車裂。"① 雖然人是乙殺的,但是甲教唆未成年人乙殺人劫財,不管其最終分得多少錢財,作為元兇首惡的甲最終會得以嚴懲。

秦代十分重視對團夥犯罪的打擊,《為獄等狀四種》中所載"屍等捕盜疑購案"發生在秦王嬴政二十五年,廷審過程中引用了一條律文為:"產捕群盜一人,購金十四兩",意思是活捉五人以上犯罪團夥中一人,賞賜黃金十四兩。據《嶽麓書院藏秦簡》第二卷《數》,金一兩折合成銅錢為五百七十六錢,金十四兩計八千六十四錢。又從《為獄等狀四種》中所載同樣發生在秦王嬴政二十五年的"癸瑣相移謀購案"可知抓捕殺人犯一人,獎賞四千三十二錢②。可知,抓獲群盜的賞金是殺人犯的兩倍。由此可見,秦打擊團夥犯罪的力度大於殺人犯。

秦律量刑時會充分考慮犯罪動機,對故意犯罪和無意犯罪的處罰是不相同的。如《法律答問》第34則:"甲告乙盜牛若賊傷人,今乙不盜牛,不傷人,問甲可(何)論?端為,為誣人;不端,為告不審。"意思是說甲控告乙盜牛、故意傷人,其實乙並沒有做過,問對甲該如何處置?如果甲是故意為之,則

---

① 《睡虎地秦墓竹簡·法律答問》,頁109。
② 朱漢民、陳松長主編《嶽麓書院藏秦簡》(叁),上海辭書出版社2013年,頁95–104。

以誣告論處；不是故意的，作為控告不實論處。

又《法律答問》中以"欲"、"不欲"來表明犯罪者是有意為之還是無心之罪，如第25則：

"抉籥（鑰），贖黥。"可（何）謂"抉籥（鑰）"？抉籥（鑰）者已抉啟之乃為抉，且未啟亦為抉？抉之弗能啟即去，一日而得，論皆可（何）殹（也）？抉之且欲有盜，弗能啟即去，若未啟而得，當贖黥。抉之非欲盜殹（也），已啟乃為抉，未啟當貲二甲①。

"抉鑰，贖黥。"什麼叫"抉籥（鑰）"？撬門鍵的人已經撬開才算撬，還是沒撬開也算撬？撬而未能撬開就走了，當天被拿獲，以上各種情形都應該如何論處？撬門鍵的目的在於盜竊的，未能撬開就走，或未撬開而被拿獲，都應贖黥。撬門鍵目的不在盜竊的，已開才算作撬，未開應罰二甲②。

有上述材料可知，秦律十分重視犯罪動機，而不僅僅關注犯罪事實是否構成。只要撬門是為了盜竊，不管門有沒有撬開，偷沒偷東西，均要處以"贖黥"之刑。

（四）律文兼顧穩定性與靈活性

從出土的幾批秦法律典籍可以看出，秦律條文兼具穩固性和靈活性。所謂穩固性是指某些法律條文被長時間使用，如一些律文雖然產生在戰國時期，但在秦統一天下後仍舊被沿用。

---

① 《睡虎地秦墓竹簡·法律答問》，頁100。
② 《睡虎地秦墓竹簡·法律答問》，頁101。

這一點是十分重要的，一項可行的規則，只有具備一定的延續性，它的功用才能充分發揮出來，也不會讓官民因朝令夕改而無所適從。靈活性表現在能夠根據具體情況的變化而及時增加或廢除一些法律條文。

先談談秦律條文的穩固性。《秦律十八種·田律》規定："百姓犬入禁苑中而不追獸及捕獸者，勿敢殺；其追獸及捕獸者，殺之。河（呵）禁所殺犬，皆完入公；其它禁苑殺者，食其肉而入皮。"① 相似的法律條文亦見於《龍崗秦簡》："黔首犬入禁苑中而不追獸及捕……者勿……殺；其追獸……及捕……獸者……殺之；河（呵）禁所殺犬，皆完入公；其……它禁苑，食其肉而入皮。"② 將兩條律文相比較可知，二者幾乎一樣，最大的不同就是睡虎地《田律》中的"百姓"在《龍崗秦簡》中被改爲"黔首"。據《史記·秦始皇本紀》，嬴政一統天下後，改稱"百姓"爲"黔首"。由此可知，秦代完全照搬了戰國時代使用的一些法律條文，只是在個別稱謂上加以改動而已。又《秦律十八種·行書律》："行傳書、受書，必書其起及到日月夙莫（暮），以輒相報殹（也）。書有亡者，亟告官。隸臣妾老弱及不可誠仁者勿令。書廷辟有曰報，宜到不來者，追之。"③ 相似律文見嶽麓秦簡 1271 號："行書律曰：傳書受及行之，必書

---

① 《睡虎地秦墓竹簡·法律答問》，頁 20。
② 中國文物研究所、湖北省文物考古所編《龍崗秦簡》，中華書局 2001 年，頁 101—102。
③ 《睡虎地秦墓竹簡》，頁 61。

其起及到日月夙莫（暮），以相報，報宜到不來者，追之。書有亡者，亟告其縣"①。通過比較二則律文易知後者只是在前者的基礎上略加變動。

再來看看秦律條文的修訂。頒佈於秦武王二年的更修為田律即在原有田律的基礎上修訂而成，這一點從青川木牘正文中出現"更修"字樣可以得知。又青川木牘中有類似《月令》的內容，規定了哪個月該做什麼和不應做什麼。關中地區的氣候與成都平原是有相當差距的，若原封不動移用適用於關中地區的秦律來指導農業生產，恐怕不符農時，所以不得不將律文稍作調整再頒佈於蜀地。《語書》亦為南郡太守騰根據本地特殊的民俗風情而頒佈的帶有補充性質的地方性法規。南郡太守騰認為先前的法律有漏洞，不足以禁奸，因而楚風依舊盛行，淫佚之民敢於以身試法。

（五）嚴防嚴懲官吏犯法

前面提到秦法奉行"壹刑"、"刑無等級"等主張，但同時又宣導"以法為教，以吏為師"。官吏為民眾的表率，尤其要奉公守法。因此，秦法對官員犯罪的懲罰往往比一般百姓要重。秦律對團體犯罪的處罰是及其有力的，五人以上的犯罪團夥哪怕只盜取一錢，也會被斬左止後再黥為城旦舂，而普通人盜竊六百六十錢以上也僅會被黥為城旦舂。但是對於負責抓捕盜賊

---

① 陳松長《嶽麓書院藏秦簡中的行書律令初探》，《史學輯刊》2009 年第 3 期。

的官吏"求盜"而言，如果盜竊財物，會按照處罰團夥犯罪的標準執行①。盜賊入室將甲殺傷，甲呼救，其四鄰、里典、伍、老都不在家，沒有聽到呼喊聲。對於這種情況，如果四鄰的確不在家，可以免受懲罰；而里典、伍長和三老等基層行政人員，即使不在家也要論罪②。

秦律通過嚴懲職務犯罪以減少官吏的瀆職和失職行為。官吏利用職務之便私自將縣政府的錢財借出去，與盜竊同等論處③。官員拆閱偽造的文書，未能察覺，罰二甲④。捉拿應判處貲罪的犯人，故意用劍或其他兵器刺殺他，如果犯人被殺死，官吏要處以完為城旦的刑罰；如果只是傷到犯人，也要被耐為隸臣⑤。押送在鄉里作惡的罪犯而將他放走，官員將被關起來，從事所放走罪犯該幹的活，直到罪犯被抓獲為止⑥。

對於那些不作為的官員，處罰是很嚴厲的。行政機關的最高負責人不把本職工作當回事，而天天干壞事，將被流放到邊遠地區，妻子也不允許跟隨前往⑦。被處以遷徙刑者會遭受肉體和情感的雙重折磨，甚至比死刑更難以讓人承受。

---

① 《睡虎地秦墓竹簡》，頁93。"六百六十錢"是秦漢時期一個重要的衡量指標，如官員在核算財物時，若誤差超過六百六十錢，就要記"大誤"。
② 《睡虎地秦墓竹簡》，頁116。
③ 《睡虎地秦墓竹簡》，頁101。
④ 《睡虎地秦墓竹簡》，頁107。
⑤ 《睡虎地秦墓竹簡》，頁122。
⑥ 《睡虎地秦墓竹簡》，頁122。
⑦ 《睡虎地秦墓竹簡》，頁107。

（六）憐恤弱勢群體

秦法又一可取之處在與對弱勢群體的憐恤，用法律保障他們的利益。主要表現在對婦女權益的維護、懲罰棄嬰行為、反對刑訊逼供、老小殘疾人犯法會獲得減刑等方面。

秦代婦女的地位相對漢代而言，要高得多。秦代女性作為法律主體，其地位與男性是完全對等的。如《法律答問》："妻悍，夫毆治之，決其耳，若折支（肢）指、胅體（體）體，問夫可（何）論？當耐。"意思是說：妻兇悍，其夫加以責打，撕裂了她的耳朵，或折斷了四肢、手指，或造成脫臼，問其夫應如何處理？當處以耐刑。又秦律規定"鬥夬（決）人耳，耐"①。可見撕裂妻子的耳朵與打鬥過程中撕裂他人的耳朵，所受到的處罰是一樣的。尤其是"夬（決）裂男若女耳，皆當耐"的規定②，將男與女並列，可見女性的法律地位與男性是平等的。而漢代婦女地位明顯低於秦代，如西漢初年的《二年律令·賊律》規定："妻悍而夫毆笞之，非以兵刃也，雖傷之，毋罪。"③ 妻子兇悍，丈夫毆打她，只要不用刀劍，即使打傷她，也無罪。

秦漢時期流行一種"殺首子"的習俗，其起源於何時，不可考證，但一些有識之士已經反對此行為。秦國曾以法律手段

---

① 《睡虎地秦墓竹簡》，頁107。
② 《睡虎地秦墓竹簡》，頁107。
③ 《張家山漢墓竹簡》，頁13。

禁止此陋習的延續。《睡虎地秦墓竹簡》中所載《日書》是當時人們擇吉避凶的實用手冊，是時人思想的最好寫照。《日書》中有關於擇日生子的內容，如："丙子生子，不吉"，"己醜生子，貧而疾"，"丁未生子，不吉，毋（無）母，必賞（嘗）繫囚"，"辛亥生子，不吉"，"己巳生子，鬼，必為人臣妾"①。以上內容如今看來或許荒誕不經，但的確盛行一時。棄嬰殺嬰行為的盛行，與時人認為某天生子不吉利是緊密聯繫在一起的。而秦律明確規定"擅殺子，黥為城旦舂"，即使是因為兒女眾多無法撫養而殺掉幼嬰，也要當作"擅殺子"處理②。所謂擅殺子，即私下將孩子殺死，而時先沒有稟告官府，沒有徵得官府同意。秦律規定，如果嬰兒有疾病纏身或其他原因，報於官府，得到允許後可將嬰兒殺死。雖然秦律禁止擅自殺嬰，或許有其更現實的原因，如增加勞力和兵源之類，但在客觀上維護了嬰兒的權益。

儘量避免刑訊逼供亦為秦法人道的一面。從《封診式》的記載可知，秦法規定，"治獄，能以書從跡其言，毋治（笞）諒（掠）而得人請（情）為上；治（笞）諒（掠）為下，有恐為敗"③。辦理案件，能根據記錄的口供，進行追查，不用拷打而察得犯人的真情，是最好的；通過拷打得到實情，為下策；恐

---

① 《睡虎地秦墓竹簡》，頁203–205。
② 《睡虎地秦墓竹簡》，頁109。
③ 《睡虎地秦墓竹簡》，頁147。

嚇犯人,是失敗。只有在嫌疑犯數次更改證詞,且法律規定可以用刑的情況下才行"笞掠"①。

所犯罪行相同,對殘疾人、未成年人的處罰要輕得多。如《法律答問》就規定看守官府的廢疾者逃亡而被抓捕,按照因公廢疾的人同樣處理②。《法律答問》:"甲盜牛,盜牛時高六尺,繫一歲,復丈,高六尺七寸,問甲可(何)論?當完城旦。"③秦對盜牛者的處罰很重,據《鹽鐵論·刑德》:"秦之法,盜馬者死;盜牛者加"④,可知盜牛之罪重於死罪。而對甲僅處以完城旦的刑罰,表明是按照盜牛時的身高定罪的。秦律規定,男性六尺二寸以下、女性六尺以下為"小"。從盜牛時身高只有六尺的甲僅被處以完城旦刑,可知在秦國未成年人犯法可以從輕處理。

二、秦法之時代缺陷

就像任何事物均有兩面性一樣,秦法也有不夠完美之處。主要表現在以下幾個方面:迷信法律而輕風俗教化,獨尊法家而罷黜眾家;法網過密以致百姓動輒得咎;秦始皇後期尤其是秦二世時篡改律文,自亂其法,加速了王朝的滅亡。

---

① 《睡虎地秦墓竹簡》,頁148。
② 《睡虎地秦墓竹簡》,頁124。
③ 《睡虎地秦墓竹簡》,頁95。
④ 王利器《鹽鐵論校注》,中華書局1992年,566頁。

(一) 重法輕化

秦統治者迷信法律輕視風化，這一點從出土的睡虎地秦墓竹簡中能得到極好的證明。秦王嬴政二十年南郡太守騰公佈了一個地方性的文告，整理者將其命名為《語書》。太守騰在《語書》中斥責官員沒能有力的貫徹法令，並將楚地流行的與秦律令相妨的習俗稱作"惡俗"，稱信"惡俗"而不奉秦法者為"邪避（僻）淫失（佚）之民"。太守騰認為良吏與惡吏的最大區別就在於"良吏明法律令"，而"惡吏不明法律令"①。

賈誼曾說："及秦而不然，其俗固非貴辭讓也，所上者告訐也"②，其實商鞅之後秦人無辭讓之風是極好理解的。禮儀謙讓是儒家所提倡，秦昭王時訪問過秦國的大儒荀子發出過"其殆無儒邪"的感慨③。然"秦無儒"並不等同於秦自古以來就沒有受到過儒家思想的影響。秦作為後化民族，對東方的先進文化一直懷著敬仰之情，曾經一度各種流派的思想均可以在此自由碰撞。商鞅之前甚至同時代的秦國信奉儒家者不乏人在。這其中最出名的就是《史記·商君列傳》中提到的趙良，他在與商鞅論辯過程中指出其諸多行事不當指出，並認為"教之化民也深於命，民之效上也捷於令"，提醒商鞅不要一味依賴律令而忽視教化的作用。法家所迷信的律令刑罰雖然能起到立竿見影

---

① 《睡虎地秦墓竹簡·語書》，頁13、15。
② 閻振益、鍾夏《新書校注·保傅篇》，中華書局2000年，頁185。
③ 王先謙《荀子集解·強國》，中華書局1988年，頁304。

的效果，但依靠暴力維持的法治，終不如教化化人於無形卻持久有效。秦人與其說畏商鞅之法，不如說畏其勢，趙良說商鞅出門前必要費一番周折，"後車十數，從車載甲，多力而駢脅者為驂乘，持矛而操闟戟者旁車而趨。此一物不具，君固不出"①。再則，秦人踴躍"告奸"也與商鞅有關，"不告奸者腰斬，告奸者與斬敵首同賞，匿奸者與降敵同罰"②，便是其變法過程中頒佈的法令。又《商君書·開塞》也載，"賞施於告奸，則細過不失"③。

應該說秦地社會風氣的轉化與商鞅、李斯這兩位法家代表人物是極其有關的。二者均極力推崇法家，排斥其他學說，對儒家學派的打壓尤為嚴重。

商鞅認為禮樂詩書仁義孝悌會妨礙王者的事業，有損王者的權威，"國有禮、有樂、有《詩》、有《書》、有善、有修、有孝、有弟、有廉、有辯，國有十者，上無使戰，必削至亡；國無十者，上有使戰，必興至王。"④ "故事《詩》、《書》談說之士，則民遊而輕其君。"⑤ 商鞅完全站在法家所推崇的功利性立場來審視儒家所提倡的倫理教化，因而看到的全是儒家學說

---

① 《史記·商君列傳》，中華書局1982年，頁2235。
② 《史記·商君列傳》，頁2230。
③ 蔣禮鴻《商君書錐指·開塞》，中華書局1986年，頁57。
④ 《商君書錐指·去強》，頁29–30。
⑤ 《商君書錐指·算地》，頁46–47。

的弊端，以致有"燔詩書而明法令"的暴行①，開文化專制之惡例。後來李斯在秦始皇三十四年上書請求燔燒百家之書惟以法家為尊則是對商鞅政策的效仿。

秦推行重法親化所帶來的後果就是"父不父，子不子"，民重實利而疏親情，尚功爵而寡廉恥，重結果而輕手段。賈誼對此有過犀利尖刻的評價：

商君違禮義，棄倫理，並心於進取，行之二歲，秦俗日敗。秦人有子，家富子壯則出分，家貧子壯則出贅。假父耰鉏杖篲，慮有德色矣；母取瓢碗箕帚，慮立訊語。抱哺其子，與公並踞；婦姑不相說，則反脣而睨。其慈子嗜利而輕簡父母也，慮非有倫理也，其不同禽獸僅焉耳②。

(二) 法網過密

前人曾用"繁於秋荼，而網密於凝脂"來形容秦法的繁瑣和嚴密③。考之文獻，此說並非空穴來風。《漢書·刑法志》用"赭衣塞路，囹圄成市"來形容秦始皇時刑徒之多，又僅徵往修築驪山陵墓的刑徒就超過七十萬，考慮到當時的人口規模，秦代犯罪的幾率是極高的。

秦法網之嚴密是刑徒眾多的直接原因。自從商鞅開始，秦就奉行輕罪重罰原則，即韓非所說的"商鞅之法，重輕罪"④。

---

① 陳奇猷《韓非子新校注·和氏》，上海古籍出版社 2000 年，頁 275。
② 《新書校注·時變》，頁 97。
③ 王利器《鹽鐵論校注》，中華書局，1992 年，頁 565。
④ 《韓非子新校注·內儲說》，頁 563。

"商君之法，刑棄灰於道者"①，將灰燼拋棄在路邊竟要處以肉刑，這在後代看來簡直是不可思議之事。但是法家卻有自己的一套理論來支持這種做法，"夫棄灰，薄罪也，而被刑，重罰也。彼唯明主為能深督輕罪。夫罪輕且督深，而況有重罪乎？故民不敢犯也"。法家認為輕罪重罰能夠有效地防止犯罪，但後來的歷史證明，事實並非他們所期望的那樣。

《法律答問》載在秦國盜采別人桑葉，即使贓值不滿一錢，也要被罰服徭役三十天。甲偷盜，贓值不滿一錢，乙如果知曉此事而不進行抓捕，應貲一盾。又秦實行的什伍連坐制度，打擊面過廣。

(三) 自亂其法

秦二世憑藉沙丘之謀竊取皇位，名不正言不順，何以打消臣民的猜疑以獲得廣泛的擁戴是秦二世登基之初首先要解決的棘手問題。史書載秦二世聽從趙高的建議，變更法令以排除異己。然從新近出土簡牘材料可知，秦二世即位之初仍舊象徵性的發佈過緩刑恤民善待吏員的詔書，至於各地是否貫徹此詔令那將是另外一回事。2013年6月湖南益陽兔子山遺址出土秦二世胡亥"奉詔登基"的官府文告J9③：1號木牘曰：

> 天下失始皇帝，皆遽恐悲哀甚，朕奉遺詔。今宗廟吏（事）及箸（書）以明至治大功德者具矣，律令當除定者畢矣，以元年與黔首更始，盡為解除故罪，令皆已下矣。朕

---

① 《史記·李斯列傳》，頁2555。

將自撫天下。(正面) 吏、黔首，其具(俱)行事，毋以繇(徭)賦擾黔首，毋以細物苛劾縣吏。亟布。以元年十月甲午下，十一月戊午到守府①。(背面)

此簡牘背面為"以元年十月甲午下，十一月戊午到守府"。以背面時間看，文告是秦二世胡亥繼位後第一年第一個月頒佈的。秦二世在即位初為了穩定民心而做的另一件事情就是效仿始皇帝巡行郡縣。但是秦二世緊接著施用的一系列借法律之名行暴政之實的舉措，不但有違秦自孝公以來一直奉守的法治精神，也是導致秦分崩離析走向滅亡的最直接的原因。

為了樹立威信，防止諸公子大臣對自己不利，二世皇帝尊用趙高之言，"更為法律"②。趙高還蠱惑胡亥"案郡縣守尉有罪者誅之"，"誅大臣及諸公子，以罪過連逮少近官三郎"③。史書對公子將閭如何蒙冤以及如何為自己辯解有詳細的記載：

公子將閭昆弟三人囚於內宮，議其罪獨後。二世使使令將閭曰："公子不臣，罪當死，吏致法焉。"將閭曰："闕廷之禮，吾未嘗敢不從賓贊也；廊廟之位，吾未嘗敢失節也；受命應對，吾未嘗敢失辭也。何謂不臣？願聞罪而死。"使者曰："臣不得與謀，奉書從事。"將閭乃仰天大呼

---

① 湖南省文物考古研究所編《湖湘文化考古之旅》，2013年，第174頁。個別字詞之釋讀與標點從陳偉、何有祖先生。陳偉《秦二世元年甲午詔書通釋》，《江漢考古》2017年第1期。何有祖先生改釋見武漢大學簡帛網文。
② 《史記·李斯列傳》，頁2552。
③ 《史記·秦始皇本紀》，頁268。

天者三，曰："天乎！吾無罪！"昆弟三人皆流涕拔劍自殺。宗室振恐。群臣諫者以為誹謗，大吏持祿取容，黔首振恐。①

秦二世濫殺諸公子及諫言者，使得朝野震動，人心不定。秦二世通過更改律令，使得"誅罰日益深刻，群臣人人自危，欲叛者眾"②。廣行連坐之法，又大興督責之風，以致"刑者相半於道，而死人日成積於市"③。

法制精神的實質為一種特殊的契約精神，只有在保證大部分人能夠遵守契約的前提下，法律才能發揮其有效性。而秦代的法律失之嚴苛，尤其是適用於戰亂時期的法律條文在統一六國後沒有及時得以調整，使得百姓尤其是東方六國的人們難以適應。二世皇帝繼續實行嚴刑峻法，甚至故意篡改法律以打擊政敵；秦二世濫用法律倒行逆施以致官吏惶恐、民怨沸騰，不但使法律失去其有效的約束性與權威性，也加速了王朝的毀滅。

此外，秦法尚有其自身難以克服的時代缺陷，如雖宣稱刑不分等級，"壹斷於法"，實則法律對最高統治者是沒有約束力的，只是其維繫統治強有力的專政工具。又爵高勢重者，可以爵位或金錢抵罪，這也實際上動搖了"壹斷於法"的根基。

---

① 《史記》卷六《秦始皇本紀》，頁268。
② 《史記·李斯列傳》，頁2552。
③ 《史記·李斯列傳》，頁2557。

餘 論

　　秦因變法而走向強盛，這已得到學界公認；然自漢以來，不少學者認為秦法殘酷是秦二世而亡的重要原因的觀點卻是值得商榷的。秦之覆滅，原因很多，最重要的一點在於六國民眾在心理上對秦人、秦制的抵觸，使得秦法的推廣舉步維艱，實際上秦法並未在東方六國發揮出其應有的積極作用。陳勝、吳廣暴動，對於秦而言只是癬疥之疾，且帶有一定的偶然因素；楚地項氏、齊地田氏等六國貴族勢力作亂才是心腹之患。事實上，當東方的反秦活動如火如荼之際，在秦法推行多年的關中、隴西和巴蜀等秦故地，並未發生過成規模的反叛運動。可見秦暴政而亡說是值得重新思考的。我們不能因為王朝短祚而否定秦法的積極意義。史書載蕭何以秦律為藍本而定漢律，這一記載已經得到《二年律令》的證實；又從漢宣帝口中可知漢代治國王道、霸道兼采，而起關鍵作用的還是法家那一套。如此看來，秦法有利於維繫人心、穩固統治的一面漢代的掌權者是看得極為清楚的，也一直在不動聲響地運用這一利器。

　　秦法是一筆寶貴的文化遺產，是歷代法家學者經驗與智慧的結晶，有諸多可資借鑒之處。其中所蘊涵的一些法治精神，如"法不阿貴，一斷於法"，嚴防官員為非作歹，體恤弱勢群體等，對於今天的法制建設依舊有參照價值。

帛書故事《荊莊王欲伐陳》
與傳世文獻相關記載比較

張文玥*

摘　要：本文對更具文獻真實性的出土帛書文獻所記歷史故事《荊莊王欲伐陳》一則進行分析，將其與傳世文獻中與之相同或相似的故事進行文字上和內容上的量化比較，從而以不同的文本為基礎對這一故事的流傳進行了梳理。

關鍵詞：帛書；傳世文獻；《呂氏春秋》；《說苑》；楚莊王

馬王堆漢墓帛書《易傳》之《繆和》篇，為傳世文獻所未載之古佚書，內容頗為完備，共有二十五个章节。前十二章為繆和、呂昌、吳孟等幾位弟子"問於先生"的師生對話，中間十三到十八章為以"子曰"開頭的論述，十九章到二十四章這六章則分別記敘了一則歷史故事以解說《易卦》，最後第二十五

---

*張文玥，西南大學漢語言文獻研究所　碩士研究生　重慶400715。

章援引了幾則卦爻辭作結。較之同為古佚書的帛書《易傳》其餘諸篇,《繆和》引用了歷史故事來解釋、證明《周易》,風格獨具一格,"可見'以史證易'的方法由來已久"①。其中援引的六則歷史故事,分別為《湯出巡狩》《西人舉兵侵魏野》《吳王夫差攻荊》《越王勾踐既已克吳》《荊莊王欲伐陳》《趙簡子欲伐衛》②,這些故事在傳世文獻裏也可看到記載。

其中《荊莊王欲伐陳》見於《帛書》之《繆和》篇68上-70上,主要講述了楚王欲伐陳,派人前去刺探,經過對情報的準確分析最終獲勝的故事。現在我們以更具文獻真實性的帛書歷史故事為基礎③,將傳世文獻中所錄相同或相似的歷史故事與之比較。偏漏不當之處,敬請方家指正。

以下為故事原文:

荊莊王欲伐陳,使沈尹樹往觀之。沈尹樹反,致命曰:"其城郭修,其倉【廩】實,其士好學,其婦人組疾。"君【曰】:"如是則陳不可伐也。城郭修,則其守固也;倉廩實,則人食足也;其士好學,必死上也;其婦組【疾】,人財足也。如是,陳不可伐也。"沈尹樹曰:"彼若若君之言,

---

① 趙曉阳《帛书〈繆和〉篇新校釋与思想研究》,曲阜師範大學碩士學位論文,2014年,頁29。其中"以史證易"當作"以史證《易》"。
② 它們的命名皆由筆者截取每個歷史故事首句而成。
③ 我們所引的帛書釋文皆本裘錫圭主編之《長沙馬王堆漢墓簡帛集成》(下文稱作《帛書》),中華書局,2014年6月第一版。為閱讀方便,通假字異體字等徑改通行字。

則可也。彼與君之言之異。城郭修,【則】人力竭矣;倉廩實,【則□□】之人也;其士好學,則有外志也;其婦組疾,則士祿不足食也。故曰陳可伐也。"遂舉兵伐陳,克之。《易卦》其義曰:"入于左腹,穫明夷之心,于出門廷。"

《呂氏春秋》為傳世文獻中記載此事之最早者,見於《似順》篇:

荊莊王欲伐陳,使人視之。使者曰:"陳不可伐也。"莊王曰:"何故?"對曰:"城郭高,溝洫深,蓄積多也。"寧國曰:"陳可伐也。夫陳,小國也,而蓄積多,賦斂重也,則民怨上矣;城郭高,溝洫深,則民力罷矣。興兵伐之,陳可取也。"莊王聽之,遂取陳焉。①

從以上兩種故事版本的用字來說,在數量上,帛書現存150字(不含"易卦其義"等說《易》部分),《呂氏春秋》則僅僅近乎帛書的一半,87字。用字的相似度也較低,僅為26.7%。但是兩者基本情節一致,都是透過現象看本質,從"陳不可伐"推斷出更合理的"陳可伐也",最終"克之"。但兩故事細節有所不同:帛書中,楚王聽到回報後即得出了"陳不可伐"的錯誤結論,分析出更準確結論的是往觀之的使者"沈尹樹";《呂》未載使者名,得出錯誤結論者為使者本人,而楚王僅僅是中立地追問,得出了準確論斷者叫"寧國"。較之帛書,《呂》行文

---

① 許維遹撰《呂氏春秋集釋》,中華書局,2009年。

更短小,對話內容簡單,刪改①了"其士好學,其婦人組疾"等語,更便於理解。

除《呂氏春秋》外,《說苑》也記載了這一故事:

《說苑》卷十三:楚莊王欲伐陳,使人視之。使者曰:"陳不可伐也。"莊王曰:"何故?"對曰:"其城郭高,溝壑深,蓄積多,其國寧也。"王曰:"陳可伐也。夫陳,小國也,而蓄積多,蓄積多則賦斂重,賦斂重則民怨上矣。城郭高,溝壑深,則民力罷矣。"興兵伐之,遂取陳。②

《說苑》所錄的故事情節與《呂氏春秋》更為相似,敘述此故事共用 87 字,與《呂氏春秋》的篇幅完全相同,用字相似度高達 83.14%,而《說苑》與帛書故事相比,用字相似度才 22.51%。可見《說苑》的故事情節很大程度上借鑒了《呂氏春秋》,或者兩者都是從同一個故事版本流傳而來的,與帛書的記錄細節分歧較大。

《說苑》與前兩版故事情節的最大不同在於,得出了更準確論斷的功勞完全歸於楚莊王了。在以上三個文本中,對於反饋的情報,楚王由分析失誤到態度中立到分析完全正確,由此,我們似乎可以看到,在故事流傳的過程中,人們往往會逐步充

---

① 從兩文本得出準確論斷者不一致可看出,《呂》此篇作者很可能並未看到或聽說帛書版本,所以此處用"刪改"一詞並不是說《呂》中故事源於帛書,僅指兩者存在的差異。

② 盧元駿注譯《說苑今注今譯》,臺灣商務印書館,中華民國六十八年 4 月 2 版。

實對帝王、主角的描寫，或選擇帝王、主角形象更加突出的故事版本進行記載，這在某種程度上是一種放大乃至神化主角的趨向，與中國繪畫特有的來烘托主角高貴身份的"主大從小"構圖方式不謀而合，可以說，這是"主大從小"在文字敘述方式上的體現，用以烘托主角的形象。

從這一歷史故事，我們可以看出，在春秋戰國時期，某國將要進行戰爭攻伐時，往往先派出大臣、間諜前去敵國打探情報，並根據回報的信息確定戰爭的可行性，並進一步制定戰略，選擇戰術。在《繆和》中記敘的六則歷史故事中，除了此篇，《趙簡子欲伐衛》也是這一類型的故事。而楚莊王作為春秋時雄心勃勃的一代霸主，除了此次欲伐陳，也有"楚莊王欲伐越，莊子諫曰"①、"楚莊王欲伐晉，使豚尹觀焉"② 等事流傳在世，在這些歷史故事里，我們經常可以看到士人們的身影周旋在軍國大事間，他們用自己的智慧，發揮著"一言可以止戈，一言

---

① 見於《韓非子》之《喻老》篇：楚莊王欲伐越。莊子諫曰："王之伐越，何也？"曰："政亂兵弱。"莊子曰："臣愚患之，智之如目也，能見百步之外，而不能自見其睫。王之兵自敗於秦晉，喪地數百里，此兵之弱也；莊蹻為盜於境內，而吏不能禁，此政之亂也。王之弱亂，非越之下也。而欲伐越，此智之如目也。"王乃止。故知之難，不在見人，在自見，故曰：自見之謂明。參看邵增樺註譯《韓非子今注今譯》，台灣商務印書館，中華民國七十二年6月2版。
② 見於《說苑》卷十二《奉使》：楚莊王欲伐晉，使豚尹觀焉。反曰："不可伐也。其憂在上；其樂在下。且賢臣在焉，曰沈駒。"明年，又使豚尹觀，反曰："可矣。初之賢人死矣。諂諛多在君之廬者，其君好樂而無禮；其下危處以怨上。上下離心，興師伐之，其民必反。"莊王從之，果如其言矣。參看盧元駿註譯《說苑今注今譯》，臺灣商務印書館，中華民國六十八年4月2版。

可以滅國"的重大作用。

關於奉楚莊王之命前去陳國刺探情報的沈尹樹其人,僅帛書中有提及,兩則傳世文獻中的資料並無此人,張政烺先生認為他就是《呂氏春秋》另一篇主題的故事,《察賢》中的沈尹筮,"樹與筮音近可以通假"①,但《集成》整理者似懷疑此說,更傾向于豪亮先生認為的——沈尹樹是《左傳》昭公十九年之沈尹戌,"《左傳》原本誤作'沈尹戍'"②。雖然于先生的說法在音韻上更顯合理,但帛書和傳世文獻記載此事皆為楚莊王時期,莊王也確曾伐陳:《史記·卷三六·世家第六》:"靈公元年,楚莊王即位。六年,楚伐陳。"而沈尹戌卻是楚平王楚昭王時的人物,見證了楚國被吳王攻打得失去了郢都:《春秋左氏傳·昭公二十四年》:"沈尹戌曰:'亡郢之始。於此在矣。'"③所以,沈尹樹其人究竟是沈尹戌還是沈尹筮,或許帛書僅是附會了一個人物,姓名並不可考也不可信呢?有待材料豐富后進一步分析考證。

---

① 張政烺著作:《馬王堆帛書〈周易〉經傳校讀》,中華書局,2008年,頁187。
② 裘錫圭主編:《長沙馬王堆漢墓簡帛集成》,中華書局,2014年,頁145,注[二]
③ 李夢生撰:《左傳譯注》,上海古籍出版社,2004年,頁1142。

Analysis and English translation of volume chapters in Suànshùshū 筭數書 The Book of Mathematics from Zhangjiashan Han Dynasty tomb 247

周序林　張顯成[*]

Abstract: There are seven volume chapters in Suànshùshū 筭數書 The Book of Mathematics from Zhangjiashan Han Dynasty tomb 247. Before translating them into English, some preparatory work was done on seven aspects: （1）There are four versions of transcripts, and this study is mainly based on Zhangjiashan Hanmu zhujian〔Er-

---

[*]周序林, Associate Professor of the School of Literature, Journalism and Communication, the Southwest Minzu University, Chengdu 610041, P. R. C. 西南民族大學文學與新聞傳播學院　副教授　四川成都 610041; Ph. D. Candidate of the Institute of Chinese Language and Bibliography, the Southwest University, Beibei 400715, P. R. C. 西南大學漢語言文獻研究所　博士生　重慶北碚 400715。張顯成, Professor of the Institute of Chinese Language and Bibliography, the Southwest University, Beibei 400715, P. R. C. 西南大學漢語言文獻研究所　教授　重慶北碚 400715。

siqi hao mu](shiwen xiuding ben) 張家山漢墓竹簡［二四七號墓］（釋文修訂本）(Bamboo Slips from the Han Dynasty Tomb at Zhangjiashan [Tomb 247] (Revised Transcription Edition)); (2) Some typically Chinese measures and weights occurred in the target texts and they were listed as well as their metric equivalents; (3) The scribe added original marks on the slips, and researchers added transcription marks and modern Chinese punctuations on the transcript. The appearances and meanings of the marks were elaborated; (4) The slips have two types of serial numbers: archeological grouping number and transcription number, and what the texts carry is the latter. (5) The solids were named after specific objects, and their geometric figures were given; (6) The textual structure of each chapter falls into four parts: the chapter title, problem, solution and algorithmic rule; And (7)intercalary September, 186 BCE is the *terminus ante quem*, and the *terminus post quem* could be as early as late Spring and Autumn period (Chunqiu 春秋, 770–476 BCE). Based on the above knowledge, the volume chapters were translated into English, with geometric figures, formulae and arithmetic operations provided to facilitate a better understanding.

Key words: Suànshùshū 筭數書 The Book of Mathematics; Volume chapter; analysis; English translation

Introduction

The site of Zhangjiashan Han Dynasty tomb 247 is situated on the grounds of Jiangling Brick and Tile Factory in Jiangling County (now so-called Jingzhou District of Jingzhou Municipality), Hubei Province, China. It was discovered in December, 1983 and the excavation lasted into January 1984.[①] Besides other grave goods, a trove of 1,236 bamboo slips (excluding fragments) saw light again after being cleaned, catalogued and preserved. The texts on the slips, which had originally been rolled into scrolls and then become disarranged since the interconnecting cords had gone decayed, were found to be long-lost and previously unknown writings on medical, legal, military and mathematical matters. They are priceless historical documents in research of the social and scientific development of early Western Han (Xihan 西漢, 206 BCE–9 CE).[②] The mathematical texts are titled 筭數書 Suanshushu, or The Book of Mathematics, consist of 190 slips numbered 1–190, ranging 29.6–30.2cm in

---

① JZBWG 1985: Jingzhoudiqü bowuguan (Museum of Jingzhou Region), Jiangling Zhangjiashan sanzuo Hanmu chutu dapi zhujian (The Bamboo Slips Unearthed from Three Han Dynasty Tombs at Zhangjiashan, Jiangling County), Wenwu, (1) 1985, P. 1. 荊州地區博物館《江陵張家山三座漢墓出土大批竹簡》,《文物》1985 年第 1 期, 第 1 頁.

② Zhangjiashan 2006: Zhangjiashan ersiqi hao Hanmu zhujian zhengli xiaozu (Editorial Group for Collation and Arrangement of the Bamboo Slips from Zhangjiashan Han Dynasty Tomb no. 247), ed., Zhangjiashan Hanmu zhujian [Ersiqi hao mu] (Shiwen xiudingben) (Bamboo Slips from the Han Dynasty Tomb at Zhangjiashan [Tomb 247] (Revised Transcription Edition)), Beijing: Wenwu chubanshe, 2006, Qianyan 前言 (Preface), P. 1. 張家山二四七號漢墓竹簡整理小組《張家山漢墓竹簡 [二四七號墓]》(釋文修訂本), 文物出版社, 2006 年,《前言》第 1 頁.

length, and have 69 chapters. ①The chapters fall into 5 categories dealing respectively with fraction, arithmetic, ratio and proportion, excess and deficit, area, and volume. There are 7 volume chapters and they are written on 12 slips numbered 141–152 as follows: Chú除 (slip nos. 141, 142), Zhǎndū 斬都 (slip no. 143), Chú 芻 (slip nos. 144, 145), Xuánsù 旋粟 (slip nos. 146, 147), Qūngài 囷蓋 (slip no. 148), Yuántíng 圜亭 (slip nos. 149, 150), and Jǐngcái 井材 (slip nos. 151, 152). ②

1 Preparatory Work

1.1 Four Versions of Transcripts

There are four versions of transcripts for this group of slips.

In 2000, Jiangling Zhangjiashan Hanjian zhengli xiaozu 江陵張家山漢簡整理小組 (Editorial Group for Collation and Arrangement of the Bamboo Slips from Jiangling Zhangjiashan Han Dynasty Tombs) published Jiangling Zhangjiashan Hanjian Suanshushu shiwen 江陵張家山漢簡《算數書》釋文 (Transcription of Bamboo Suanshushu or

---

① See Zhangjiashan 2006 P. 131. 張家山二四七號漢墓竹簡整理小組《張家山漢墓竹簡［二四七號墓］》(釋文修訂本), 文物出版社, 2006 年, 第 131 頁。

② Zhangjiashan 2001: Zhangjiashan ersiqi hao Hanmu zhujian zhengli xiaozu (Editorial Group for Collation and Arrangement of the Bamboo Slips from Zhangjiashan Han Dynasty Tomb 247), ed., Zhangjiashan Hanmu zhujian [Ersiqi hao mu] (Bamboo Slips from the Han Dynasty Tomb at Zhangjiashan [Tomb 247]), Beijing: Wenwu chubanshe, 2001, P. 94-95. 張家山二四七號漢墓竹簡整理小組《張家山漢墓竹簡［二四七號墓］》, 文物出版社, 2001 年, 第 94-95 頁。

A Book of Arithmetic from Jiangling) on Wenwu 文物.

In 2001, the Editorial Group for Collation and Arrangement of the Bamboo Slips from Zhangjiashan Han Dynasty Tomb 247 published Zhangjiashan Hanmu zhujian [Ersiqi hao mu] 張家山漢墓竹簡 [二四七號墓] (Bamboo Slips from the Han Dynasty Tomb at Zhangjiashan [Tomb 247]), hereafter referred to as Zhangjiashan 2001.

In 2006, the above Editorial Group published the revised and corrected edition of the Zhangjiashan corpus, Zhangjiashan Hanmu zhujian [Ersiqi hao mu] (shiwen xiuding ben) 張家山漢墓竹簡 [二四七號墓] (釋文修訂本) (Bamboo Slips from the Han Dynasty Tomb at Zhangjiashan [Tomb 247] (Revised Transcription Edition)), hereafter, Zhangjiashan 2006.

The fourth was, by 彭浩 Peng Hao, Zhangjiashan Hanjian Suanshushu zhushi 張家山漢簡《算數書》註釋 (Annotation of Suanshushu from Zhangjiashan Han Dynasty Bamboo Slips), hereafter, Peng 2001.

This study is based on Zhangjiashan 2006, but with reference to Zhangjiashan 2001 and Peng 2001 where Zhangjiashan 2006 is not agreeable, and to others when none of them are reasonable.

1.2　Weights and Measures

Ancient China has its own weight and measure system, which is completely different from western one and thus novel to westerners.

Weights and measures mentioned in the texts under discussion are listed below as well as their metric equivalents. ①

Western Han Measure	Approximate Metric Units
Length	
zhàng 丈	231 centimeters
chǐ 尺②	23.1 centimeters
cùn 寸③	2.31 centimeters
fēn 分	0.231 centimeteres
Weight	
shǐ 石	29.76 kilograms

1.3 Marks on the Slips and Transcripts

The scribe made some original marks on the slips when they were copying the texts such as the black square ■ on the top of the verso of slip no. 6, which indicates the beginning of the overall title of the whole book. As far as the volume chapters are concerned, we found the following:

---

① Luo 1994: Luo Zhufeng, ed., Hanyu da cidian (Fulu·suoyin) (Comprehensive Dictionary of the Chinese Language, app. vol.), Shanghai: Hanyu da cidian chubanshe, 1994, P.3; 17. 羅竹風主編《漢語大詞典》（附錄·索引），漢語大詞典出版社，1994 年，第 3, 17 頁.

② chǐ 尺 is also used for volume. In this case, it is identified as (cubic) chǐ 尺.

③ cùn 寸 is also used for volume. In this case, it is identified as (cubic) cùn 寸.

· A black dot. It appears three times on slip nos. 146[1], 147, 152, respectively. The first two examples function as separating individual paragraphs while the third indicates the end of the chapter.

= A reduplication mark. It is meant to repeat the preceding graph. This mark can be seen on slip no. 148 to repeat the preceding graph 之, and slip no. 149 to repeat 周.

∠ A mark for reader's attention. It is used for enumeration and to reduce ambiguity. But sometimes it is misused by the scribe as on slip no. 148.

Researchers add modern Chinese punctuations when they are transcribing the manuscript texts into modern Chinese graphs. The following are typical of Chinese in the volume chapters.

。A Chinese full stop. It is used to end a sentence.

、Comma. It is used for enumeration

Besides original marks and modern punctuation marks, there are transcription punctuations[2] as follows:

( ) Substitute the preceding character with the one in parentheses because the former is a phonetic loan, variant or ancient form of the latter.

---

[1] By checking the infrared photograph of the original slip no. 146, we found there exists a black dot on this slip.

[2] It is regretful to admit that researchers are divided on the usage of these symbols. We urge the marking system to be unified.

□ It is clear that a character exists here but is much too marred to be legible.

☑ The bamboo slip breaks off here.

【 】 According to the context or other texts, a character is provided by researchers which was omitted by the scribe, or marred at the break-off point.

〈 〉 Correction to the preceding character

[ ] A redundancy by the scribe

(?) The transcriber is not sure of the transcription of the preceding character. 字 A square with a graph inside means the graph is partially marred and then completed by researchers based on the context or other texts.①

Amazingly, although the above three types of marks differ in nature, they sometimes coexist in a transcribed text as in

旋粟高五尺，下周三丈，積百廿五尺。·②二尺七寸而一石，為粟卅六石廿七分石之八。其述（術）曰：下周自乘，以高$_{146}$乘之，卅六成一。·大積四千五百尺。$_{147}$

---

① Zhang 2014: Zhang Xiancheng, ed., Qinjian zhuzi suoyin (Zengdingben) (Verbatim Indexing of Qin Bamboo Slips (Revised and Enlarged Edition)), Chengdu: Sichuandaxue chubanshe, 2014, Fanli 凡例 (How to use the book), P. 3. 張顯成主編《秦簡逐字索引》（增訂本），成都：四川大學出版社，2014 年，《凡例》第 3 頁。

② Peng 2001 has this black dot while Zhangjiashan 2001 and Zhangjiashan 2006 do not. By checking the original slip no. 146, we found Peng 2001 is right. See Peng 2001, P. 105.

1.4 Slip Number

When the bamboo slips were unearthed from the tomb, archeologists grouped the slips and numbered them according to their placement. Then researchers such as paleographers collated these slips and numbered them again within the text.[①] In the transcribed texts, these numbers granted by researchers present themselves as Arabic in smaller font in the right lower hand shown as in 乘之，卅六成一。·大積四千五百尺。₁₄₇

1.5 Names of Solids, and Their Geometric Figures

1.5.1 Chú 除

Chú 除, the flight of steps leading up to the throne hall.[②] Yán 羨, the phonetic loan of yán 延 which means a tomb passage.[③] Chú 除, which is a short form of Yánchú 羨除 here, refers to the sloping dromos down to a subterranean tomb, whose plane graph and profile are shown in the blackened parts in Figure 1.

---

① Zhang 2004: Zhang Xiancheng, Jianbo wenxianxue tonglun (A General Introduction to Bamboo-silk Bibliography), Beijing: Zhonghua shuju, 2004, P. 447-452. 張顯成《簡帛文獻學通論》，中華書局，2004年，第447-452頁。

② Duan 1981: Duan Yucai (1735 - 1815 CE), Shuowenjiezi zhu · fùbu 自部 (Commentaries on Shuowenjiezi), Shanghai: Shanghai guji chubanshe, 1981, P. 736. 段玉裁《說文解字注·自部》，浙江古籍出版社，20061年，第736頁。

③ Sima 1959: Sima Qian (2nd Century, BCE), Shiji · Weikangshu shijia (Record of History), Beijing: Zhonghua shuju, 1959, P. 1591. 司馬遷《史記·衛康叔世家》，中華書局，1959年，第1591頁。

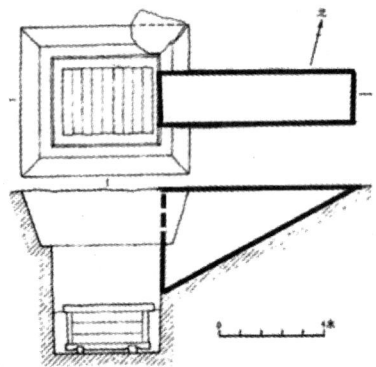

Figure 1　Plane graph and profile of Hubei Huanggang Caojiagang wuhao Chumu 湖北黃岡曹家崗五號楚墓 (Caojiagang Chu Kingdom tomb 5, Huanggang City, Hubei province) (The blackened parts are the sloping dromos.)

Graph courtesy of Kaoguxuebao 考古學報[①]

As we can see, Chú 除 or Yánchú 羨除 is the name of the solid of a wedge with a rectangular base. See Figure 2.

---

① HGBWG and HZBWG 2000: Huanggangshi bowuguan (Museum of Huanggang City), and Huangzhouqū bowuguan (Museum of Huangzhou District), Hubei Huanggang liangzuo zhongxing Chumu (Two Medium-sized Chu Kingdom Tombs at Huanggang, Hubei Province), Kaogu xuebao, (2) 2000, P.258. 黃岡市博物館《黃州區博物館. 湖北黃岡兩座中型楚墓》,《考古學報》, 2000 年第 2 期, 第 258 頁。

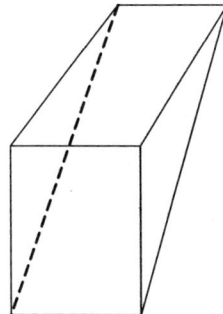

Figure 2 Geometric figure of Chú 除

1.5.2 Zhǎndū 斬都

The original meaning of zhǎn 斬 is to tear a person asunder by five carts in ancient times, later it means to chop a person's head off with an axe,[1] and here, to chop. Dū 都 presents the local dialect of Chu Kingdom 楚國, where The Book of Mathencatics was unearthed, for jué 橛, which means a short wooden stake.[2] Zhǎndū 斬都 here refers to chopping a short wooden stake (into an irregular rectangular-based wedge whose edge width is bigger than the base width) as in Figure 3.

---

[1] Duan 1981: Duan Yucai (1735 – 1815CE), Shuowenjiezi zhu · chēbu 車部 (Commentaries on Shuowenjiezi), Hangzhou: Zhejiang guji chubanshe, 2006, P. 730. 段玉裁《說文解字注·車部》, 浙江古籍出版社, 2006 年, 第 730 頁。

[2] Hua 2006: Hua Xuecheng, Yangxiong Fangyan jiaoshi huizheng (Collected Annotation and Collation of Fangyan by Yang Xiong (53 BCE–18 CE)), Beijing: Zhonghua shuju, 2006, P. 390. 華學誠《揚雄〈方言〉校釋匯證》, 中華書局, 2006 年, 第 390 頁。

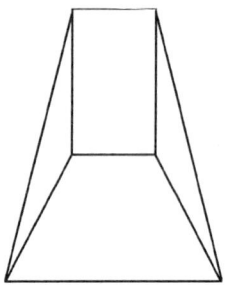

Figure 3　Geometric figure of Zhǎndū 斬都

1.5.3　Chú 芻

Chú 芻 is the short form for Chútong 芻童. Chú 芻 originally means to mow grass,[①] and here, the hay. Tóng 童 means hornless sheep or cattle. Chútóng 芻童 means a hay mow. Chútóng 芻童, a hay mow. Què 闕 is a pillar built on both sides of the gate of an imperial palace;[②] Fāngquè 方闕, a rectangular pillar. Chú 芻 or chútóng 芻童, and Fāngquè 方闕 symbolize frustum of rectangular pyramid illustrated in Figure 4.

---

　①　Duan 1981: Duan Yucai (1735 – 1815CE), Shuowenjiezi zhu · cǎobu 艸部 (Commentaries on Shuowenjiezi), Hangzhou: Zhejiang guji chubanshe, 2006, P. 44. 段玉裁《說文解字注·艸部》, 浙江古籍出版社, 2006 年, 第 44 頁。

　②　Duan 1981: Duan Yucai (1735 – 1815CE), Shuowenjiezi zhu · ménbu 門部 (Commentaries on Shuowenjiezi), Hangzhou: Zhejiang guji chubanshe, 2006, P. 588. 段玉裁《說文解字注·門部》, 浙江古籍出版社, 2006 年, 第 588 頁。

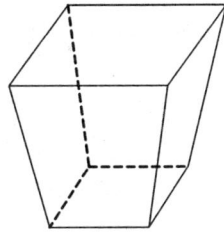

Figure 4　Geometric figure of Chú 刍

1.5.4　Xuánsù 旋粟

Xuán 旋 means round;① Sù 粟, millet. Xuánsù 旋粟, meaning cone-shaped millet stack on the ground, resembles the solid of circular cone as in Figure 5.

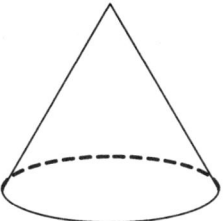

Figure 5　Geometric figure of Xuánsù 旋粟

1.5.5　Qūngài 囷蓋

Qūn 囷 is a granary in the shape as illustrated in Figure 6.

---

①　Lu 1983: Lu Deming (Circa 550-630 CE), Jingdianshiwen, Beijing: zhonghua shuju, 1983, P. 386. (唐) 陸德明.《經典釋文》, 中華書局, 1983 年, 第 386 頁。

Figure 6 Qūn 囷, a ceramic granary from Shaanxi Fengxiang Gaozhuang Qinmu（M10·2）陝西鳳翔高莊秦墓（M10·2）（Gaozhuang Qin tomb (M10·2) in Fengxiang County, Shaanxi province）

Photo courtesy of Kaoguyuwenwu 考古與文物[①]

Qūngài 囷蓋 is the conical roof of the granary. In The Book of Mathematics, Qūngài 囷蓋 stands for the solid of circular cone. See Figure 7.

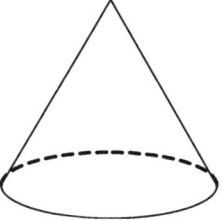

Figure 7 Geometric figure of Qūngài 囷蓋

---

① Wu and Shang 1981: Wu Zhenfeng, and Shang Zhiru, Shaanxi fengxiang gaozhuang Qinmudi fajue jianbao (Excavation Bulletin of Gaozhuang Qin Tomb, Fengxiang County, Shaanxi Province), Kaogu yu wenwu, (1) 1981, P.16. 吳鎮烽，尚志儒《陝西鳳翔高莊秦墓地發掘簡報》，《考古與文物》，1981年第1期，第16頁。

1.5.6 Yuántíng 圜亭

Yuán 圜, round; Tíng 亭, a pavilion. Yuántíng 圜亭 is intended for frustum of cone. See Figure 8.

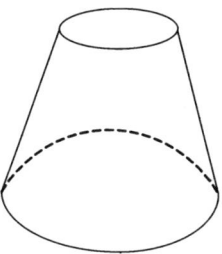

Figure 8 Geometric figure of Yuántíng 圜亭

1.5.7 Jǐngcái 井材

Jǐng 井, a well, and cái 材, timber. Jǐngcái 井材 means literally. Jiào 窌, a cellar. In the chapter related, Jǐngcái 井材 (or jǐng 井, cái 材, jiào 窌) signifies circular cylinder as defined in Figure 9.

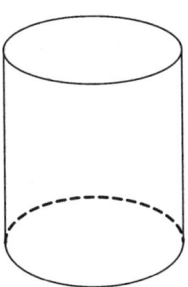

Figure 9 Geometric figure of Jǐngcái 井材

1.6 Textual Structure

All of the 7 volume chapters are made up of the 4 parts of a chapter title, problem, solution, and algorithmic rule. Take the chapter of Zhǎndū 斬都 for example:

Chapter title: 斬都

Problem: 斬都下厚四尺，上厚二尺，高五尺，袤二丈。

Solution: 責（積）百卅三尺少半尺。

Algorithmic rule: 术（術）曰：倍上厚，以下厚增之，以高及袤乘之，六成一。[143]

1.7 Dating

It is always brain-racking to date the chapters since they do not carry a date on them, but some clues would help us trace their origin. Firstly, excavated with Suànshùshū 筭數書 The Book of Mathematics was Lìpǔ 歷譜 The Calendar, which is of diary nature[①] on a monthly basis and is an important source to determine the dynasty of the texts excavated from tomb 247. The calendar lasted from Hangaozu Wunian Siyue 漢高祖五年四月 (lunar April, Fifth Year of Emperor Hangaozu, namely lunar April, 202 BCE) to Lühou Ernian Houjiuyue 呂后二年後九月 (intercalary September, Second Year of Empress Lü, namely intercalary September, 186 BCE). The tomb occupant must

---

① Zhu and Chen 2010: Zhu Hanmin, and Chen Songchang, eds., Yuelu shuyuan cang Qinjian (yi) (Qin Bamboo Slips Collected by Yuelu Academy, vol. 1), Shanghai: Shanghai cishu chubanshe, 2010, Qianyan 前言 (Preface), P. 47. 朱漢民、陳松長主編《嶽麓書院藏秦簡（壹）》，上海辭書出版社，2010年，《前言》第47頁。

have died and been buried in intercalary September, 186 BCE, or very soon later. We thus can determine with certainty that intercalary September, 186 BCE is the *terminus ante quem* of the volume chapters, and of Suànshùshū 筭數書 The Book of Mathematics as well. Secondly, the granary qūn 囷 reveals some chronological reference. The granary with a circular-coned roof, which was first excavated in Qin 秦 tombs west to Hanguguan 函谷關, was datable to as early as late Spring and Autumn period (Chunqiu 春秋, 770-476 BCE). Soldiers of Qin 秦 brought qūn 囷 the granary with them to the east of Hanguguan 函谷關 while they swept all over China during the unification war. Not until in the middle of Western Han (Xihan 西漢, 206 BCE-9 CE) was qūn 囷 replaced by roofless straight cylindrical silos. Thus Peng Hao 彭浩 (2000) concluded that the chapter of Qūngài 囷蓋 was most probably created by people of Qin 秦 and could be traced back to as early as late Spring and Autumn period (Chunqiu 春秋, 770-476 BCE). [①]

2 English Translation

2.1 除

美〈羨〉除,其定(頂)方丈,高丈二尺,其除廣丈、袤

---

① Peng 2000: Peng Hao, Zhongguo zuizao de shuxue zhuzuo Suanshushu (The Earliest Arithmetic Book in Chinese, Suanshushu), Wenwu, (9) 2000, P. 85. 彭浩《中國最早的數學著作〈算數書〉》,《文物》,2000 年第 9 期,第 85 頁。

三丈九尺,其一旁毋高,積三〈二〉千三百六〈四〉十尺。朮〈術〉曰:廣積卅尺除〈乘〉高,以其₁₄₁[廣]①、袤乘之,【六而一】即定。₁₄₂②

Chú 除 A sloping tomb dromos

Yánchú 羨除, let its base be one zhàng 丈 wide and one zhàng 丈 and two chí 尺 high, let its passage be one zhàng 丈 wide and three zhàng 丈 and nine chí 尺 long, and let its edge be heightless. Then its volume is two thousand three hundred and forty (cubic) chí 尺. The algorithmic rule says: the widths③ totaling thirty chí 尺, multiplied by height, multiplied by length, and divided by six is the solution.

① The existence of this redundancy is indicated with a note instead of [ ] in Zhangjiashan 2001, Zhangjiashan 2006 and Peng 2001.

② Zhangjiashan 2001: Zhangjiashan ersiqi hao Hanmu zhujian zhengli xiaozu (Editorial Group for Collation and Arrangement of the Bamboo Slips from Zhangjiashan Han Dynasty Tomb 247), ed., Zhangjiashan Hanmu zhujian [Ersiqi hao mu] (Bamboo Slips from the Han Dynasty Tomb at Zhangjiashan [Tomb 247]), Beijing: Wenwu chubanshe, 2001, P. 266. 張家山二四七號漢墓竹簡整理小組《張家山漢墓竹簡[二四七號墓]》,文物出版社,2001 年,第 266 頁。

③ The three widths of the base, passage and edge, each being 10 chí 尺.

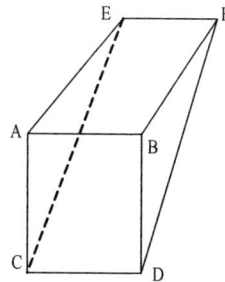

Figure 10 Geometric figure of Chú 除

(AB=1 zhàng 丈, AC=1 zhàng 丈 and 2 chí 尺, CD= 1 zhàng 丈, AE=3 zhàng 丈 and 9 chí 尺)

V = (AB+CD+EF) ×AC×AE÷6 (unit: chí 尺)

= (10+10+10) ×12×39÷6

= 2,340 (cubic) chí 尺

2.2 斩都

斩都下厚四尺，上厚二尺，高五尺，袤二丈，责（积）百卅三尺少半尺。术（術）曰：倍上厚，以下厚增之，以高及袤乘之，六成一。[143]

Zhǎndū 斩都 Chopping a short wooden stake

Zhǎndū 斩都, suppose its lower thickness is four chí 尺, its upper thickness is two chí 尺, its height is five chí 尺 and its length is two zhàng 丈. Then its volume is one hundred and thirty-three (cubic) chí 尺 and one third of one (cubic) chí 尺. The algorithmic rule says: double the upper thickness, add the lower thickness, multiply by height and length, and divided by six.

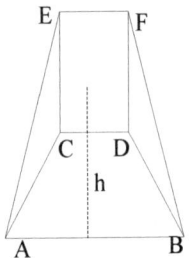

Figure 11 Geometric figure of Zhǎndū 斬都

(AB = 4 chí 尺, CD = 2 chí 尺, h = 5 chí 尺, CE = 2 zhàng 丈)

V = (2×CD+AB) ×h×CE÷6 (unit: chí 尺)

= (2×2+4) ×5×20÷6

= $133\frac{1}{3}$ (cubic) chí 尺

2.3 芻

芻童及方闕下廣丈五尺、袤三丈，上廣二丈、袤四丈，高丈五尺，積九千二百五十尺。术（術）曰：上廣袤、下廣袤各自乘，又上₁₄₄袤從下袤以乘上廣，下袤從上袤以乘下廣，皆并，【以高】① 乘之，六成一。₁₄₅

---

① Hu 2006: Hu Yitao, Zhangjiashan Hanjian Suanshushu zhengli yanjiu (Arrangement and Research on the Suanshushu Written on Bamboo Slips Excavated from Ancient Tombs of Han Dynasty at Zhangjiashan), Unpublished Southwest University MA thesis supervised by Zhang Xiancheng 張顯成, Xi'nan daxue, 2006, P. 67. 胡憶濤《張家山漢簡〈算數書〉整理研究》，西南大學學位論文（導師：張顯成），2006 年，第 67 頁。Peng 2001 says 之 in 乘之 is mistaken for 高 while both Zhangjiashan 2001 and Zhangjiashan 2006 believe that the transcription should be 乘之〈高〉.

Chú 芻 Hay mow

Chútóng 芻童 and fāngquè 方闕, given their lower width is one zhàng 丈 and five chí 尺, and lower length three zhàng 丈; given their upper width is two zhàng 丈, and upper length four zhàng 丈; given their height is one zhàng 丈 and five chí 尺. Then the volume is nine thousand two hundred and fifty (cubic) chí 尺. The algorithmic rule says: multiply the upper width by upper length, lower width by lower length, add upper length to lower length and multiply by upper width, add lower length to upper length and multiply by lower width, add them all, multiply by height, and divide by six.

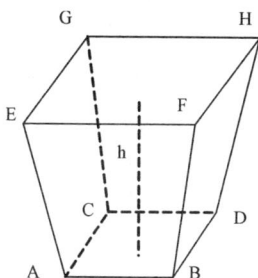

Figure 12 Geometric figure of Chútóng 芻童 and Fāngquè 方闕 (AB=3 zhàng 丈, BD=1 zhàng 丈 and 5 chí 尺, EF=4 zhàng 丈, FH=2 zhàng 丈, h=1 zhàng 丈 and 5 chí 尺)

$V = [FH \times EF + BD \times AB + (EF+AB) \times FH + (AB+EF) \times BD] \times h \div 6$ (unit: chí 尺)

$= [20 \times 40 + 15 \times 30 + (40+30) \times 20 + (30+40) \times 15] \times 15 \div 6$

$= 9,250$ (cubic) chí 尺

2.4 旋粟

旋粟高五尺，下周三丈，積百廿五尺。·二尺七寸而一石，為粟卌六石廿七分石之八。其述（術）曰：下周自乘，以高[146]乘之，卅六成一。·大積四千五百尺。[147]

Xuánsù 旋粟 Conical millet stack

Xuánsù 旋粟, let its height be five chí 尺 and its bottom circumference be three zhàng 丈. Then its volume is one hundred and twenty-five (cubic) chí 尺. Two (cubic) chí 尺 and seven (cubic) cùn 寸 of millet is equal to one shí 石, and the stack is forty-six shí 石 and eight twenty-sevenths of one shí 石. The algorithmic rule says: multiply the bottom circumference by itself, multiply by height, and divide by thirty-sixth. The volume of the rectangular parallelepiped is four thousand and five hundred (cubic) chí 尺. [1]

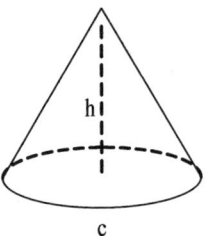

Figure 13　Geometric figure of Xuánsù 旋粟

（c=3 zhàng 丈, h=5 chí 尺）

---

[1]　Dàjī 大積 here refers to the rectangular parallelepiped whose length and width are 3 zhàng 丈 and height is 5 chí 尺.

Volume of the rectangular parallelepiped:

$V_1 = 30 \times 30 \times 5$ (unit: chí 尺)

$= 4500$ (cubic) chí 尺

Volume of Xuánsù 旋粟

$V_2 = c \times c \times h \div 36$ (unit: chí 尺)

$= 30 \times 30 \times 5 \div 36$

$= 125$ (cubic) chí 尺

2.5 囷蓋

囷蓋下周六丈，高二丈，為積尺二千尺，乘之⌐（之）述（術）曰：直（置）如其周令相乘也∟，[①] 有（又）以高乘之，卅六成一。₁₄₈

Qūngài 囷蓋 Conical roof of the granary

Qūngài 囷蓋, given its lower circumference is six zhàng 丈, and its height is two zhàng 丈. Then its volume is two thousand (cubic) chí 尺. The multiplying algorithmic rule says: (on the counting board) do it like multiplying the circumference by itself, multiplying by height, and divid by thirty-six.

---

① As for the two marks: ⌐ and ∟, see Peng 2001, P. 107.

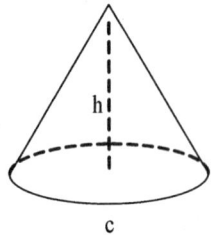

Figure 14　Geometric figure of Qūngài 囷蓋

(c=6 zhàng 丈, h=2 zhàng 丈)

V=c×c×h÷36 (unit: chí 尺)

= 60×60×20÷36

= 2,000 (cubic) chí 尺

2.6　睘（圜）亭

圜亭上周三丈，大〈下〉周四丈，高二丈，積二千五十五尺卅六分尺廿。術曰：下周乘上周＿，（周）① 自乘，皆並，以高$_{149}$乘之，卅六成【一】。今二千五十五尺【卅六】分【尺】廿。$_{150}$

Yuántíng 圜亭 Round pavilion

Yuántíng 圜亭, suppose its upper circumference is three zhàng 丈, its lower circumference is four zhàng 丈, its height is two zhàng 丈. Then its volume is two thousand and fifty-five (cubic) chí 尺 and twenty thirty-sixths of one (cubic) chí 尺. The algorithmic rule

---

① See Peng 2001, P. 107.

says: multiply the lower circumference by the upper circumference, multiply the circumferences by themselves, add them, multiply by height, and divide by thirty-sixth. Now the solution is two thousand and fifty-five (cubic) chí 尺 and twenty thirty-sixths of one (cubic) chí 尺.

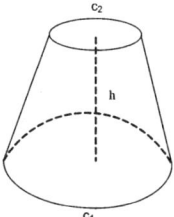

Figure 15 Geometric figure of Yuántíng 圜亭

($c_1 = 4$ zhàng 丈, $c_2 = 3$ zhàng 丈, $h = 2$ zhàng 丈)

$$V = (c_1 \times c_2 + c_1 \times c_1 + c_2 \times c_2) \times h \times \div 36 \text{ (unit: chí 尺)}$$
$$= (40 \times 30 + 40 \times 40 + 30 \times 30) \times 20 \div 36$$
$$= 2,055 \frac{20}{36} \text{ (cubic) chí 尺}$$

2.7 井材

圜材、井、窌若它物，周二丈四尺∟，深丈五尺∟，積七百廿尺。術曰：耤（藉）周自乘，以深乘之，十二成一∟。① 一曰

---

① As for the three attention marks ∟, see Peng 2001, P. 109.

以₁₅₁周乘徑，四成一。·一百半問（?）徑□□₁₅₂①

Jǐngcái 井材 Well & timber

Timber, well, cellar and such things, let their circumference be two zhàng 丈 and four chí 尺, depth be one zhàng 丈 and five chí 尺. Then the volume is seven hundred and twenty (cubic) chí 尺. The algorithmic rule says: multiply the circumference by itself, multiply by the depth, and divide by twelve. Another rule says: multiply the circumference by the diameter, divide by one fourt. ②

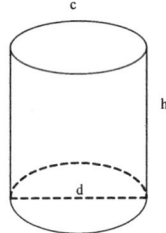

Figure 16 Geometric figure of Jǐngcái 井材

(c=2 zhàng 丈 and 4 chí 尺, h=1 zhàng 丈 and 5 chí 尺)

V = c×c×h÷12 （unit: chí 尺）

= 24×24×15÷12

= 720 （cubic） chí 尺

---

① The black dot · is supposed to indicate the beginning of a new chapter. Most of the inscription is marred beyond recognition.

② According to the alternative algorithmic rule, c×d÷4=2πr×2r÷4=πr^2. This is the way to find the area of the circle. Compared with rule one, to find the volume, the scribe consciously omitted the identical element: multiply by the height. That is, V=c×d×h÷4 (unit: chí 尺, π≈3). V=24×24÷π×15÷4=720 (cubic) chí 尺.

《簡帛語言文字研究》徵稿啓事

本刊是專門刊發簡帛語言研究和簡帛文字研究論文的學術刊物，尊重學術自由，鼓勵學術爭鳴，歡迎學界來稿。來稿請注意：

1. 繁體行文，請一定注意規範使用繁體。正文必須是繁宋（繁體宋體），不能簡單地將簡體轉換成 PMingLiu，應再轉一次（即轉宋體）。

2. 來稿請提交 Word 和 PDF 電子本各一份，電子本請以郵件形式發至編輯部郵箱：jbyywzyj@163.com。

3. 當頁注腳，每頁重新編號，注碼形式爲：①②③……

4. 標題下一行是作者名，作者簡介於文章第一頁作者名後以"＊"注腳給出，如：

＊張顯成，西南大學漢語言文獻研究所　教授　重慶 400715。

另，如本文的寫作得到他人或某項科研基金的資助，請於注釋之前、作者簡介之後注明。如：

本文的寫作得到國家社科項目資助，項目編號：……

5. 正文前列"摘要"與"關鍵詞"。"摘要"字數以二三百字爲宜，"關鍵詞"三至五個爲宜。

6. 引文出處標注格式：

A. 期刊類：作者、文章名、期刊名、期數。如：

劉曉南《先秦語氣詞的歷史多義現象》，《古漢語研究》1991 年第 3 期。

B. 集刊類：作者、文章名、集刊名、輯數、出版社、出版時間。如：

李銳《讀簡散劄》，《簡帛語言文字研究》第三輯，巴蜀書社，2008 年。

C. 專著類：作者、專著名、出版社、出版時間、頁碼。如：

張顯成《簡帛文獻學通論》，中華書局，2004 年，頁 6。

陳松長《香港中文大學文物館藏簡牘》，香港中文大學文物館，2001 年，頁 2—6。

馬承源主編《上海博物館藏戰國楚竹書（一）》，上海古籍出版社，2001 年，頁 230。

太田辰夫著，蔣紹愚、徐昌華譯《中國語歷史文法》（修訂譯本），北京大學出版社，2003 年，頁 375。

D. 古籍類：有篇名者注明篇名，無篇名者注明卷名，引用字書注明部名，引用韻書注明韻名，書名和篇名（或部名、韻名）之間用中圓點"·"隔開，如：

《左傳·昭公十八年》

《周禮·秋官·冥氏》

《爾雅·釋詁》

《說文·木部》

《廣韻·東韻》

[宋] 張齊賢《洛陽縉紳舊聞記》卷五，上海人民出版社影印文淵閣《四庫全書》本，1986年。

《資治通鑒》卷一八五《唐紀一》"貞觀元年"條，中華書局標點本，1956年。

E. 外文類：

T'ung-tsu Ch'ü, *Han Social Structure*, Seattle and London：Univesity of Washington Press. 1972, P. 121.

Lawrence Stone, "*The Revival of Narrative：Reflections on a New old History*", Past and Present, 85 November 1979.

F. 引用電子文獻的標注：

張俊民《居延漢簡冊書復原研究緣起》，簡帛研究網 http：//www. jianbo. org/showarticle. asp？articleid = 1243, 2006 - 09 -21.

G. 引用出土文獻的標注：

引用甲骨文標文獻名及片號，如：《甲骨文合集》10408 正（或《合集》10408 正）。

引用簡帛標文獻名及簡號或行弟號，如：《居延新簡》EPT1

·1·1；《武威漢代醫簡》8-9。

敦煌卷子標卷號，如：P3847（或：伯3847）；S2659（或：斯2659）。

7. 文中若有圖片文字，請一定要清晰，符合出版標準，不能簡單地將圖版上的照片文字複製插入文中，應將所用圖片文字進行處理（或摹寫，或用電腦脫去底色），除拓片文字外，不能有底色。若有文字以外的圖片，也同樣一定要清晰。

如右圖左右兩欄的圖片文字，1欄的不清晰，不符合出版要求；2欄爲清晰者，符合出版要求。

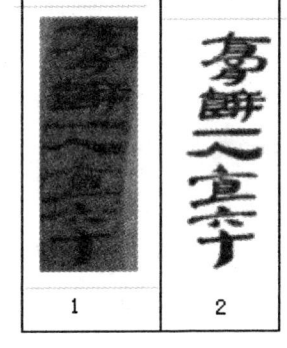

8. 文中出現的古文字形及造字請做成圖片格式（不要使用編碼方式造字）。

9. 文中的圖片、表格如果超過一個，請分別用"圖1"、"圖2"……及"表1"、"表2"……的形式標明圖片、表格的序號，在圖片、表格後注明資料來源。

10. 來稿請於稿末注明作者真實姓名、通訊地址、郵政編碼、電子信箱、手機電話，以便聯繫。

圖書在版編目（CIP）數據

簡帛語言文字研究. 第九輯 / 張顯成，胡波主編.
—成都：巴蜀書社，2017.11
ISBN 978-7-5531-0890-2

Ⅰ.①簡… Ⅱ.①張… ②胡… Ⅲ.①簡（考古）–古文字–中國–文集 ②帛書–古文字–中國–文集
Ⅳ.①K877.54-53 ②K877.94-53
中國版本圖書館 CIP 數據核字（2017）第 263317 號

簡帛語言文字研究（第九輯）　　張顯成　胡　波　主　編

責任編輯	謝藝波
出　　版	四川出版集團巴蜀書社
	成都市槐樹街2號　郵編610031
	總編室電話：(028)86259397
網　　址	www.bsbook.com
發　　行	巴蜀書社
	發行科電話：(028)86259422　86259423
經　　銷	新華書店
印　　刷	成都蜀通印務有限責任公司
版　　次	2017 年 11 月第 1 版
印　　次	2017 年 11 月第 1 次印刷
成品尺寸	203mm×140mm
印　　張	11.25
字　　數	290 千
書　　號	ISBN 978-7-5531-0890-2
定　　價	38.00 圓

本書若有印裝質量問題，請與工廠調換。